आरम्भिक विज्ञान कोश

आरम्भिक विज्ञान कोश

गोविन्द झा

वाणी प्रकाशन

वाणी प्रकाशन
4695, 21-ए, दरियागंज, नयी दिल्ली 110 002
फ़ोन : +91 11 23273167 फ़ैक्स : +91 11 23275710

शाखाएँ

अशोक राजपथ, पटना 800 004, बिहार

कॉफ़ी हाउस कैम्पस, महात्मा गांधी मार्ग, इलाहाबाद 211 001, उत्तर प्रदेश

महात्मा गांधी अन्तरराष्ट्रीय हिन्दी विश्वविद्यालय, वर्धा 442 001, महाराष्ट्र

सुल्तानिया रोड, मोतिया पार्क, भोपाल 462 001, मध्य प्रदेश

www.vaniprakashan.com
marketing@vaniprakashan.in
sales@vaniprakashan.in

AARAMBHIK VIGYAN KOSH
by Govind Jha

ISBN : 978-81-7055-393-9
Science

प्रथम संस्करण 2009
द्वितीय संस्करण 2020

मूल्य : ₹ 250

सिटी प्रेस, दिल्ली-110 095 में मुद्रित

वाणी प्रकाशन का लोगो मक़बूल फ़िदा हुसेन की कूची से

भूमिका

हमारा युग विज्ञान का युग है। इस युग में विज्ञान की उपयोगिता से हम सभी परिचित हैं। वैज्ञानिक आविष्कारों और उपलब्धियों का एक क्रमबद्ध इतिहास तो है ही, इन उपलब्धियों से जुड़ी हुई एक विशिष्ट भाषा और शब्दावली भी है। हिन्दी में वैज्ञानिक साहित्य के संदर्भ में ही नहीं, दैनिक जीवन में प्रयुक्त होने वाले शब्दों के विभिन्न अर्थों के संदर्भ में भी एक प्रामाणिक विज्ञान कोश की आवश्यकता अर्से से महसूस की जा रही थी।

इस दिशा में छुट-पुट वैज्ञानिक शब्द-सूचियों के अतिरिक्त आज कोई प्रामाणिक विज्ञान कोश हिन्दी में उपलब्ध नहीं है। ऐसा कोश जो वैज्ञानिकों, विज्ञान के अध्येताओं, छात्रों तथा आम पाठकों के लिए उपयोगी हो। ऐसा सर्व-स्वीकार्य कोश तैयार करना अपने आप में एक चुनौती रहा है।

हमारे देश में विज्ञान के पठन-पाठन एवं शोध-कार्य का माध्यम आज तक अंग्रेजी रही है। विज्ञान के अधिकांश शब्द अंग्रेजी, ग्रीक, लैटिन, जर्मन आदि भाषाओं के शब्द हैं। विदेशी भाषाओं के शब्दों व सूत्रों (Terms) के लिए हिन्दी में कई शब्द दुरूह एवं अव्यावहारिक हैं। इस कोश में ऐसे शब्दों की उनके बहुआयामी अर्थों में सहज व्याख्याएं दी गई हैं। अव्यावहारिक शब्दों व सूत्रों को व्यावहारिक

बनाने की दिशा में विशेष बल दिया गया है। पाठकों व जिज्ञासुओं की सुविधा के लिए हिन्दी शब्दों के साथ उनके अंग्रेजी शब्द तथा वैज्ञानिक उपकरणों व यंत्रों के रेखाचित्र भी हैं ताकि शब्द और शब्दार्थ अधिकाधिक ग्राह्य बन सकें। इस कोश के अवलोकन के लिए हर पृष्ठ का प्रथम और अंतिम शब्द निर्देशक शब्दों के रूप हैं।

उम्मीद है कि यह विज्ञान कोश विज्ञान-साहित्य के लेखकों, पाठकों एवं छात्रों के लिए उपयोगी कोश साबित हो सकेगा।

–प्रकाशक

अंक–(i) figure. संख्यासूचक प्रतीक-चित्र, जैसे 1, 2, 3 इत्यादि, ये सभी भारतीय अंक हैं; नागरी अंक हैं १, २, ३ इत्यादि, और रोमन अंक हैं i, ii, iii, iv, v इत्यादि। (ii) mark निशान, चिन्ह।

अंकपट्ट–dial. घड़ी, मीटर आदि मापक यन्त्रों की सूचक सुई के नीचे लगी वह पटरी जिसमें पाठ्यांक लिखे रहते हैं, डायल। अप्रा. अंकानीक।

अंश–degree. मान की एक कल्पित इकाई रेखा ग. में एक समकोण का 1/90 भाग, अंशांक, डिग्री।

अंशशोधन–calibration. किसी पात्र या उपकरण में धारिता, कोण आदि के अंकित मान को प्रयोग द्वारा जांच कर शुद्ध करना। अंशांक - दे. अंश व्या. अंशशोधित।

अंशांकन–graduation, calibration. नल बोतल आदि में आयतन का मानक्रम सूचित करने के लिए समुचित दूरियों पर निशान लगाना। इस तरह लगाए गए निशान, अंशचिन्ह, प्रायः समानयन।

अंशांकित–graduated. जिस (नली आदि

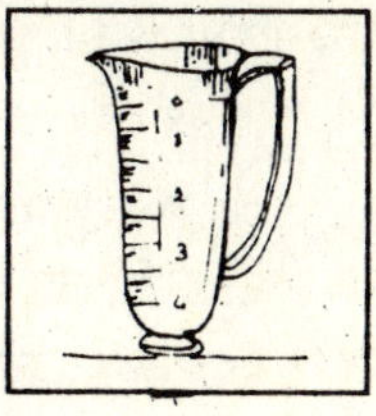

पर) अंशांकन किया हुआ हो।

अकार्बनिक–inorganic. जैव शरीर से रहित, जैसे शिला खनिज, मूल तत्व आदि। जैव शरीर से असम्बद्ध।

अकार्बनिक–रसायनशास्त्र की वह शाखा जिसमें कार्बन से भिन्न तत्वों या अजैव पदार्थों कर अध्ययन किया जाता है; जैसे शैल, खनिज आदि का, न कि पेड़ पौधे आदि का।

अकीक–agate. दे. 'गोमेद'।

अक्रिय–inert. कोई क्रिया या रासायनिक अभिक्रिया करने में असमर्थ, जड़।

अक्रिय गैस–i. gas, inactive gas. ऐसी गैसें जिनसे कोई रासायनिक यौगिक नहीं बनता है, जैसे हीलियम, नीयन, ऑर्गन आदि।

अक्रिस्टलीय–amorphous, non-crystalline. जिसके परमाणु किसी नियमित क्रिस्टलीय आकृति में सजे नहीं रहते हैं; जैसे पारा, रबर आदि। प्राप. रवाहीन, बेरवा।

अक्ष–axis. किसी वस्तु के आरपार खींची गई ऐसी सरल रेखा (काल्पनिक) जिस पर वह वस्तु काल्पनिक रूप से घूम सके। इसके निर्देश से कई प्रश्न हल किए जाते हैं; दे. निर्देशाक्ष' भी.

अक्षांश–latitude. भूमध्य रेखा और ध्रुवों के बीच गोलीय निर्देशांक जिससे (देशान्तर ज्ञात होने पर) धरती पर किसी भी स्थान

की अवस्थिति निर्धारित हो जाती है।

अक्षीय–axial. अक्ष सम्बन्धी। दे 'अक्ष' भी।

अग्निसह–fire proof. आग के सामान्य ताप में न जलनेवाला, जैसे ऐस्बेस्टोस इत्यादि। प्रायः अदाह्य।

मिट्टी–fire clay. Si°2, Als2°3 आदि में यौगिकों से युक्त मिट्टी जो अत्युच्च तापक्रम पर भी टूटती नहीं है अतः भट्टी बनाने में काम आती है।

अचर–stationary. स्थिर, न चलने या बदलने वाला।

Uniform—समय के समान अंतरालों में समान दर से घटने या बढ़ने वाला, यथा अचर चाल, त्वरण, वेग आदि।

अचालक–non-conductor. वह वस्तु जिसकी वैद्युत चालकता (द्र.) नहीं के बराबर होती है, जैसे रबड़, ऐस्बेस्टोस आदि। वह वस्तु जिसकी तापीय चालकता अत्यल्प होती है, जैसे लकड़ी, मिट्टी आदि।

अजल (अप्रा.)–anhydrous. दे 'निर्जल'।

अणु–molecule. द्रव्य का वह सूक्ष्मतम कण जो उस द्रव्य के गुणों को धारण किए स्वतंत्र रूप से टिक सकता है। इसमें साधारणतः कई परमाणु विद्युत्बल से परस्पर आबद्ध रहते हैं। जैसे जल को अणु H_2O

अणु-भार–दे. आणविक भार।

अणुसूत्र–दे. आणविक सूत्र।

अतिरिक्त–accessary. जो किसी मशीन आदि को चलाने के लिए अत्यावश्यक न होते हुए भी उसका अंग हो। प्राप., सहायक, गौण।

अतिसन्तृप्त विलयन–supersaturated solution. ऐसा विलयन जिसमें उसे सन्तृप्त (द्र.) करने के लिए जितना अपेक्षित है उससे अधिक विलेय घुला हो।

अदह (अ प्रा.)–molecule. ऐस्बेस्टोस।

अदाह्य–दे. अग्निसह।

अधर स्थिर बिंदु–lower fixed point. थर्मामीटर के मानक्रम में वह बिन्दु जहां सूचक गलनांक पर पहुंचता है। यह सेंटीग्रेड और रूमर पद्धति में 0° माना जाता है, किंतु फा. में 32°। दे. उत्तर स्थिर बिंदु upper fixed point भी। प्र. निम्न नियत बिंदु।

अधिक कोण–obtuse angle. 90° से बड़ा किंतु 180° से छोटा कोण।

अधिकतम-न्यूनतम-तापमापी–maximum and minimum thermometer. ऐसा थर्मामीटर जिससे यह सूचना मिलती है कि ताप कम-से-कम और अधिक से अधिक किस डिग्री तक पहुंचा। इसमें दो नालियां होती हैं, एक में पारा और दूसरी में ऐल्कोहल भरा रहता है और सूचक इस तरह लगाया रहता है कि एक ही दिशा में चल सके।

अधिशोषण–adsorption. किसी बाहरी पदार्थ का इस तरह शोषण कि वह भीतर न जाकर बाहरी तल पर ही रुक जाए; जैसे सक्रिय कार्बन द्वारा गैस का।

अधिस्वर–overtone. जब वाद्ययंत्र में तार को इस प्रकार छेड़ते हैं कि कई खंडों में कंपित हो जाए अर्थात् कंपन से अनेक पाश (लूप)। नेब, उस स्थिति में उत्पन्न होनेवाला स्वर। दे. मौलिक स्वर fundamental tone भी। अप्रा. 'उपरितान'।

अध्यारोपण–superposition. एक समतल चित्र के ऊपर दूसरा समतल चित्र रखने से पहले चित्र का पूरा-पूरा और ठीक-ठीक ढक जाना। इस विधि से दो चित्रों की समानता स्थापित की जाती है। प्रच. 'आच्छादन'।

अनॉक्सी अम्ल–hydracid. वह अम्ल जिसमें आक्सीजन न हो, पर हाइड्रोजन हो। यह हाइड्रोजन और अधातु के संयोग से बनता है, जैसे HCL, H_2S इत्यादि।

अनियमित–irregular. किसी स्थिर नियम पर न चलने वाला। विप. नियंत्रित।

अनुक्रम–requence. पौर्वापर्य, सिलसिला।

अनुदैर्ध्य तरंग–longitudinal wave. जब किसी माध्यम में ऐसी तरंगें उत्पन हों जिनके गमन से माध्यम के कणों का कंपन उसी दिशा में हो जिस दिशा में तरंग का गमन हो रहा है तो वैसी तरंग अ.त. कहलाती है। अप्रा. 'आयाम तरंग'।

प्रसार-गुणांक–coefficient of liner expansion. किसी वस्तु में ताप की वृद्धि से होने वाले विस्तार की दर। इसका संकेत ग्रीक वर्णमाला का अलका है। अप्रा. रैखिक प्र.।

अनुनाद–resonance. जब ध्वनितरंगें किसी ऐसी वस्तु से टकराती हैं जिसकी कंपनावृत्ति (फ्रिक्वेंसी) उन तरंगों की कंपनावृत्ति के बराबर होती है तब वह वस्तु भी वैसी ही ध्वनितरंगें उत्पन्न करने लगती है जो अ. कहलाती हैं।

अनुनादी कंपन–sympathetic vibration. जब एक वस्तु के कंपन के प्रभाव से दूसरी वस्तु में स्वयं कंपन होता है और दोनों कंपनों की आवर्तिता (फ्रिक्वेंसी) समान रहती है तब दूसरी वस्तु का कंपन अ.क. कहलाता है। अप्रा. 'अनुचारीक., 'सहकंपन'।

कंपन–ratio. एक परिमाण का दूसरे परिमाण के साथ संख्यात्मक संबंध, जो भिन्नांक के रूप में क/ख या कःख रूप में प्रकट किया जाता है। इसमें अनुपात : है। इस चिह्न से बाएं की राशि को पूर्वपद और दाएं की राशि को उत्तर पद , क्रमशः antecedent और consequent कहते हैं। अप्रा. 'निष्पत्ति'।

अनुप्रयुक्त–applied. साधन के रूप में व्यवहृत।

अनुप्रयोग–application. साधन के रूप में व्यवहार में लाना। अप्रा. 'सम्प्रयोग'।

अनुप्रस्थ काट–cross section. (1) किसी ठोस (धरन, मकान आदि) को उसके लंब अक्ष से समकोण बनाते हुए कटा खंड जो वास्तविक भी हो सकता है और परिकल्पित भी। (2) ऐसे खंड के कटाव की सतह का चित्र। प्राप. अ. छेद, अ. परिच्छेद। काट चित्र।

अनुप्रस्थ तरंग–transverse wave. स्थिर जल के कण में तरंग उत्पन्न करने पर वह कण दोलन के साथ-साथ एक अक्ष की दिशा में आगे भी बढ़ता है, अतः हर बार इसका विचलन एक ही बिंदु से नहीं होकर विभिन्न बिंदुओं से होता है। कण की ऐसी ही गति को अ.त. कहते हैं।

अनुमापन–titration. किसी पदार्थ के विलयन की सांद्रता किसी पदार्थ के मानक विलयन के आधार पर अवधारित करने की प्रक्रिया।

अप्रा. विलेयमापन।

अनुरणन—reverberation. हॉल आदि घिरे स्थान में ध्वनितरंगों का दीवारों से टकराकर बार-बार इधर से उधर संचार करते रहना। इसके फलस्वरूप ध्वनि तुरंत शांत नहीं होकर गूंजती रहती है।

अनुरूप—analogous. प्रायः तुल्यारूप, सदृश।

अंतःकोण—interior angle. दे. एकांतर कोण alternate angle. में ।

अन्त-बिंदु—endpoint. आयतन-अनुमापन में वह बिंदु जाकर डाला गया अभिकर्मक अनुमापित घोल के तुल्य हो जाता है और फलतः अभिक्रिया समाप्त हो जाती है।

अन्तरानुपात—dividendo. चार समानुपत्री राशियों में (जैसे क : ख : : ग : घ में) पहले और दूसरे के अंतर का दूसरे के साथ अनुपात, जो उतना ही होता है जितना तीसरे और चौथे के अन्तर का चौथे के साथ। जैसे क-ख : ख : : ग घ : घ।

अन्तराल—space. किसी पदार्थ के बीच की खाली जगह। प्रायः अवकाश; अप्रा वरिमा।

अंतरिक्ष—space, outer space. वायुमंडल के बाहर का आकाश।

अन्तरित करना—subtend. किसी वृत्त में चाप के दोनों सिरों से रेखाएं खींचकर केंद्र पर कोण बनाना।

अन्तर्दहन इंजन—internal combution engine. मोटर कार, वायुयान आदि में लगाया जानेवाला इंजन जो एक खोखले बेलन के भीतर वाष्प मिले ईंधन (तेल या गैस) के जलने से उत्पन्न विस्फोटक बल से चलता है।

अन्तर्लम्ब—offset. (1) विकर्ण पर सामने के कोण बिंदु से खींचा गया लम्ब। (2) किसी मापे हुए क्षेत्र का उपर्युक्त लंब से बने समकोणों पर प्रतिमापन।

अन्तर्वृत्त—inscribed circle. किसी ऋजुरेखीय चित्र के प्रत्येक बाहु का स्पर्श करते उसके भीतर खींचा गया वृत्त। अप्रा. अन्तर्गत वृत्त।

अपकेंद्र बल—enterifugal force. चक्कर काटती हुई वस्तु का वह बल जो उसे केंद्र से दूर हटने के लिए प्रेरित करता है। प्राप. 'केन्द्रापसारी बल'।

अपकेंद्री—centrifugal. केंद्र से दूर रहने या हटाने वाला। प्राप. केंद्रापसारी।

अपघटन—decompositon. ऐसी अभिक्रिया जिस के फलस्वरूप एक प्रकार के अणु टूटकर भिन्न प्रकार के अणुओं के रूप में परिणत हो जाते हैं; जैसे Caco 3 (+ऊष्मा) = Cao+Co2

अपघर्षण—abrasion. ऐसा घर्षण जिससे रगड़ खाने वाली वस्तु का कुछ अंश घिसकर निकलता जाए। व्या-अपघर्षी, अपघर्षक, अपघर्षित, अपघृत, अपघृष्य। अप्रा. घिसावट।

अपचयन—reduction. किसी पदार्थ से आक्सीजन हटाने या उसमें हाइड्रोजन जोड़ने की क्रिया; जैसे ताम्र आक्साइड में हाइड्रोजन प्रवाहित करने से आक्सीजन हट जाता है, फलतः भार का अपचय (ह्रास) हो जाता है। अथवा और व्यापक रूप से, किसी

अणु में धन विद्युती तत्त्वों की मात्रा बढ़ाने या किसी तत्त्व की संयोजकता ऋण दिशा में बढ़ाने की क्रिया; जैसे फेरिक क्लोराइड $Fecl_3$ को फेरस क्लोराइड $Fecl_2$ बनाना। अप्रा. अवकरण, लघ्वीकरण, लघूकरण। व्या-अपचित, अपचायका।

अपद्रव्य–impurities. एक द्रव्य में मिला दूसरा अवांछित द्रव्य।

अपनयन–removal. हटाना।

अपनाना–assimilate. रासायनिक अभिक्रिया द्वारा अपना-सा बना लेना। प्राप. स्वांगीकरण।

अपररूप–allotrope. दे, अपररूपी में।

अपररूपता–allolropism. दे अपररूपी. allolropy. किसी तत्त्व का थोड़े भिन्न-भिन्न गुणों वाले कई रूपों में पाया जाना।

अपररूपी–allotropie. वह तत्त्व या यौगिक जो एक से अधिक रूपों में पाया जाता है, जैसे कार्बन, क्योंकि इसके हीरा, ग्रेफाइट और कोयला आदि अनेक अपररूप पाए जाते हैं।

अपरिवर्ती–steady. निरन्तर एक रूप से चलते रहने वाला (धारा आदि)।

अपवर्तक कोण–submultiple angles. कोण 2A, 3A, 4A आदि को कोण A का अपवर्त्य कहते हैं और $A/_2$, $A/_3$, $A/_4$ आदि को उसका अपवर्तक कोण।

अपवर्तक कोण–refracting edge. प्रिज्म के दो तलों को मिलानेवाला कोर। अप्रा. वर्तकाग्र।

अपवर्तन–refraction. जब किरण एक प्रकार के माध्यम से दूसरे प्रकार के माध्यम में प्रवेश करती है तब नए माध्यम की सतह पर पहुंचते ही कुछ मुड़कर आगे बढ़ती है। यही मुड़ना अ. कहलाता है। अप्रा. वर्तन।

कोण–angle of refraction. किरण जब नए माध्यम में प्रवेश करती है तब उस माध्यम की सतह पर आयतन बिन्दु से खींचे गए लम्ब और अपवर्त्तित किरण के बीच का कोण।

अपवतनांक–refractive index. किरण को अपवर्तित करने का गुण हर माध्यम में भिन्न-भिन्न मात्रा में होता है। इसी गुण की तीव्रता को उस माध्यम का अ. कहते हैं। इसका संकेत M (ग्रीक वर्णमाला का म्यू) है। यह आयतन-कोण की ज्या (sin) को अपवर्तन-कोण की ज्या से भाग देने पर निकलता है। M= sin i/sin r। अप्रा. वर्तनांक।

अपवर्तित किरण–refracted says. दे. अपवर्तन।

अपशिष्ट–waste. उपयोग के बाद बच गया अनुपयुक्त अंश जो फेंक दिया जाता है।

अपसामान्य–abnormal. अपने सामान्य या स्वाभाविक स्वरूप (नामी) से विचलित। प्राप. असामान्य।

अपसारी किरणपुंज - divergent beam. ऐसा किरणपुंज जिसकी हर किरण ज्यों-ज्यों आगे बढ़ती जाती है त्यों-त्यों आपस में अधिक दूर होती जाती है। विप. अभिसारी convergent। अप्रा. अपसृत किरणमाला।

लेन्स–divergent lens. ऐसा लेन्स जिसपर लम्ब रूप से प्रक्षिप्त किरणें दूसरी ओर अपसृत होकर यानी तिरछाकर निकलती है। इसी को अवतल लेन्स भी कहते हैं।

अपारदर्शी—opaque. प्रकाश का प्रतिरोधक (पदार्थ)। ऐसा पदार्थ दृष्टि और वस्तु के बीच में पड़ने पर उस वस्तु को अदृश्य (ओझल) कर देता है, क्योंकि वह किरण को पूर्णतः अवशोषित या परावर्तित कर देता है। अप्रा. अपारदर्शक।

अपार्य—aberration. खगोलविज्ञान में पृथ्वी के गतिमान होने के कारण ज्योतिष्पिण्ड की वास्तविक स्थिति और आभासी स्थिति में अन्तर।

अप्रगामी तरंग—stationary wave. जब तरंग की श्रृंखला किसी स्थिर बाधा पर पहुंचती है तो उसके परावर्तन से दूसरी सदृश तरंग विपरीत दिशा में चल पड़ती है। इन दोनों तरंगों के मिश्रण से जो परिणामी तरंग उत्पन्न होती है। वह अ.न. कहलाती है।

ऑफसेट छपाई—off-set printing. अक्षर या चित्र छापने की एक प्रक्रिया जिसमें छाप प्रथमतः स्वर की सतह पर ली जाती है और बाद में उस रबर से कागज पर छपाई होती है; फलतः रुखड़े कागज पर भी परिस्फुट छाप आती है।

अभाज्य गुणनखंड—prime factor. वह गुणनखंड जो फिर गुणनखंडों में तोड़ा नहीं जा सकता है।

अभाज्य संख्या—ऐसी संख्या जिसे एक के सिवा और किसी संख्या से पूर्णतः विभाजित नहीं किया जा सकता है, जैसे 7,53 इत्यादि।

अभिकर्मक—reagent. रासायनिक अभिक्रिया में भाग लेने वाला पदार्थ।

अभिकारक—reactant. जिन पदार्थों को आपस में मिलाने से रासायनिक अभिक्रिया होती है उनका जोड़ा या समूह, जो बीच में जोड़ के चिन्हों के साथ बाईं ओर लिखे जाते हैं; और अभिक्रिया से उत्पन्न पदार्थ फल product कहलाता है जो बराबर के चिन्ह के बाद दाईं ओर लिखा जाता है; जैसे $C+O_2 = Co_2$ (कार्बन डायक्साइड)।

अभिकेन्द्र बल—centripetal force. वह बल जो वृत्त पर घूमती हुई वस्तु को केन्द्र की ओर खींचता रहता है। इसी के कारण साइकिल पर सवार व्यक्ति मोड़ लेते समय केन्द्र की ओर झुक जाता है।

अभिकेन्द्री—centripetal. केन्द्र की ओर अग्रसर होने की प्रवृत्ति वाला। अप्रा. केन्द्राभिसारी।

अभिक्रिया—reaction. दो पदार्थों के संयोग के प्रभाव से अणुओं के अन्मुक्त हो-होकर पुनर्विन्यस्त होने की प्रक्रिया। इसी के फलस्वरूप रासायनिक परिवर्तन होना है। प्रच. 'प्रतिक्रिया'।

अभिगमन—migration. अणु या परमाणु का एक पदार्थ से निकलकर दूसरे पदार्थ के अणुओं या परमाणुओं के बीच जा मिलना।

अभिदृश्य लेन्स—object glass. दे. 'दूरदर्शी' telescope में। प्राप. अभिदृश्यक।

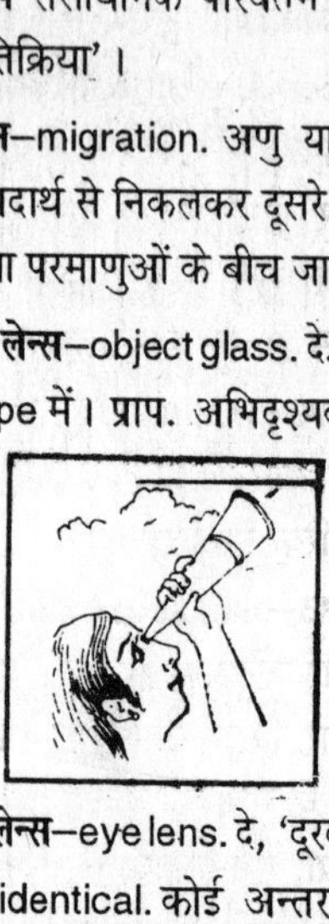

अभिनेत्र लेन्स—eye lens. दे, 'दूरदर्शी' में।

अभिन्न—identical. कोई अन्तर न रखने

वाला।

अभिमुख अन्तःकोण–interior opposite angle. दे. 'एकान्तर कोण' alternate angle. में। अप्रा. अन्तराभिमुख कोण।

अभिलम्ब–normal. आयतन बिन्दु से समतल सतह पर खींचा गया लम्ब जो आयतित किरण और परावर्तित किरण से बने कोण को द्विभाजित करता है।

आयतन–normal incidence. समतल पर लम्ब बनाते हुए किरण का पड़ना।

अभिलाग (अप्रा.)–दे. 'आसंजन' adhesion.

अभिवृद्धि–accretion. बाहरी वस्तु के जुट जाने से किसी वस्तु का मान बढ़ना या बढ़ा हुआ मान।

अभिसारी किरणपुंज–convergent beam. ऐसा किरणपुंज जिसकी प्रत्येक किरण की आपसी दूरी क्रमशः कम होती जाती है और अन्त में सभी किरणें एक बिन्दु पर मिल जाती हैं। अप्रा. 'संसृत किरणमाला'।

लेन्स–convergent lens. ऐसा लेन्स जिस पर प्रक्षिप्त किरणें जाते-जाते एक बिन्दु पर पहुंचकर आपस में एक दूसरे से कट जाती हैं। उत्तल लेन्स में ऐसा होता है अतः इसे उस नाम से भी व्यक्त कर सकते हैं।

अभ्युपगम–postulation. कच्चे तौर पर तत्काल मान लिया गया कोई सिद्धान्त; व्यावहारिक सिद्धान्त।

अभ्रकोष्ठ–claud chamber. आक्साजन गैस और जलवाष्प से भरी एक पेटी जिस के सहारे विद्युत-आवेशित रेडियम-कणों-आयनों के मार्ग का फोटोचित्र लिया जाता है। अप्रा. मेघ-प्रकोष्ठ।

अमणिभ (अप्रा.)–दे. रवाहीन amorphous।

अमलगम–amalgam. परस्पर नहीं घुलने-मिलने वाला; जैसे ईथर और जल।

अमीटर–ammeter. दे. ऐम्पियरमापी ampiremeter. अ.प्रा. आम्मीटर।

अमोनियम–ammonium. एक मूलक जिसकी रचना NH_4 है। इसमें एक संयोजक क्षारीय धातु के परमाणु के बहुत-से लक्षण रहते हैं।

क्लोराइड–ammonium chloride. सूत्र NH_4cl। उत्पादन–NH_3 गैस का HCl में प्रवाहित करने से बने घोल के रवाकरण से। श्वेत, रवादार, ठोस, जल में विलेय, तीव्र नमकीन। उपयोग-सूखा सेल बनाने में, धातु जोड़ने में, कपड़ा रंगने में इत्यादि। इसे sal ammoniac नौसादर भी कहते हैं।

नाइट्राइट–ammonium nitrite. सूत्र NH_4No_2. श्वेत, विलेय, ठोस; गर्म करने पर N_2 गैस छोड़ता है। उत्पादन–NH_4Cl और $NaNo_2$ को गर्म करने से।

नाइट्रेट–ammonium netrate. सूत्र NH_4No_3. श्वेत, रवादार, प्रस्वेदी, ठोस, जल में, विलेय, जल में घोलने से ताप घटता है, गर्म करने से N_2O बनता है। उत्पादन–अमोनियम गैस को 60 प्रतिशत HNO_3 के घोल में प्रवाहित करने से घोल, और उसके रवाकरण से ठोस। उपयोग–विस्फोटक, आतिशबाजी आदि में।

अमोनियम सल्फाइड–ammonium sulphide. सूत्र $(NH_4)_25$. गन्धकाम्ल मे अमोनिया मिलाने से बनता है। बड़े पैमाने पर जिप्सम से बनाया जाता है। रंगहीन, रवादार, ठोस; जल में सुविलेय। गर्म करने पर अमोनिया गैस निकलती है और अमोनिया बाइसल्फेट बनता है।

उपयोग—उर्वरक के रूप में।

हाइड्रोक्साइड—ammonium hydroxide. सूत्र NH_2NH. पानी में अमोनिया गैस प्रवाहित करने से बनता है। इसमें अमोनिया गैस की मात्रा 35.2 प्रतिशत रहती है। निर्बल क्षार है। अमोनिया लवण बनाने में काम आता है।

अमोनिया—ammonia. एक यौगिक गैस NH_3। परमाणुभार 17; गलनांक 33.5° सें, रंगहीन तीव्रगनधी, हवा से हल्का, आंसू लाने वाला, जल और ऐल्कोहल में सुविलेय, आसानी से द्रव बनाने वाला। वायुमंडल और जल में अत्यल्प मात्रा में प्राप्य। कार्बनिक पदार्थों के सड़ने से बनता है। उत्पादन-नौसादर और कली चूना को गर्म करने से; हावेर विधि से और अमोनिया लिकर से।

द्रव (अप्रा.) दे, अमोनिया लिकर।

लिकर—ammoniacal liquer. कोयले के भंजक आसवन से निकलने वाला एक द्रव जो मुक्त अमोनिया और अमोनियम लवणों का घोल है। इसे चूने के साथ गर्म करने से अमोनिया गैस निकलती है। अप्रा. अमोनिया द्रव।

अम्ल—acid. वह पदार्थ जिसमें प्रतिस्थाप्य हाइड्रोजन रहता है। यह पानी में घुलकर हाइड्रोजन (+) आयन को निर्मुक्त करता है। इसके हाइड्रोजन को धातुद्वारा प्रतिस्थापित करने पर लवण बनता है। प्राय. एसिड, तेजाब।

अम्लता—acidity. किसी घोल के अम्ल होने की मात्रा अर्थात् किसी क्षारक के अणु में प्रतिस्थाप्य हाइड्रोक्सिल आयनों की संख्या।

क्षारक की—acidity of base. क्षारक के अम्लत्व की तीव्रता जो उसमें प्रत्यक्ष या अप्रत्यक्ष रूप में विद्यमान प्रतिस्थाप्य -OH मूलकों की संख्या से निरूपित होती है। दे. एक क्षारकी, द्विक्षारकी।

अम्लतुल्यांक—acid equivalent. अम्ल के जितने इकाई-भारों में प्रतिस्थाप्य हाइड्रोजन का इकाई भार उपस्थित हो वह संख्या। जैसे HCl में 1+35.5 इकाई भारों में प्रतिस्थाप्य हाइड्रोजन का 1 इकाई भार है, इसलिए HCl का अ.तु. 36.5 हुआ।

अम्लमापी—acidimeter. मानक क्षार के आधार पर किसी घोल में अम्ल की मात्रा अवधारित करने की विधि। अ.प्रा. अम्लमापन।

अम्लराज (अप्रा.) दे. ऐक्वा रेजिया equa regia.

अम्लसह—acide proof. अपने ऊपर एसिड की अभिक्रिया न होने देने वाला।

अम्लीकरण—acidification. रासायनिक अभिक्रिया द्वारा अम्ल के रूप में परिणत करना।

अम्लीय—acidic. अम्ल गुण वाला, प्राय. एसिडी, आम्ल।

अम्लीयता—(अ.प्रा.) दे. अम्लता acidity.

अम्लीय मूलक—acid redical. एसिड का ऐसा अणु जिससे प्रतिस्थाप्य हाइड्रोजन हटा दिया गया हो। जैसे गन्धकाम्ल का मूलक है H_2So_4. इसमें So_4 अ.मू. हुआ।

अम्लीय लवण - acid salt. ऐसा लवण जिसमें प्रतिस्थाप्य हाइड्रोजन-परमाणु अंशतः विद्यमान रह जाए। जैसे $NaHSO_4$ सोडियम बाईसल्फेट इत्यादि।

अयस्क–ore. वह खनिज जिससे कोई धातु सुगमतापूर्वक व्यापारिक मात्रा में निकाली जा सकती हो।

अर्ग–erg. कार्य मापने की मैट्रिक पद्धति का एक मात्रक। उतना कार्य जिससे एक ग्राम वस्तु का बल की दिशा में एक सेंमी. विस्थापन होता है। जूल का करोड़वां भाग।

अर्जेन्टम–argentum. रजत का लैटिन नाम ज़िसके आधार पर इसका रसायनशास्त्रीय प्रतीक Ag है। दे. रजत silver.

अर्धक–bisector. दो समान भागों में बांटने वाली रेखा। प्रायः द्विभाजक।

अर्धन–bisect. रेखागणित में कोण या रेखा को दो बराबर भागों में बांटना। प्राप. द्विभाजन; प्राप. समद्विभाजन।

अर्धवृत्त–semi-circle. व्यास द्वारा बंटा आधा वृत्त।

अलकतरा–coaltar. उच्च या निम्न ताप पर कोयले के कार्बनीकारण से निकलने वाला एक पदार्थ जिसके मुख्य घटक हैं हाइड्रोकार्बन तेल, फिनोल, और कई तरह के क्षारक। प्रायः डामर, तारकोल, कोलतार।

अलकोहल–दे. ऐल्कोहल alcohol.

अलवण जल–fresh water. वह जल जिसमें लवण घुला न हो। प्र.प. मीठा पानी।

अल्पकालिक–temporary.

अल्पतम विचलन–miniumum deviation. प्रिज्म का विचलन-कोण एक निश्चित परिमाण से कम नहीं हो सकता है, चाहे प्रिज्म को किसी भी स्थिति में रखें यही निश्चित परिणाम अ.वि. कहलाता है, और ऐसा परिणाम देने वाली स्थिति को अ.वि. की स्थिति कहते हैं।

अल्पस्थायी–temporary.

अल्फा कण–alpha particle. जब रेडियम, यूरेनियम आदि रेडियोऐक्टिव पदार्थ अपघटित होता है तब उससे धनाविष्ट कण उत्सर्जित होते हैं। ये अ.क. कहलाते हैं। दे. ऐल्फा. भी।

अलूबूमिन–दे. ऐलूबूमिन

अल्यूमिनियम–दे. अन्तराल, space.

अवक्षेप–precipitate. घोल में अभिक्रिया कराकर अनघुल ठोस बनाना। इस विधि से रासायनिक विश्लेषण में पदार्थों की पहचान और पृथक्करण किया जाता है। इस प्रक्रिया में बना ठोस अवक्षेप कहलाता है।

अवतल–concave. जिसका तल बीच में नत और उससे आगे चतुर्दिक् क्रमशः उन्नत हो। जैसे खोखले गोले का भीतरी भाग। प्रप. नतोदर, अवनत तल। दे. उत्तल भी।

दर्पण–concave mirror. बीच की ओर क्रमशः अवनत तलवाला दर्पण; जैसे गोलीय दर्पण का भीतरी भाग।

लेन्स–concave lens. बीच में अवनत तलवाला लेन्स।

अवनमन-कोण–angle of depression. दे. उन्नमन-कोण angle of elevation. में; क्षैतिज तल और वस्तु एवं नेत्र को मिलाने वाला रेखा से बना कोण, यदि वस्तु नेत्र से नीचे हो तो अवनमन-कोण कहलाता है और यदि वस्तु नेत्र से ऊपर हो तो उन्नमन कोण कहलाता है।

अवप्रेरक–negative catalyst. अभिक्रिया की गति को घटा देने की शक्तिवाला पदार्थ। विप. उत्प्रेरक (द्र.)।

अवप्रेरण–negative catalysis. अभिक्रिया की गति को घटाने का प्रभाव डालना। विष. उत्प्रेरण (द्र.)। अप्रा. ऋण-उत्प्रेरण।

अवरक्त किरण–infra red rays. वह लाल किरण जो स्पेक्ट्रम के लाल रंग की पट्टी के नीचे के रंग की होती है। यह आमवात के रोग को दूर करती है।

अवरोहण–achromatic. कम-से-कम वर्ण-विपथन करने वाला (लेन्स)।

अवशेष–residur. द्रव को छानने पर छन्ना में टिका कण-समूह। अवशिष्ट - residual.

अवशोषक–absorbent. या absorbes. अवशोषण (द्र.) करने की सामर्थ्यवाला।

अवशोषकता–absorbancy. अवशोषण क्षमता (द्र.)।

अवशोषण–absorption. (i) अपने ऊपर पड़ी ऊष्मा को अपनी सतह से सोख लेने की क्रिया। विप. उत्सर्जन। जिसमें जितनी उत्सर्जन-शक्ति होती है उसमें उतनी ही अवशोषण-शक्ति भी। (ii) अपने सम्पर्क में आए पदार्थ के कुछ भाग को अपने में घुसा लेने की क्रिया।

अवशोषण-क्षमता–absrbancy. किसी पदार्थ में अन्य पदार्थ को अवशोषित करने की शक्ति की मात्रा, जो आपतित वस्तु और तल पर उसके अवशोषित अंश के अनुपात के रूप में व्यक्त की जाती है।

अवशोषी–absorption. अवशोषणशील।

अवसाद–redimentation. किसी द्रव में ऐसी क्रिया करना या होने देना जिससे उसमें अवलम्बित ठोस कण चाहे गुरुत्व के कारण या अभिकेन्द्र बल के कारण तल पर एकत्र हो जाएं अप्रा. तलछटीकरण। इस प्रकार एकत्र वस्तु।

अवस्था–state. द्रव्य का वह गुणधर्म जो उसके आयतन और/या आकृति का नियामक होता है। यह उसके अणुओं की पारस्परिक कसावट पर निर्भर करता है। मोटे तौर पर इसके तीन भेद हैं ठोस, द्रव और गैस (द्र.) प्राप. स्थिति।

परिवर्तन–change of state. किसी पदार्थ का ऊष्मा के प्रभाव से ठोस, द्रव या गैस किसी एक अवस्था से दूसरी अवस्था में आना।

अविलेय–insoluble. न घुलने वाला; जैसे बालू में जल।

अशुद्ध–impure. अशुद्धि, अशुद्धता- impurity.

अश्वशक्ति–horsepower.प्रति सेकेण्ड 550 फुट-पाउन्ड (द्र.) कार्य करने में लगने वाली शक्ति। इसका संकेत H.P. है। मैट्रिक पद्धति में यह 746 वाट के बराबर है। प्राप. हार्सपावर।

अष्टभुज–octagon. आठ भुजाओं वाला बहुभुजक्षेत्र।

अष्टसंयोजी–octovalent. **(ऐसा तत्व) जिसकी संयोजकता (द्र.) 8 है।**

असंगति-प्रदर्शन–reductio ad absurdum. असंगति या असम्भव निष्कर्ष दिखाकर किसी तथ्य के खण्डन द्वारा उसके विपरीत सिद्ध करने की रीति (रेखागणित में)।

असन्तत स्पेक्ट्रम–discontinuous spectrum. वह स्पेक्ट्रम (वर्णपट) जिसमें सभी रंग निरन्तर नहीं रहते हैं, जैसे, रेखिल स्पे0,

बैंड स्पे. आदि विप. सन्तत स्पेक्ट्रम।

असंमरेख समान्तर बल—non-collinear parallel force. दे. सरेख समान्तर बल collinear parallel force अप्रा. असदिश स. ब.।

असम्मेय—incommensurable. (ऐसी राशि) जिसका संख्यात्मक मान ठीक-ठीक निकल नहीं सकता है।

अस—our. अनेक संयोजकता वाले तत्वों के नाम में लगनेवाला एक प्रत्यय जो सूचित करता है कि यहां इसकी संयोजकता उच्चतम से दो कम है। जैसे फेरस क्लोराइड $FeCl_2$ फेरिक क्लोराइड $Fe Cl_3$ दे. °इक भी।

असामान्य (अप्रा.)—abnormal. प्राप. अप सामान्य।

अस्थायी कठोरता—temporary hardness. जल में कैल्शियम या मैग्नीशियम बाइ-कार्बोनेट घुले रहने के कारण कठोरता। यह अस्थायी होती है क्योंकि उबालने पर बाइ-कार्बोनेट अपघटित होकर कार्बोनेट के रूप में अवक्षेपित हो जाता है।

अस्थि-कोयला—bone-charcoal. या bone black. वसाहीन अस्थि के भंजक आसवन से निकला कोयला। इसमें 80-90 प्रतिशत तक कैल्शियम, मैग्नीशियम फास्फेट और कार्बोनेट मिले रहते हैं, जिन्हें हाइड्रो-क्लोरिक अम्ल की अभिक्रिया से हटाने पर शुद्ध कार्बन गजदन्त कज्जल (द्र.) के रूप में मिलता है।

आंकड़े—data. निष्कर्ष या हिसाब निकालने के आधार के रूप में उपान्त (उल्लिखित) संख्यात्मक तथ्य; जैसे त्रिभुज बनाने के लिए कम-से-कम दो भुजाओं और एक कोण का मान।

आंख—eye. फोटो-कैमरे के सिद्धांत पर बनी।

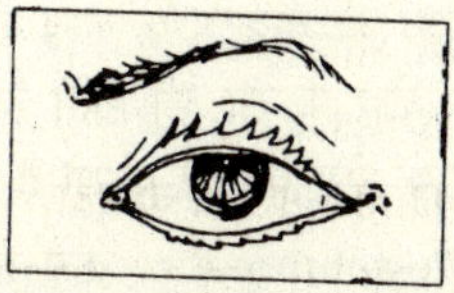

वह इन्द्रिय जिससे प्रकाश का संवेदन होता है। प्राप. नेत्र।

आंशिक—ite. लवण के नाम के अन्त में लगने वाला एक प्रत्यय जो बताता है कि वह लवण अस/अम्ल (द्र.) से बना है। जैसे, सल्फ्यूरस अम्ल से बना लवण सल्फाइट इत्यादि।

आइड—ide. क्षारक (बेस) के नामों के अन्त में लगने वाला प्रत्यय, जैसे आक्साइड, क्लोराइड, हाइड्राक्साइड इत्यादि।

आकर्षण—attraction. जब दो वस्तुओं के बीच किसी पदार्थ के माध्यम से कोई लगाव न होने पर भी वे वस्तुएं एक-दूसरे को खींचें या धकेलें तो इस रूप से लगते हुए बल को क्रमशः आ. और प्रतिकर्षण (repulsion) कहते हैं।

आकाशी—aerid. आसमान से लिया गया (फोटोग्राफ आदि) या आसमान में लगा (तार आदि)।

आकृति—figure. ढांचा, कायिक स्वरूप, चित्र।

आक्साइड—oxide. किसी तत्व और आक्सीजन के संयोग से बना यौगिक। अभिक्रिया के अनुसार ये चार प्रकार के होते हैं-अम्लीय, क्षारकी, उदासीन और उभयधर्मी

(द्र.)।

आक्सी अम्ल–oxy acid. ऐसा अम्ल जिसमें हाइड्रोजन या उससे हाइड्रोजन हटाने की क्रिया। जैसे ताम्र को हवा में गर्म करने पर उसमें आक्सीजन आ मिलता है और ताम्र आक्साइड बन जाता है, Cu+O=CuO अथवा किसी अणु में ऋणविद्युती तत्वों की मात्रा बढ़ाना। प्राप. उपचयन। व्यु. आक्सीकारक आक्सीकृत।

आक्सीजन–oxygen. एक अधातु तत्व जिसका प्रतीक O है। अणुसूत्र O_2; परमाणु क्रमांक 8; परमाणुभार 16; संयोजकता 2; गलनांक -218.4° से.; क्वथनांक -183° से.; आपेक्षिक गुरुत्व 16। वायुमण्डल में 21 प्रतिशत और जल में 8/9 भाग पाया जाता है।

उत्पादन–पोटेशियम कलोरेट 9 ग्राम और मैंगनीज डायक्साइड 3 ग्राम मिलाकर ताप देने से बनता है। रंग-गन्ध-सवाद-हीन, जल में विलेय, दहन का पोषक, अदाह्य, उदासीन, अत्यन्त अभिक्रियाशील।

आघातवर्धनीय–macleable. पीटने पर फैलने वाला (लोहा, तांबा, आदि), आघातवर्ध्य कुट्टय।

आघूर्ण–moment. किसी बल का वह प्रभाव जो उस बल से प्रेरित वस्तु को किसी बिन्दु पर घुमावे। आ.=बलबिन्दु से बल-रेखा तक लम्ब दूरी।

आणविक भार–molecularwieght. किसी पदार्थ के सम्बन्ध में वह संख्या जो बताती है कि उसका एक अणु हाइड्रोजन के एक परमाणु से कितना गुना भारी होता है। प्राप. अणुभार।

सूत्र–mole cular formula. परमाणु-प्रतीकों का ऐसा समूह जिससे किसी अणु की रचना अर्थात् घटक परमाणुओं की संख्या और अनुपात मालूम होता है। जैसे गन्धकाम्ल का $H_2 So_4$।

आतिशबाजी–fire-works. जलने पर प्रकाश, स्फुलिंग और तेज आवाज छोड़ने वाली आकर्षक रासायनिक क्रीड़ाएं।

आदर्श गैस–perfect gas. ऐसी गैस जो गैस सम्बन्धी नियमों का, खासकर बॉयल के नियमों का ठीक-ठीक अनुसरण करती हैं। जैसे हाइड्रोजन, नाइट्रोजन, आक्सीजन इत्यादि स्थायी गैसें।

आधार–basis.

आधार पट्टी–base-board. वह तख्ती

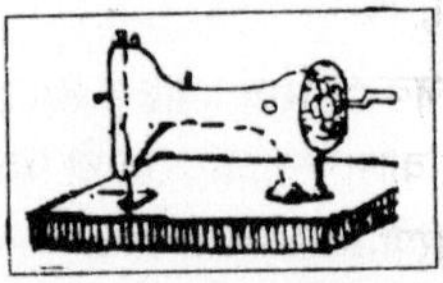

जिस पर कोई यन्त्रादि स्थापित रहता है।

रेखा–base-line. पूरी परिशुद्धता के साथ खींची गई वह सरल रेखा जिसे प्रमाणिक सहारा मानकर उसके निर्देश में अन्य रेखाएं और कोण बनाए जाते हैं, खासकर नक्शा बनाने में।

आधात्री–gangue. अयस्कों में सम्मिलित वह भाग जिसमें इष्ट धातु नहीं रहती है। प्रचलित पर्याय धातुमल। दे. मैट्रिक्स भी।

ऑन–on. (i) भौतिकी के कई शब्दो के अन्त में लगने वाला प्रत्यय जिसका अर्थ कण होता है इलैक्ट्रॉन, प्रोटॉन, न्यूट्रॉन इत्यादि (ii) रसायन शास्त्र में तत्व के नाम के अन्त में यह सूचित करता है कि यह

निष्क्रिय गैस है और अन्य तत्वों से नहीं मिलता है; जैसे निऑन, आर्गान, क्रिप्टॉन।

आनत तल—inclined plane. झुकी हुई सतह अर्थात् ऐसी सतह जो सीधी रेखा में एक ओर क्रमशः ऊंची होती गई हो।

दर्पण—inclined mirror. ऐसा दर्पण जिसमें दो सतहें मिलकर कोई कोण बनाती हों। इसमें बनने वाले प्रतिबिम्बों की संख्या कोण की डिग्री पर निर्भर करती है, जिसका सूत्र है प्रतिबिम्ब = 360°/0-1. अतः कोण 90° का हो तो प्रतिबिम्बों की संख्या 360°/90-1 = 3 होगी।

आन्तरिक—inner, internal, आन्तर, भीतरी, आभ्यन्तर।

द्विभाजक/अर्धक—internal bisector. किसी कोण को और उसकी एक भुजा के विस्तारण से बने उसके आसन्न कोण को द्विभाजित करने वाली सरल रेखाएं क्रमशः आन्तरिक द्वि. और बाह्य द्वि. कहलाती हैं। अप्रा. अन्तरवर्धक, बहिर-वर्धक।

आपतन—incidence. प्रकाश-स्रोत से किरणों का किसी सतह पर आना। किरणें जिस बिन्दु पर आकर टकराती हैं उसे 'आपतन-बिन्दु' कहते हैं। विप. परावर्तन (द्र.)।

कोण—angle of incidence. आपतित किरण और अभिलम्ब (द्र.) के बीच का कोण जो सदा परावर्तन कोण के बराबर होता है।

बिन्दु—point of incidence. दे. 'आपतित किरण' incident rays.

आपतित किरण—incidental rays. प्रकाश-स्रोत से आपतन बिन्दु की ओर आती हुई किरण। विप. परावर्तित किरण।

आपेक्षिक—relative. किसी दूसरी वस्तु के गुणधर्म की तुलना द्वारा निरूपति। प्राप. सापेक्ष। विप. निरपेक्ष absolute.

आयतन-प्रसार-गुणांक—relative co-efficient of cubical expansion of liquid. पात्र के आयतन-प्रसार-गुणांक (द्र.) सहित द्रव का वैसा गुणांक इसका संकेत Ya (गामा ए) है। Ya=Y-g, जहां Y= द्रव का निरपेक्ष प्रसार-गुणांक और g= पात्र का आयतन-प्रसार-गुणांक।

आर्द्रता—relative humidity. प्रति घन सेमी हवा में जितना जलवाष्प है और उस हवा को सन्तृप्त करने के लिए जितना जलवाष्प अपेक्षित है उन दोनों का अनुपात।

घनत्व, गैस का—relativer density of gas. किसी गैस का आ. घ. वह संख्या है जो बताती है कि उस गैस का कोई आयतन, समान दाब और ताप पर, हाइड्रोजन के उतने ही आयतन से कितना गुना भारी है।

वेग, विसरण का—relative valocity of diffusion. निश्चित ताप और दाब पर विभिन्न गैसों का आपेक्षिक विसरण वेग। उनके आपेक्षिक घनत्वों के वर्गमूल का व्युत्क्रमानुपाती होता है।

आभासी—apperent. प्रतीत होने वाला, किन्तु अवास्तविक। जैसे पानी में डूबी वस्तु का भार आदि। विप. वास्तविक real। अप्रा. प्रत्यक्ष, दृष्ट।

प्रतिबिम्ब—vertual image. ऐसा प्रतिबिम्ब जो वास्तविक न हो, किन्तु केवल दिखाई देता हो; अर्थात् जिसे परदे पर प्रक्षिप्त नहीं किया जा सकता है। विप. वास्तविक

प्रतिबिम्ब real image.

आभ्यान्तर–internal. भीतरी। प्राप. आन्तर, आन्तरिक। आम्मीटर (अप्रा.) दे. अमीटर ammeter.

आम्ल ऑक्साइड–acidie oxide. जल में घुलकर अमल बनाने वाला आक्साइड; जैसे $SO_3+H_2O = H_2SO_4$ अधिकतर अधातु का आक्साइड आम्ल होता है।

आम्ल करना–acidity. रासायनिक अभिक्रिया द्वारा अम्ल के रूप में लाना।

आयतन–volume.(i) कोई वस्तु अपनी स्थिति से जितनी जगह (अवकाश) को छेकती है उतना उस वस्तु का आ. होता है। इसका मानांक समान ऊंचाई-लम्बाई-चौड़ाई वाले पिण्ड (घन) को मात्रक मानकर निकाला जाता है; जैसे घन सेन्टीमीटर, घन-इंच इत्यादि।

(ii) bulk. विशालता, निकाय।

प्रसार-गुणांक–co-efficient of cubical expansion. इकाई ताप की वृद्धि से किसी पिण्ड के इकाई आयतन में होने वाली वृद्धि का मान बताने वाली संख्या। इसका प्रतीक ग्रीक अक्षर गामा y है। यह अनुदैर्ध्य प्रसार-गुणांक का त्रिगुण होता है। (y=3क)। प्रप. घन-प्रसार-गुणांक।

आयताकार–rectangular. आयत (द्र.) की शक्ल का। प्राप. समकोणिक, समकोणीय।

आयन–ion. विद्युत अपघटन-क्रिया के फलस्वरूप किसी विद्युत-अपघट्य पदार्थ से निकला ऋण या धन आवेश वाला परमाणु या मूलक; जैसे Nacl=Na++Cl-।

आयनन–ionisation. विद्युत अपघट्य पदार्थ का द्रव या घोल में, धन और ऋण आयनों के रूप में निर्मुक्त होना; जैसे Nacl= Na+Cl-। अप्रा. आयनीकरण।

आयाम–amplitude. सरल आवर्त गति से कम्पमान वस्तु (जैसे पेन्डुलम के गोलक) की विराम-स्थिति से अधिकतम विस्थापन या ऐसे विस्थापन से बना कोण; तरंग की मध्यरेखा से दूरी। प्रायः दोलन-आयाम, अप्रा. दोलनांक, दोलन-विस्तार

आयास–effort. लीवर-यंत्र से यांत्रिक लाभ प्राप्त करने के लिए उस यंत्र को चलाने में लगाए जानेवाला बल, जो लोड के विपरीत होता है। अप्रा. प्रयास, प्रयत्न।

बाहु-efort arm. लीवर के दंड का वह भाग जिसके सिरे पर आयास-बल लगाया जाता है। प्रा. आयास भुजा।

भुजा-आयास-बाहु

आयोडाइड–iodide. हाइड्रिऑडिक अम्ल का लवण, Hi जैसे पोटाशियम आयोडाइड। उत्पा-धातु के साथ आयोडीन की अभिक्रिया से। उप.-औषध और फोटोग्राफी में। जल में विलेय।

आयोडीन–एक अधातु तत्व। प्रतीक I; प. सं. 53; प.भा. 126.92; संयोजकता 1, 3, 5 और 7; द्रव . 114° सें.; क्वथ. 184° सें.। द्विपरमाणुक। प्रकृति में यौगिक अवस्था में चीली शोरा में और समुद्री घास में सोडियम आयोडेट और रजत आयोडेट के रूप में प्राप्य। उत्पा.-पोटाशियम आयोडाइड और मैंगनीज डायॉक्साइड को सान्द्र गंधकाम्ल में गर्म करके। धातु-सा चमकीला, काला, ठोस। पानी में अल्पविलेय। रासायनिक गुण में क्लोरीन के तुल्य।

आयोडेट–iodate. आयोडिक एसिड का लवण, जैसे Kio_3 (पोटाशियम आ.)

आरेख–diagram. आकृति, मान, बिंदु, क्षेत्रफल आदि दिखानेवाला प्रतीकात्मक चित्र। प्रप. खाका।

आरोहण–ascend. ऊपर की ओर बढ़ना। विप. अवरोहण discend.

आरोही क्रम–ascending order. चढ़ाव का सिलसिला।

आर्क लैंप–are lamp. एक प्रकार का विद्युत प्रदीप जो 40 वोल्टवाली कार्बन की दो छड़ों को आपस में सटाकर थोड़ा हटाने से निकलने वाली प्रकाश-ऊर्जा से जलता है। इसका प्रयोग रेल इंजिन, सिनेमा, प्रोजेक्ट आदि में किया जाता है।

आर्किमीडीज का सिद्धांत–Principle of Archimedes. यह नियम कि किसी वस्तु को द्रव में डुबाने पर उस वस्तु के भार में उतनी कमी हो जाती है जितने द्रव को वह विस्थापित करती है। इस नियम की स्थापना ई.पू. द्वितीय शताब्दी में आर्किमीडीज ने की थी।

आरगॉन–argon. शून्य संयोजकता वाला एक तत्व। प्रतीक A; प. क्रमांक 18; प. भा. 39. 944, यह एक रंगहीन, गंधहीन, एक परमाणुक निष्क्रिय (किसी के भी साथ अधिक्रिया न करने वाली) गैस है। घनत्व सामान्य ताप व दाब पर 1.7837 ग्राम प्रतिलीटर। इसका प्रयोग गैस-भरे विद्युत-प्रदीपों में होता है।

आर्गन या आर्गन पाइप–organ or organ pipe. खोखला नल जिसके भीतरी वायुस्तंभ में कंपन (हलचल) पैदा करके आवाज उत्पन्न की जा सकती है।

ऑर्थोफास्फोरिक अम्ल–orthophophoric acid. सूत्र (H_3po_4)। उत्पा. फोस्फेरस पेन्टाक्साइड को खौलते पानी में डालने से) या अस्थिभस्म पर सान्द्र गंधकाम्ल की अभिक्रिया से। रंग हीन रवादार, जलावशोषक, जल में अतिविलेय। गल. 42° सें.। त्रिक्षार की होने के कारण इससे तीनों प्रकार के लवण बनते हैं। ($NacPo_4$; Na_2Hp0_4 तथा NaH_2Po_4).

आर्द्र–moist. नम, भींगा, जिसमें जल मिला है।

आर्द्रता–(1) moisture. जल की भौतिक मिलावट, नमी।

(2) humidity. वायु के इकाई-आयतन में उपस्थित (जलवाष्प की मात्रा। यह आर्दता) का निरपेक्ष मान है। सापेक्ष आर्दता है वायु के इकाई आयतन में उपस्थित जलवाष्प की मात्रा और उस आयतन को सन्तृप्त करने के लिए अपेक्षित जलवाष्प की मात्रा का अनुपात। प्राप. नहीं।

आर्द्रतामापी–hygrometer. किसी भी जगह, किसी भी समय वायु की आर्द्रता मापने का एक यंत्र। यह कई प्रकार का होता है। दे. हाइग्रोमीटर।

आर्द्रतामिति–hygrometry. भौतिक विज्ञान की वह शाखा जिसमें वायु के निश्चित आयतन में जलवाष्प की माप का वर्णन रहता है।

आर्मेचर–armature. इन्सुलेटेड बिजली-तारों के कई फेरों की कुंडली जो हर विद्युत मोटर में चुम्बकीय बल से नाचती रहती है। अप्रा. कुंडली।

आर्सेनिक–arsenic. एक तात्त्विक धातु। प्रतीक As। प.भा. 74.91; प.सं. 33; संयोजकता 3 और 5। कई खनिजों में मिलता है। इसके तीन रूपांतर हैं, धूसर, पीला और काला।

आलंब–fulcrum. वह बिंदु (सामान्यतः कील के पास) जिस पर लीवर आधारित रहता है।

आवरण–(1) screen. दे. परदा। (2) coat।

आवर्त–recurring. चक्र क्रम से बारंवार आना।

आवर्त-काल–period or periodic time. उतना समय जितने में किसी अवधिबद्ध गतिविधि का एक दौर पूरा होता है। कम्पन या दोलन में विराम बिंदु से बाईं ओर जाने, लौटकर विराम-बिंदु पर आने और फिर वहां से (दाहिनी ओर जाकर लौटकर विराम बिंदु पर आने में) लगा समय। यदि A और B चरम विस्थापन बिंदु है और C विराम बिंदु तो C से A, A से B, और B से C पर आने में लगा समय।

–गति–periodic motion. दे. सरल आवर्त गति।

–दशमलव–r. decimal. वह दशमलव जिसमें आंकड़े किसी बिंदु से निश्चित क्रमानुसार दुहराये जाते हैं।

–सारणी–periodic table. समस्त तत्वों का परमाणु-संख्या और अन्य कई विशेषताओं के अनुसार विन्यस्त तालिका, जो अंतरराष्ट्रीय स्तर पर मान्य है। इसके उद्भावक हैं मायर और मेन्डेलीव। दे. परिशिष्ट पृ....।

आवर्तन–cycle. चक्रवत् घूम-घूम कर किसी वस्तु का पुनः-पुनः एक बिंदु पर आना।

आवर्त्तिता–frequency. किसी घटना के बारे में वह संख्या जो बताती है कि वह घटना इकाई समय में कितनी बार घटी। प्राप. आवृत्ति, बारंबारता। दे. कम्पनावृत्ति भी।

आवर्त्ती–recurrent. चक्रवत् बारंबार आने वाला।

आवर्धन–magnification. [illegible] दर्पण आदि में प्रतिबिंब का वास्तविक स्वरूप से बड़ा या छोटा होना। इसका मान रेखीय विस्तार में प्रतिबिंब का आयाम/वस्तु का आयाम होता है। अप्रा. विशालन। तुलनीय प्रवर्धन amplification, विवर्धन enlargement.

आसंजित–adherlnt. आसंजनगुणवश जुड़ा हुआ।

आसन्न कोण–adjacent angle. एक सामान्य भुजा के दोनों ओर बने कोण एक दूसरे का आ. को. कहलाते हैं। देखें आरेख सं..... में L क 4 घ L क 4 ख का आ. को. है।

आसमानी–azure, sky-blue. निर्मेघ आकाश-सदृश रंग वाला।

आसवन–distil. द्रव को गर्म करके वाष्प बनाना और फिर उस वाष्प को ठंडा करके द्रव के रूप में लाना।

आसुत–distilled. आसवन-विधि से शुद्ध किया हुआ; जैसे आसुन जल distilled water.

इंजन–engine. तापीय ऊर्जा को यांत्रिक ऊर्जा के रूप में परिणत करने वाला यंत्र।

O इक–Occ. अम्ल के नाम में लगाया

जानेवाला एक प्रत्यय जो सूचित करता है कि उसमें /आक्सीजन की संख्या सामान्य है, अर्थात् ° अस अम्ल की तुलना में अधिक किंतु पर° अम्ल की तुलना में कम। जैसे Hclo² हाइड्रोक्लोरस अम्ल, Hcl0³ हाइड्रोक्लोरिक अम्ल, और Hcl0⁴ परक्लोरिक अम्ल।

इन्द्रधनुष—rain bow. सूय की किरणें जब मेघीय जलकणों के बीच से अपवर्तित होते हुए परावर्तित होती हैं जब जलकण प्रिज्म की भांति वर्णपट (स्पेक्ट्रम) बनाते हैं। यही इ. है।

ईंधन—fuel. दहन को जारी रखने के लिए डाला जानेवाला दाह्य पदार्थ, जैसे वाष्प इंजन में कोयला, तेल-इंजन में पेट्रोल इत्यादि। प्राप. ईंधन।

इरिडियम—iridium. एक तात्त्विक धातु। प्रतीक ir; प.भा. 193.1; प.सं. 77; द्रव. 2454° सें.; वि. गुरुत्व 20° सें. पर 22.4। भंगुर; भूरा रंग। इसकी मिश्रधातु कलम के निब में और घड़ी के पुर्जों में काम आती है।

इलेक्ट्रान—electron. प्रत्येक तत्त्व के परमाणु के चारों ओर चक्कर लगाने वाला परम सूक्ष्म कण। इस पर ऋण आवेश रहता है जिसका मान 1.60 x 10-19 कूलॉम होता है। इसका द्रव्यमान हाइड्रोजन परमाणु के द्रव्यमान का 1/1840 गुना होता है। एनोड किरण इन्हीं कणों की शृंखला है।

इलेक्ट्रोड—electrode. वैद्युत अपघटन क्रिया में, विद्युत अपघट्य द्रव में डुबोकर विद्युत-परिपथ से संयोजित तार, छड़ या प्लेट। इस क्रिया में दो इ. डुबाए जाते हैं। एक धन ध्रुव से संयोजित रहता है और दूसरा ऋण ध्रुव से, जो क्रमशः एनोड और कैथोड कहलाते हैं।

इलेक्ट्रानिक—electronic. इलेक्ट्रान संबंधी।

इलेक्ट्रनिकी—electronics. वह शास्त्र जिसमें इलेक्ट्रान की प्रकृति और उपयोग का अध्ययन होता है।

इलेक्ट्रोफोरस—electrophorus. वोल्टा द्वारा 1775 ई. में आविष्कृत एक साधित्र जिसके सहारे प्रेरणा-विधि से विद्युत-आवेश प्राप्त किया जा सकता है।

इस्पात—steel. ऐसा लोहा जिसमें कार्बन का अंश 0.10 से 1.5 प्रतिशत तक रहे। गल. 1300° सें. इसका चुम्बकीयकरण स्थायी होता है। प्राप. फौलाद।

ईथर—ether या aether. (i) dietyhle ether सूत्र $C_2H^5oc^2H^5$। गल.-113° सें. क्वथ 35° सें.; वि. गुरुतव 0.72। एक अतिवाष्पशील द्रव जो संवेदन मंदक और विलायक के रूप में काम आता है। यह इथाइल ऐल्कोहल और गंधकाम्ल से तैयार किया जाता है। (ii) एक कल्पित गैस जो माना जाता है कि आकाश (अवकाश) में वायुमंडल से ऊपर भी भरी रहती है और रेडियो तरंग आदि के माध्यम का काम करती है।

उच्चता—दे. ऊंचाई attitude।

उच्चतापसह—refractory. ऐसा पदार्थ जो बहुत ऊंचे ताप को भी बर्दाश्त कर सकता है। ऐसे पदार्थ से भट्ठी की दीवार बनती है। चीनी मिट्टी, अग्निसह मिट्टी आदि इसके उदाहरण हैं। प्राप. दुर्गलनीय।

उच्चतामापक (अप्र.)—दे. तुगतामापी

altimeter।

उत्क्रम–reverse. विपरीत क्रमवाला, उल्टा।

उत्क्रमण–reversal. विपरीत क्रम में लाना।

उत्क्रमणीय अभिक्रिया–reversibls reaction. ऐसी रासायनिक अभिक्रिया जो प्रतिबंधवश सामान्यतः एक दिशा में होती है किंतु अक्सर दूसरी दिशा में भी होती है। अर्थात् फल (product) स्वयं अभिकारक हो जाता है। ऐसी अभिक्रिया = चिन्ह के बदले = चिन्ह से व्यक्त की जाती है; जैसे N_2+O_2 = 2No; H_2+I2+ = 2HI।

उत्क्रमणीय सेल–regersible cell. वह सेल जो शक्तिहीन हो जाने पर डायनेमो के जरिए विपरीत दिशा में धारा प्रवाहित करने से पुनः शक्ति से भर जाता है, क्योंकि विपरीत रासायनिक अभिक्रिया होने से इसके मसाले पुनः पूर्व अवस्था में आ जाते हैं। दे. द्वितीयक सेल भी।

उत्तर ध्रुव–north pole. किसी वस्तु का वह बिंदु जहां चुम्बकीय बल सबसे अधिक रहता है और जो अवरोधक बल न लगने पर स्वतः भौगोलिक उत्तर दिशा को चला जाता है। दे. चुम्बकीय ध्रुव भी।

–स्थिर बिंदु–upper fixed point. थर्मामीटर के पैमाने में वह बिंदु जो जल के क्वथनांक के बराबर ताप का सूचक होता है। यह फा. सें. और रु. में क्रमशः 212°, 100° और 80° है। प्रप. ऊपरी नियत बिंदु।

उत्तल दर्पण–convex mirror. ऐसा दर्पण जिसकी सतह बीच में उन्नत और आगे क्रमशः अवनत होता है। जैसे गोलीय दर्पण का बाहरी सतह से देखने पर। इससे छोटे आकार का वास्तविक प्रतिबिंब बनता है।

लेंस–convex lens. ऐसा लेन्स जिसकी मोटाई अक्ष पर महत्तम हो। दे. अवतल

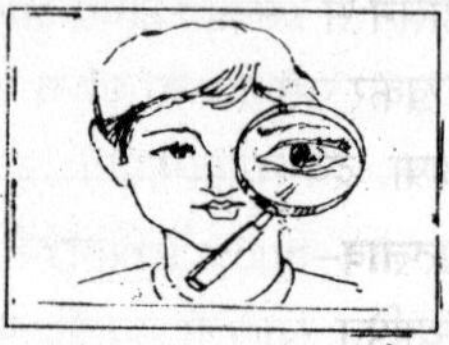

लेन्स भी। इससे प्रक्षिप्त किरणें अपसारी होती हैं। अप्रा. उन्नतोदर लेन्स।

उत्तेजित करना–दे. सक्रिय करना activate.

उत्तोलक–lever. एक सरलतम प्रकार का यंत्र जिसमें एक दृढ़ दंड आलम्ब पर कील से जुड़ा रहता है, इसके एक सिरे पर आयास-बल लगाकर दूसरे का सामना किया जाता है। दे. यांत्रिक लाभ भी। प्राप. लीवर।

उत्थापक–lift. भारी वस्तु को ऊपर की ओर ले जाने वाला बल या यंत्र। प्राप. लिफ्ट

उत्प्रेरक–calalyst. दे. 'उत्प्रेरण' में।

उत्प्रेरण–catalysis. रासायनिक अभिक्रिया में कोई ऐसा पदार्थ डाल देना जिसकी उपस्थिति से उस अभिक्रिया की गति में परिवर्तन (ह्रास-वृद्धि) हो जाता किंतु वह डाला गया पदार्थ उपस्थित रहते हुए भी स्वयं रासायनिक परिवर्तन न पाये। ऐसा पदार्थ उत्प्रेरक catalyst कहलाता है। जैसे मैंगनीज ऑक्साइड की उपस्थिति में पोटाशियम क्लोरेट कम तापक्रम पर ही अपघटित हो जाता है।

उत्प्लवघनत्व मापी–hydrometer. ऊपर से नीचे तक समान मोटाई वाली अंशांकित नली, जिसमें नीचे कोई भारी वस्तु लटकी

रहती है ताकि वह द्रव में डालने से कुछ डूबकर सीधी खड़ी रहे। किसी द्रव में इसे डालने से इसका कितना अंश डूबता है यह देखकर उस द्रव का घनत्व जाना जाता है। अप्रा. द्रव घनत्वमापी।

उत्प्लाव–buoy. (i) समुद्र में लंगर डालकर स्थापित खोखली हवाबंद पेटी जो बैट्रिक दीप से प्रकाशित रहती हैं और जहाज को

मार्ग बताती है। (ii) गेंद या टायर आकार का खोखला हवाबंद पात्र जो तैरने वालों या नाव-दुर्घटना में डूबतों का सहारा होता है। अप्रा. प्लाव।

उत्प्लावकता–buoyancy. द्रव का वह गुण जिसके अनुसार कोई वस्तु उसमें उपलाने लगती है; द्रव में डूबने पर किसी वस्तु के भार में होने वाली कमी। सयह कमी उस वस्तु पर जल के ऊर्ध्वमुख दबाव के कारण होती है। अप्रा. उछाल।

उत्फुल्ल–efflorescent. बाहरी सतह पर खादार परत से युक्त हुआ, जैसे लवण के सूख जाने पर दीवार लोनिया हो जाती है; रवा से जल के उड़ जाने से धूलिलिप्त सा हो गया लोनिया।

उत्फुलन–efforescence. हवा में छोड़ देने से रवाजल के उड़ जाने से किसी पदार्थ का रवाहीन हो जाना। प्राप. लोनी लगना, लोनिया हो जाना।

उत्सर्जन, विकीर्ण ऊष्मा का–emission of radiated heat. किसी तापित वस्तु द्वारा अपनी सतह पर से ऊष्मा का फेंका जाना।

–क्षमता–emissive power. किसी वस्तु की सतह की अपने में आविष्ट ऊष्मा बाहर फेंकने की शक्ति जो उस सतह के क्षेत्रफल के अनुपाती होती है। अप्रा. उत्सर्जन शक्ति।

उत्स्रुत–vertical. क्षैतिज तल पर लंब बनाते हुए खड़ा; जिसकी दिशा ठीक ऊपर की ओर हो। प्राप. ऊर्ध्वाधर, खड़ा।

उदयन (अप्रा.)–दे. ऋणायन anion.

उदासीन–neutral. जो न अम्लीय हो और न क्षार की; जो न ऋणात्मक हो न धनात्मक।

ऑक्साइड–neutral oxide. वह ऑक्साइड जो अम्ल या क्षार के साथ लवण नहीं बनाता है और लिटमस पत्र का रंग नहीं बदलता है। जैसे H_20, Co (जल, कार्बन मोनॉक्साइड) इत्यादि।

–घोल–neutral solution. वह जलीय घोल जो न क्षार की हो और न अम्लीय। प्रा. नाम्लक्षारीय

–बिंदु–neutral point. दो चुम्बकीय क्षेत्रों के बीच का वह बिंदु जहां दोनों चुम्बकीय बल समान और परस्पर विपरीत दिशाओ में लगते हैं, और फलतः परिणामी बल शून्य होता है।

उदासीनीकरण–neutralisation. अम्ल और क्षारक की पररस्परिक अभिक्रिया से (अर्थात उनके मूलकों की अदला-बदली से) लवण और जल बनाना। जैसे NaOH + HCl = Nacl + H_20.

उद्गम–source. वह स्थन या बिंदु जहां से प्रकाश आदि निकलकर आगे बढ़ रहा हो।

प्राप. स्रोत।

उद्दहन-चम्मच—deplagration spoon. ऊर्ध्वमुख डंडीवाली एक चम्मच जिसमें रखकर जलती हुई चीज गैस में ले जाकर गैस की दहन पोषकता मालू की होती है।

उद्दीपक—stimulus. तेजी लानेवाला। प्रप. पोषक।

उद्वृत—vertical. क्षैतिज तल पर लम्ब बनाने वाली रेखा। प्राप. ऊर्ध्वाधर रेखा।

उन्नयन-कोण—elevation angle. वह कोण जो दृश्य वस्तु और दर्शक के नेत्र को मिलाने वाली रेखा क्षैतिज तल के साथ बनाती है, जबकि वस्तु दर्शक के नेत्र से नीचे होती है तब वह कोण अवनमन-कोण angle of depression कहलाता है। अप्र. उन्नति-कोण।

उपकरण—apparatus. किसी बड़े पिंड के चारों ओर चक्कर काटनेवाला छोटा पिंड; विशेष कर वह जयोतिष्पिंड जो सौर मंडल के किसी ग्रह के चारों ओर चक्कर काटता रहता है। जैसे पृथ्वी का उ. चांद।

उपचयन—oxidisation. आक्सीकरण। व्यु. उपचायक oxideser.

उपच्छाया—pedumbra. वह क्षेत्र जहां से प्रकाश का उद्गम अवरोध के कारण अंशतः दिखाई देता है और इसलिए जहां छाया कुछ हल्की-सी रहती है।

उपजात—by-product. एक वस्तु के उत्पादन के सिलसिले में स्वतः उत्पन्न वस्त्वन्तर; गौण उपज।

उपद्वार (अप्रा.)—दे. इलेक्ट्रोड electrode।

उपध्रुव—consequent. स्पर्शविधि से चुम्बक बनाने की क्रिया में गलती करने से कभी-कभी छड़-चुम्बक में दो से अधिक ध्रुव बन जाते हैं। इनमें जो ध्रुव छड़ के सिरे पर नहीं होते, उपध्रुव कहलाते हैं।

उपपत्ति—proof. प्रमाणित करने की युक्ति या तर्क।

उपार्जन—acquire. दूसरे का या बाहर का गुणधर्म प्राप्त करना। व्यु उपार्जक, उपार्जित, उपर्जनीय।

उबालना—boil. किसी द्रव को पात्र में रखकर नीचे से इतना ताप देना कि नीचे का अधिक तप्त भाग घनत्व घटने के कारण ऊपर की ओर दौड़े और ऊपर का अल्पतप्त भाग नीचे आ जाए और इस प्रकार द्रव निरंतर इधर-उधर होता रहे। प्राप. क्वथन।

अभय अपघटन—double decomposition. ऐसी अभिक्रिया जिस में दो अभिकारक अपने मूलको की अदला-बदली करके दो भिन्न-भिन्न फल बनाते हैं। जैसे, सोडियम नाइट्रेट और सान्द्र गन्धकाम्ल की अभिक्रिया से $NaH_2So_4 + HNO_3$ बनाते है।

उभयधर्मी ऑक्साइड—amphoteric oxide. वह ऑक्साइड जो अम्ल या क्षारक किसी के भी साथ अभिक्रिया करके लवण बनाता है। कई धातुओं के ऑक्साइड ऐसे होते हैं; यथा जिंक ऑक्साइड ($Zno + 2HCl = ZnCl_2 + H_20$, $Zno + NaOH = Na_2ZnO_2 + H_2O$), एलुमिनियम ऑक्साइड इत्यादि।

उभयनिष्ठ—common. दो में समान रूप से रहने वाला; जैसे आसन्न कोणों के बीच वाली भुजा।

उर्वरक—fertiliser. ऐसा रासायनिक पदार्थ जो खेत में डालने से उपज बढ़ती है; जैसे

अमोनियम सल्फेट $(NH_4)_2So_4$ आदि।

ऊंचाई—altitude. (i) क्षैतिज तल या किसी बिंदु से उदग्र दूरी; किसी दृश्य वस्तु की द्रष्टा के नेत्र और क्षैतिज धरातल के साथ कोणात्मक दूरी।

—**वृत्तखंड की**—height. जीवा के मध्यबिंदु से परिधि तक लम्बरूप दूरी।

मापक—(अप्रा.)-दे. तुंगतामापी altimter.

ऊर्जा—energy. वस्तु में निहित कार्य करने का सामर्थ्य। इसे मापने की इकाई वही है जो कार्य को मापने की, जैसे अर्ग, जूल इत्यादि। इसके दो प्रकार हैं-गतिज और स्थितिज। व्यु-ऊर्जायन energisation; ऊर्जित energised; ऊर्जित करना energise.

—**रूपांतरण**—transformation of energy. एक प्रकार की ऊर्जा को दूसरे प्रकार की ऊर्जा में बदलना; जैसे विद्युत-ऊर्जा से यांत्रिक ऊर्जा और तद्विलोम इत्यादि।

—**संरक्षण सिद्धांत**—law of conservation of energy. न्यूटन का यह नियम कि ऊर्जा न तो नष्ट हो सकती है और न उत्पन्न ही की जा सकती, बल्कि एक रूप से दूसरे रूप में परिवर्तित होती है।

ऊर्ध्वपातन—sublimation. ताप के प्रभाव से ठोस पदार्थ का पिघले बिना ही वाष्प बनना और फिर ताप घटने पर ठोस हो जाना, जैसे कपूर आदि का। इस प्रक्रिया से ऊर्ध्वपाती पदार्थ का शोधन या पृथक्करण होता है। अप्रा. उत्सादन।

ऊषमक—bath. भीगी वस्तु को सुखाने या तपाने का एक साधिन्‍ञ इस में दो कोष्ठ होते हैं; एक में गरम पानी या बालू रहता है, जिसकी गर्मी दूसरे कोष्ठ में जाती और वहां रखी वस्तु को उच्च ताप में सुखाती है। जल-ऊष्मक और बालू ऊष्मक भी देखें। प्राप. तापन-पात्र।

ऊष्मा—heat. हर पदार्थ में रहने वाली वह ऊर्जा जिससे गर्मी या ठंडक अनुभूत होती है। घटक अणुओं की चाल में तेजी या मंदी से यह ऊर्जा घटती या बढ़ती है। अप्रा. ताप।

—**इंजन**—heat engine. ताप-ऊर्जा को यांत्रिक ऊर्जा में परिणत करनेवाला यंत्र, जैसे वाष्प इंजन, पिट्रोल आदि, जिनमें इन्धन की आश्यकता होती है। प्राप. ताप-इंजन।

ऊष्मा-उन्मोची—exothermic. (ऐसी अभिक्रिया) जिसमें ताप उनमुक्त होता है, जैसे धातुपर ऑक्सीजन की अभिक्रिया से ताप निकलता है। प्राप. ऊष्माक्षेपी। विप. ऊष्माशोषी। (द्र.)

उपचार—heat treatment (of steel). एक प्रतिशत कार्बनांश वाले इस्पात को खास-खास डिग्री तक गर्म करना और खास-खास तरीके से ठंडा करना, जिसके फलस्वरूप उसमें खास-खास प्रकार का गुण आता है। जैसे 288° सें. तक गर्म करके सहसा पानी में डुबाने से वह कांच की तरह कड़ा और भंगुर हो जाता है।

—**चालकता**—thermal conductivity. दे. चालकता conductivity.

—**धारिता**—thgermal capacity. किसी वस्तु का ताप 1 डिग्री बढ़ाने के लिए अपेक्षित ऊष्मा का परिमाण। ऊ. = mxs, जहां m है उस वस्तु का आयतन और s है उस वस्तु का विशिष्ट ताप। अप्रा. तापीय धारिता।

ऊष्मापार्य–diathermanous. (ऐसी वस्तु) जिससे होकर विकीर्ण ताप पार हो सकता है; जैसे वायुमंडल और शून्यक इत्यादि। प्राप. तापपार्य।

ऊष्मामापी–calorimetre. (i) ऊष्मामापक यंत्र की वह पेटी जिसमें पानी भरा जाता है। (ii) वह संपूर्ण यंत्र जिसके सहारे ऊष्मामिति (द्र.) की जाती है। प्राप. कैलोरीमीटर, कैलोरीमापी।

ऊष्मामिति–catorimetry. विशिष्ट ऊष्मा गुप्त ऊष्मा, ऊष्मीय मान आदि जैसे स्थिरांकों का अवधारण करना, जो एक निश्चित जलराशि में तापमान की वृद्धि से ऊष्मा की मात्रा ज्ञात करके किया जाता है। प्राप. कैलोरीमिति।

ऊष्मारोधी–heat insulator. ऐसा पदार्थ जो ऊष्मा को अपने भीतर होकर गुजरने नहीं देता है, अर्थात् ऊष्मा के संचरण में रोधक होता है; जैसे लकड़ी आदि। दे. रोधी भी।

ऊष्माशोषी अभिक्रिया–endothermic reaction. वह रासायनिक अभिक्रिया जिसके फलस्वरूप ऊष्माशोषित होती है, जैसे नाइट्रोजन, के साथ आक्सीजन की अभिक्रिया में ($N_2+O_2=2NO-43.2$ कैलोरी)।

ऊंष्मासह–heat proof. बहुत हद तक ऊष्मा को बर्दाश्त करने वाला, अर्थात् ताप से न बिगड़ने वाला।

ऊष्मीय–thermal. ऊष्मा (द्र.) से सम्बद्ध; जैसे ऊ. चालकता thermal conductivity. इत्यादि।

मान–calorific value. किसी वस्तु (इन्धन) के पूर्ण दहन से प्राप्य ऊष्मा की दर; उदाहरणार्थ, एक ग्राम कोयले के जलने से जितनी ऊष्मा उत्पन्न होती है वही उस कोयले का ऊ. मान होता है जो ग्राम-कैलोरी में व्यक्त किया जाता है। प्राप. कैलोरीय मान।

वियोजन–thermal dissociation. ऊष्मा के प्रभाव से एक अणु का कई अणुओं में विभक्त होना; जैसे $NH_4Cl=NH_3+HCl$.

ऋजु–streight. एक ही दिशा में जाने वाला, सीधा, सरल (रेखा आदि) विप. वक्र।

कोण–streight angle. ऐसा कोण जिसकी

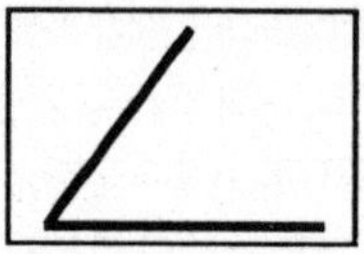

दोनों रेखाएं एक ही दिशा को जाती है; अर्थात् ठीक 180° का कोण।

रेखीय–rectilinear. सरल रेखाओं वाला या सरल रेखाओं से बना। प्राप. सरल रेखात्मक, सरलरेखी।

ऋण–(i) minus. घटाया जाने वाला; घटाव की दिशा में आंका गया (मान)। (ii) negative-ऋणात्मक, विपरीत रुख वाला।

ऋण कोण–negative angle. भ्रमण-रेखा की वामावर्त गति से बना कोण; भ्रमण-रेखा की दक्षिणावर्त गति से बना कोण धन-कोण कहलाता है। प्राप. ऋणात्मक कोण।

विद्युत्–negative electiricity. विद्युत् के दो बिन्दुओं में से उस बिन्दु की विद्युत्-ऊर्जा जहां का वैद्युत् विभव निम्न होता है।

विद्युत्कण (अप्रा.) दे. ऋणायन–anion.

विद्युती–electronegative. (i) विद्युत् के ऋणात्मक आवेश से युक्त। (ii) ऋण आयन

बनाने की प्रवृत्ति वाला। अप्रा. विद्युत्ऋणीय।

विभव—minus potential.दे. वैद्युत् विभव electric potential में।

ऋणात्मक—negative. विपरीत या घटाव की दिशा में अवधारित। विप. धनात्मक।

ऋणायन—anion विद्युत्-अपघट्य का वह आयन जो ऋण आवेश वाला होता है और अनुप्रयुक्त विभवान्तर के प्रभाव से ऐनोड की ओर प्रयाण करता है। अप्रा. ऋणविद्युत्-कण, उदयन।

ऋतु—season. सूर्य की अपेक्षा पृथ्वी की स्थिति के अनुसार वर्ष का विभाग, जो मौसम की दृष्टि से भारत में छह माने गए हैं; जैसे बसन्त (मेष-वृष), ग्रीष्म (मिथुन-कर्क), वर्षा (सिंह-कन्या), शरद् (तुला-वृश्चिक), हेमन्त (धनु-मकर), शिशिर (कुम्भ-मीन)। मि. मौसम weather।

एक °uni° जैसे एककोशीय unicullular इत्यादि।

कोशिक—unicellular. केवल एक सेल से बना।

क्षारकी अम्ल—monobasic acid. ऐसा अम्ल जिसमें हाइड्रोजन का एक परमाणु रहता है और उसे धातु से प्रतिस्थापित कर लवण बनाया जा सकता है जैसे HCl इत्यादि। अप्रा. एकभस्मीय।

नताक्ष—monoclinic. sulphur. गन्धक का एक अपररूप जो 960° सें. और 119° सें. के बीच रहता है। अप्रा. सूची गन्धक।

परमाणुक—monoatomic.एक परमाणु वाला, ऐसा पदार्थ जिसके अणु मे केवल एक परमाणु रहता है, जैसे हिलियम। अप्रा. एक परमाण्विक।

संयोजक—monovalent. जिस की संयोजकता (द्र.) (valancy) एक है। जैसे सोडियम, पोटासियम, रजत इत्यादि। अप्रा. एकबन्धक।

एकांक ध्रुव—unit pole.ऐसा चुम्बकीय ध्रुव जिससे (निर्वात में) एक सेमी दूरी पर एक सदृश और समान ध्रुव को रचाने से दोनों के पारस्परिक विकर्ष का बल एक डाइन होता है।

एकाम्लिक क्षारक—monacid base.वह क्षारक (बेस) जिसमें प्रतिस्थाप्य मूलक OH केवल एक रहता है। जैसे NaOH इत्यादि।

एकान्तर कोण—alternate angle. जब दो सरल रेखाएं एक सरल रेखा से काटती है तब कोई अन्तःकोण अपने आसन्न अन्तःकोण के सामने के अन्तःकोण को ए. को. कहलाता है। काटने वाली रेखा के एक ही ओर के दोनों अन्तःकोण एक-दूसरे के अन्तराभिमुख कोण कहलाते हैं। देखें आरेख....

एक्स नियामक (अप्रा.)—दे. **भुज** abscissa.

एक्स-किरणें—X-rays. रेडियो-तरंग और प्रकाश-तरंग के सदृश एक विद्युत्-चुम्बकीय तरंग जिसका तरंग दैर्ध्य °1 से 50 ए. यू. (ऐंगस्ट्रांग मात्रक) [1 ए. यू. = 10-8 सेमी।]

°**एट**—°ate.लवण के अन्त में लगने वाला एक प्रत्यय जो सूचित करता है कि वह लवण °इक अम्ल से बना है। जैसे गन्धकाम्ल से बना लवण सल्फेट इ.°।

एप्सम लवण—epsom salt. सजल मैग्नीसियम सल्फेट; $MgSo_4+7H_2O$ जो

खनिज के रूप में मिलता है।

ऐबोनाइट–ebonite. गन्धक के साथ बल्कनीकृत रबर जो हार्डरबर कहलाता है।

एरियल–aerial. विद्युत्-चुम्बकीय तरंग से ऊर्जा ग्रहण करने या उसमें ऊर्जा विकीर्ण करने में समर्थ खुला तार, जो रेडियो-संचार यन्त्रों में लगाया जाता है।

एसिड= अम्ल acid।

एसिडता=अम्लता aciditv।

एसिडीमीटर=अम्लमापी acidimeter।

ए. सी. करेन्ट=प्रत्यावर्ती धारा alternating current।

ऐक्टिनियम–actinium. एक रेडियो ऐक्टिव तत्व।

प्रतीक Ae; 4 सं. 89; अर्धजीवन 20 वर्ष।

ऐक्वा फोर्टिस–aqua fortis. सान्द्र नाइट्रिक अम्ल का प्राचीन नाम। अप्रा. शक्तिशाली जल।

रेजिया–aqua regia. सान्द्र हाइड्रोक्लोरिक अम्ल और सान्द्र नाइट्रिक अम्ल का 3 : 1 के अनुपात में मिश्रण ($3HCl, HNO_3$)। प्रबल ऑक्सीकारक, स्वर्णादि धातुओं को भी घुलाने वाला। अप्रा. अम्लराज, राजजल।

ऐक्स-अक्ष–X-axis. किसी बिन्दु की यर्थाथ स्थिति के निर्देश के लिए वस्तु के आर-पार खींची गई कल्पित अक्षों में से वह अक्ष जो क्षैतिज दिशा में रहता है। इसको काटने वाली उदग्र रेखा वाइ-अक्ष कहलाती है। अप्रा. य-अक्ष।

ऐक्स किरण = एक्स किरण। X-rays.

ऐगेट = गोमेद agate.

ऐजुराइट–agurite. एक अयस्क जिसमें कार्बोनेट के रूप में ताम्र रहता है; $2Cu(OH)_2$।

ऐनोड-anode. दे. इलेक्ट्रोड electrode में। अप्रा. धनोद, उपद्वार।

ऐन्टिमनी-antimony. एक तात्विक धातु। प्रतीक Sb; 4. भा. 121.76; 4. सं. 51; वि. गु. 20° सें पर 6.62; गल. 630° सें; क्वथ. 1440° सें.। नीलाभ श्वेत रंग। स्वतंत्र रूप में काम में नहीं आता है, किन्तु मिश्र धातुओं में रहता है।

ऐमेरिशियम–दे. अमेरिकनम americium.

ऐम्पियर–ampere. विद्युत्-धारा का उतना परिमाण जितना विद्युत्-अपघटन विधि से एक सेकंड में 0.001118 ग्राम रजत अपघटित कर सकता है। विद्युत्-धारा का यह मात्रक आविष्कर्ता के नाम पर प्रसिद्ध है। 100 वाट की बत्ती में 1/2 ऐम्पियर धारा रहती है।

मापी–amperemeter. विद्युत्-धारा के बल को ऐम्पियर मात्रक में मापने का एक यन्त्र, जिसमे चुम्बक नाल के असदृश ध्रुवों के बीच एक कुंडली लटकी रहती है और चुम्बकीय बल के इस कुंडली में हुए विचलन से धारा का बल निकलता है।

का नियम-amperes law. ऐम्पियर द्वारा आविष्कृत यह नियम कि चुम्बक सुई के निकट से विद्युत्-धारा के जाने से सुई की दिशा में विचलन हो जाता है। ऐम्पियर के अपने शबदों में "मान लें, आप तार के ऊपर इस प्रकार तैर रहे हैं कि आप का सिर धारा की दिशा में है और मुंह चुम्बक सुई की तरफ, तो सुई का उत्तर ध्रुव आपके बांए हाथ की ओर विचलित होगा।"

ऐम्प्लिफायर–दे. प्रवर्धक amplifier.

ऐम्बर–amber.एक पत्थर जिसे ऊन से घिसने पर आकर्षण का गुण उत्पन्न होता है। इसका ग्रीक नाम इलेक्ट्रोन है। इसी से इलेक्ट्रिसिटी शब्द बना है। प्राप. कह रुवा।

ऐलॉय–alloy.दे. मिश्रधातु।

ऐलुमिना–alumina. एक खनिज जिसमें ऐलुमिनियम ट्रायक्साइड Al_2O_3 रहता है।

ऐलुमिनियम–aluminium. एक तात्विक धातु। प्रतीक Al; प. भा. 26.97; प. क्र. 13; वि. गु. 20° से. पर 2.705; गल. 660° सें.। हल्का, तन्य, उच्च विद्युत्-चालक, संक्षरण प्रतिरोधी (जंग न लगने वाला)। बॉक्साइट से निकाला जाता है। उप-घरेलू बरतन, बिजली-तार, मिश्रधातु आदि। अप्रा. अल्युमीनियम, अलूमिनियम इ.।

ऐलोट्रोप–allotrope.दे. अपररूप।

ऐलूकोहल–alcohol.एक हाइड्रोक्सिल आयन -OH द्वारा प्रतिस्थापित रहता है। इसके कई भेद हैं जिनमें सामान्यतः एथाइल ऐल्कोहल लिया जाता है; जैसे CH_3, CH_2,OH। उप-मध्य में। अप्रा. मध्यसार, सुरसार इत्यादि।

ऐल्जेब्रा–algebra.दे. बीजगणित।

ऐल्फा-कण–alpha particle.दे. ऐल्फा किरण में।

ऐल्फा-किरण–alpha rays.रेडियो ऐक्टिव पदार्थ से निरन्तर निकलते रहने वाले एक प्रकार के सूक्ष्म कणों की धारा। ये कण ऐल्फा कण कहलाते हैं, और हिलियम परमाणु के नाभिक माने जाते हैं। यह किरण चुम्बकीय क्षेत्र के प्रभाव से वर्तित नहीं होती हैं, जब कि बीटा और गामा किरणें (द्र.) होती हैं। यह वायु को आयनीकृत करते हुए चलती है, इसलिए भारी खतरनाक है।

ऐल्बूमिन–albumin.सरल प्रोटीनों का एक समूह जो जल में विलेय है और ताप देने से जम जाता है। अंडे के श्वेत भाग में प्राप्य। अप्रा. अल्बूमिन

ऐस्फाल्ट–asphalt.एक बिटुमनयुक्त खनिज जो तेलयुक्त संस्तरों में मिट्टी के अंदर पाया जाता है। यह सड़क आदि बनाने में काम आता है।

ऐस्बेस्टॉस–asbestas.एक अत्यधिक रेशेदार खनिज। यह परम तापसह होता है। सीमेंट के साथ मिलाकर चदरा, पाइप आदि बनाने में काम आता है।

ओम–ohm.विद्युत्-प्रतिरोधकता का एक व्यावहारिक मात्रक जो 106.29 सेमी लंबे, 1 वर्ग मिमी अनुप्रस्थ काटवाले और 14. 4521 ग्राम भार वाले पारदस्तंभ की प्रतिरोधकता के बराबर होता है। 22 नंबर के 60 फुट लंबे ताम्बे के तार की प्रतिरोधकता एक ओम मानी जाती है।

–का नियम–ohm's law.जी.एस. ओम द्वारा स्थापित यह नियम कि स्थिर तापक्रम पर किसी चालक तार में बहती हुई विद्युत् धारा की प्रबलता उस तार के दोनों सिरों के विभवांतर की अनुपाती और उस तार की प्रतिरोधकता की व्युत्क्रमानुपाती होती है। अर्थात् C $^E/_R$, जहां C = धारा, R= प्रतिरोधकता, E = विभवांतर।

ओला गिरना–दे. 'कारका' में।

ओलियम-oleum.सधूम गन्धकाम्ल् (fuming sulpharic acid) का तिजारतीनाम।

ओस–dew.वायुमंडल का ताप ओसांक (द्र)

से कम हो जाने के कारण जलकण के रूप में परिणत जलवाष्प। प्राप. शबनम।

ओस्टबाल्ड विधि–ostwald's process. अमोनिया के आक्सीकरण से नाइट्रिक अम्ल बनाने की एक विधि।

औसत–average.

औजार–(i) tool.ऐसा सरल उपकरण जिसे

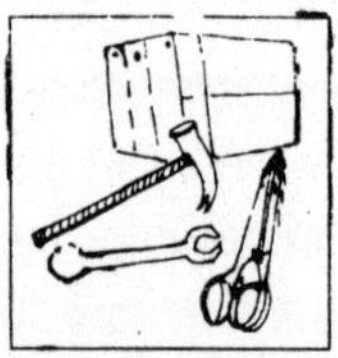

हाथ में लेकर कार्य या यान्त्रिक प्रचालन किया जाता है, जैसे हथौड़ा, कैंची, प्रचालन-मूठ आदि। (ii) सामान्तः यंत्र।

कक्ष-प्रक्रम–chamber process. कारखाने में गंधकाम्ल बनाने की एक प्रचिलत विधि जिसमें नाइट्रोजन के आक्साइडों की उपस्थिति में सल्फर डायक्साइड आक्सीजन एवं जल के साथ एक प्रकोष्ठ में अभिक्रिया करता है।

कक्षा–orbit. गुरुत्वाकर्षण के प्रभाव से किसी वस्तु के चारों ओर चक्कर काटने वालें ग्रह, इलेक्ट्रोन आदि का भ्रमणपथ।

कच्चा रेखाचित्र–rough sketch.किसी रेखाचित्र का वह प्रारूप जो बिना पैमाने के

मोटे तौर पर सिर्फ आकृति बनाने के लिए लिखा जाता है।

–**लोहा**–pig iron.झोंका-भट्ठी में तैयार अपरिष्कृत लोहा जिसमें इस्पात या ढलवां लोहा बनता है। इसमें अपव्य के रूप में पुख्यतः कार्बन, सिलिकन, सल्फर आदि रहते हैं।

कटान-बिंदु–cross-point.वह स्थान जहां एक रेखा दूसरी रेखा को काटती है।

कठोर जल–hard water.ऐसा जल जिसमें मैग्नीसियम या कैल्शियम का लवण घुला रहता है। इसकी पहचान है साबुन मलने पर फेन नहीं आना, अतः इसे दुष्फेनक भी कहते हैं। प्रप. खारा जल।

कण–grain, partical.किसी पदाथं का सूक्ष्म टुकड़ा।

कपाट–valve.पम्प आदि में लगाया जाने वाला ऐसा किबाड़नुमा दरवाजा जो एक ही ओर खुलता है, अतः इससे होकर हवा, गैस या द्रव एक ही ओर जा सकता है। प्राप. वाल्व।

कमानी–दे. स्प्रिंग spring.

कमानीदार तुला–spring balance. भार और बल नापने का एक प्रकार का तराजू जिसमें सर्पिल कमानी की लंबाई उस कमानी में लटकी वस्तु के भार से बढ़ती है और इस वृद्धि का पैमाना भार या बल का सूचक होता है।

कम्पन—vibration.किसी कण का दो विपरीत दिशाओं में इस प्रकार बारंबार इतस्ततः होते रहना कि विस्थापन का हर दौर समान समय में पूरा हो।

काल—period of vibration.दे. आवर्तकाल period भी. कम्पन का उतना समय जितने में कोई कम्पन कण अपने विराम बिंदु से विस्थापन की चरम दूरी पर जाता, वहां से लौटते हुए दूसरी ओर की चरम दूरी पर जाता और फिर विराम-बिदु पर लौट आता है।

कम्पास—compass.चुम्बक की सुई वाला एक उपकरण जिससे चुम्बकीय आकर्षणबल की दिशा ज्ञात होती है। प्रप. कुतुबनुमा, दिक्सूचक।

करका—hail stone.जब प्रबल वायु बादल को शून्य डिग्री तापक्रम वाले क्षेत्र में ले जाता है तब बादल के जलकण बड़े-बड़े बिंदु बनते हुए ठोस हो-होकर धरती पर गिरने लगते हैं। वही करका या ओला कहलाते हैं। प्राप. ओला।

कर्ण—hypotencese.समकोण त्रिभुज में समकोण के सामने की भुजा।

कर्म—action. क्रिया का परिणाम जो ऊर्जा समय के रूप में मापा जाता है। अप्रा. कार्य, काम।

कर्पूर—camphor.एक रंगहीन, हल्का, पारदर्शक यौगिक। सूत्र $C_{10}H_{16}0_7$। गल. 175° सें.,क्वथ. 209°, हवा में वाष्पशील। एक पौधे से निकाला या संश्लेपण द्वारा बनाया जाता है। उप-मसाले और दवा के रूप में। प्राप. कपूर, कैम्पर, काफूर।

कर्मक—agent. कारक।

कर्षण बल—pull.किसी वस्तु पर अन्य वस्तु का ऐसा बल लगना जिससे वह अन्य वस्तु की ओर आकृष्ट हो। विप. ठेल push, प्रप.। खिंचाव, तनाव।

कलई करना—tin-plating.लोहे की वस्तु को पिघले हुए रांगे में डुबोकर उस पर राँगे की परत चढ़ाना, जिससे लोहे पर चमक आती है और जंग से बचाव होता है। इसी तरह पीतल आदि पर अन्य धातु की परत चढ़ाना।

कला—minute.(i) ज्यामिति में कोण के अंश का साठवां भाग। प्राप मिनट। (ii) समय की गणना में घंटा का साठवां भाग। (iii) ज्योतिष में जयोतिष्पिंड का उतना भाग जो पृथ्वी पर से पूर्ण प्रकाशमान दिखाई देता है। phas। (iv) विद्युत् में phase कई चालक तारोंवाले विद्युत्-तंत्र में एक तार। (v) ध्वनि तरंग में आवर्तकाल का भाग या चलायमान कण की आपेक्षिक स्थिति। प्राप. प्रावस्था।

कषाय—astringent.कसैला।

कहरुवा—दे. ऐम्बर amber.

कहीं-रगड़ें दियासलाई—strike anywhere match.ऐसी सलाई जिसके सिरे पर फास्फोरस सल्फाइड, पोटेशियम क्लोरेट, गोंद और काच-चूर्ण का मिश्रण चढ़ाया रहता है। इसे किसी भी कड़ी सतह पर रगड़कर चलाया जा सकता है। यह बाहर के कई देशों में प्रचलित है; अपने देश में अब नहीं चलता है।

काँसा—bronze.एक मिश्रधातु जिसमें ताम 88-94 प्रतिशत, टीन 4-12 प्रतिशत और लेड 0.5 प्रतिशत रहता है।

काजल—(i) carbon black. अपूर्ण दहन की स्थिति में मिट्टी के तेल आदि हाइड्रोकार्बनों के जलने से ऊर्ध्वपतित सूक्ष्म कार्बन-कणों का समूह। यह बाल-सा काला होता है और काले रंजकद्रव्य का मुख्य स्रोत है। उप-रबर उद्योग में; ग्रामोफोन रेकार्ड बनाने में। (ii) lamp black. अल्प हवा की उपस्थिति में तेल के जलने से बना कज्जल, कालिख; इसका उपयोग छपाई की स्याही के रूप में होता है।

काम (**अप्रा.**)=कर्म action।

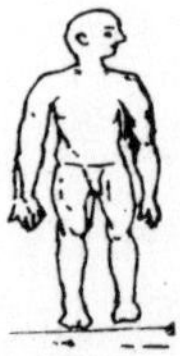

काय-body.।

कायान्तरण-metamorphism.प्रकृति में स्वतः होते रहने वाली रासायनिक अभिक्रिया के कारण पृथ्वी के पृष्ठ पर होने वाले विशाल रासायनिक परिवर्तन; जैसे पेड़ से पत्थर, पत्थर से बालू आदि।

कारक—(i) factor. किसी गुण या क्रिया का निर्धारक उपदान। (ii) agent.रासायनिक अभिक्रिया करनेवाला; प्राप. कर्मक।

कार्तीजियन गोताखोर—cartesian diver.डेस कार्टिज द्वारा आविष्कृत एक खिलौना। जिसमें शीशे के बरतन में भरे पानी में एक गुड़िया हवा के दाब से डूबती और उगती दिखाई देती है।

कार्तीय निर्देशांक विधि—cartesian co-ordinate system.किसी बिन्दु का स्थान खड़ी और पड़ी लकीरों के निर्देश से अवधारित करने की एक विधि जिसे डेस कार्तीजन ने आविष्कृत किया। दे. निर्देशांक भी।

कार्बन—carbon. एक अधातु तत्व। प्रतीक C; प. भा. 12.01; प. क्र. 6; गल. 3500° से.; क्व. 4200° सें.। इसके अपररूप हैं हीरा, ग्रेफाइट, चारकोल आदि। प्रकृति में सभी जैव शरीरों में; मुक्तावस्था में हीरा और कोयले के रूप में प्राप्य यौगिक रूप में पिट्रोल आदि में रहता है।

कार्बन डायक्साइड—carbon dioxide.एक यौगिक गैस। सूत्र CO_2। रंगहीन, दुगन्धहीन, अम्लीय, तापसह। भार 0° से. पर 1 लीटर का 1.965 ग्राम, अर्थात् हवा से डेढ़ गुना भारी। उत्पा-हवा में कार्बन को जलाने से; संगमर्मर पर हाइड्रोक्लोरिक अम्ल की अभिक्रिया से; $CaCO_3+2HCl=CaCl+H_2O+CO_2$।

चक्र—c.d. cycle.प्रकाश-संश्लेषण (द्र.) द्वारा वायुमंडलीय कार्बन डा. का पेड़-पौधे आदि के रूप में आना, और पेड़-पौधों के सड़ने से का.डा. बनना, फिर उससे पेड़-पौधे आदि बनना, और इस प्रकार चक्रवत होते रहना।

पेपर—carbon paper.मोम के घोल में काजल मिलाकर लेपित कागज जो प्रतिलिपि करने के काम में आता है।

मोनोक्साइड—carbon monoxide.एक यौगिक गैस। सूत्र CO; अणुभार 28; रंगहीन, हल्की, मीठी गन्धवाली, जल में घुलनशील, दहन का ऊपोषक पर स्वयं नीली लौ के साथ जलनेवाली, जहरीली। उत्पा-अल्प हवा में कार्बन को गर्म करने से, अपूर्ण दहन से। यह अवकारक होने के

कारण उद्योग में बड़े काम की होती है।

कार्बनाइल–carbonyle. लौह, कोबाल्ट या निकेल के साथ कार्बन मोनोक्साइड के मेल से बना यौगिक जो वाष्पशील होता है, जैसे लौह का. Fe(CO)5; कोबाल्ट का. $Co(CO)_3$ इत्यादि।

कार्बनिक अम्ल–carbonic acid. पानी में कार्बन डायक्साइड के विलयन से बना अम्ल; H_2CO_3। अम्लीय, दुर्बल।

कार्बनिक रसायशास्त्र–organic chemistry. रसायन शास्त्र की वह शाखा जिसमें कार्बन के साथ संयोग करनेवाले पदार्थों (अर्थात् जैव पदार्थों) का अध्ययन किया जाता है।

काबूरेटर–carburator. हवा और वाष्पशील इन्धन (पिट्रोल) को अपेक्षित अनुपात में मिलाने वाला एक उपकरण। इससे दाह्य मिश्रण बनता है और सिलिंडर के भीतर विस्फोट होने से इंजन में शक्ति उत्पन्न होती है।

कार्बोनेट–carbonate. कार्बनिक अम्ल में से एक हाइड्रोजन-परमाणु को प्रतिस्थापित करने से बना। यौगिक (......CO_3); जैसे सोडियम कार्बोनेट Na_2CO_3; पोटासियम का. K_2CO_3 इत्यादि। उत्पा-क्षारकों पर कार्बनिक अम्ल की अभिक्रिया से।

कार्बोलिक एसिड–carbolic acid. सूत्र C_6H_5OH. कोलतार को उबालने से निकलता है। प्रबल रोगाणुनाशक फेनोल phenol इसी का नामान्तर है।

तेल–carbolic oil. कोलतार के आसवन से प्राप्त तेल।

साबुन–Carbolic soap कार्बोलिक तेल में बनाया हुआ साबुन जो घाव धोने रोगाणुसंक्रमण दूर करने के लिए लगाया जाता है।

कार्बोहाइड्रेट–carbo-hydrate. यौगिक पदार्थों का एक वर्ग जिसके घटक केवल कार्बन, हाइड्रोजन और आक्सीजन होते हैं। इस वर्ग का सामान्य सूत्र है-$Cz(h_2O)y$, जहां z=6 या उसका अपवर्त्य है। इसका परमाणु विन्यास साधारणतः HCOH रहता है। गेहूं, चावल, चीनी आदि खाद्य पदार्थ इसके उदाहरण हैं। देह में ऊर्जा इसी के पाक से प्राप्त होती है इसके दो उपवर्ग हैं-शकरीय और अशकरीय।

कार्य–work. बाह्यबल लगने के फलस्वरूप किसी वस्तु का विस्थापित होना। इसका परिमाण लगे बल और उसकी दिशा में हुए विस्थापन के गुणनफल के रूप में व्यक्त किया जाता है। अप्रा. काम। इसका प्रयोग action के अर्थ में अवैज्ञानिक है।

काष्ठ–wood. प्राप. काठ, लकड़ी, दारू।

अलकतरा-wood tar. लकड़ी को रिटॉर्ट में गर्म करने से निकलने वाला अलकतरा, जिसमें पाराफिन, नेप्थलीन और फेनोल रहते हैं।

कोयला–wood charcoal. लकड़ी को जलाने से बना कोयला जो कार्बन का एक अपररूप होता है। प्राप. लकड़ी का कोयला।

काष्ठ-गैस–wood gas. लकड़ी को रिटॉर्ट में जलाने से निकलने वाली एक गैस, जिसमें कार्बन मोनोक्साइड, कार्बन डायक्साइड, हाइड्रोजन, मिथेन, ऐसोटिलीन आदि रहते हैं।

किरण–rays.प्रकाश के गमन का पथ। प्राप. रश्मि।

कुर्चिका–pencil of rays.किसी बिन्दु से तनिक फैलने वाला किरण-पुंज।

पुंज–beam of rays.एक स्रोत से निकलने वाली किरणों का समूह-समान्तर, अभिसारी और अपसारी (द्र.)

किलो–kilo एक हजार, सहस्र। जैसे किंलोकैलोरी=1,000 कैलोरी, किलोग्राम= 1,000 ग्राम। किलोमीटर=1,000 मीटर इत्यादि।

वाट–दे. वाट watt.

वाट घंटा–kilowatt hour.एक हजार, वोल्टता वाले बल्ब को एक घंटे तक जलाने में खर्च होने वाली ऊर्जा इसी को सामान्य व्यवहार में एक यूनिट कहते हैं।

कीप–funnel.संकरे मुंह वाले बरतन में द्रव

ढालने का चीलम जैसा एक साधित्र। अप्रा. टीप।

कीजेराइट–kieserite.एक खनिज जिसके मैग्नीशियम सल्फेट से मैग्नीशियम निकाला जाता है। $MgSO_4, H_2O$।

कुंड–bath.हौज की आकृति वाला कोई पात्र जिसमें भरे द्रव में कोई वस्तु डुबाई जाती है।

कुंडलन–winding.लपेटना, लपेटकर कुंडलाकार बनाना।

कुंडलित–coiled.लपेटकर कुंडलाकार बनाया हुआ।

कुंडली–coil. कई फेरो में कुंडलाकार लपेटा हुआ तार या धड़ा। अप्रा. आर्मेचर।

कुंडिका–bath, eistern.हौज, छोटा कुंड।

कुंडी–basin.जलादि रखने का ऐसा पात्र जिसका मुंह आधार से बड़ा होता है। प्याला, प्याली, परात, कठौता।

कुचालक–bad conductor. ऐसी वस्तु जिसकी तापीय या वैद्युत् चालकता बहुत कम होती है, जैसे लकड़ी, रोआं इत्यादि।

कुहरा–fog. वायुमण्डल की अति आर्द्रता की दशा में जब तापमान ओसांक (द्र.) से नीचे आ जाता है तब जल-वाष्प सूक्ष्म जलकणों का रूप धारण कर हवा में व्याप्त धूलिकणों को केन्द्र बनाकर पृथ्वीतल के आस-पास फैल जाते हैं, जिससे दृश्यता एक किलामीटर से कम हो जाती है। यही धुंधलापन कुहरा कहलाता है। इसका स्वरूप बादल से कुछ ही भिन्न है।

कुहासा–mist.वायुमण्डल में अवलम्बित जलकणों का पुंज।

कूर्चिका–pencil. किसी बिन्दु से कुछ-कुछ विकीर्ण किरणों या रेखाओं का समूह।

कूलॉम–coulomb. विद्युत् मापने की एक इकाई जो इसके आविष्कारक के नाम से प्रसिद्ध है। विद्युत् की उतनी मात्रा 1 कूलॉम कहलाती है जो विद्युत् अपघटन विधि से एक सेकेंड में 0.001118 ग्राम रज को अपघटित करती है।

कृत्रिम–synthetic, artificial.रासायनिक विधि से भिन्न-भिन्न पदार्थों को मिलाकर बनाया हुआ अप्राकृतिक पदार्थ, जैसे

रासायनिक धागे आदि। प्राप. संश्लिष्ट, सांश्लेषिक।

कृषि विज्ञान—agriculture. खेती से सम्बद्ध शास्त्र।

केन्द्र—centre. (i) रेखागणित में वृत्त के सम्बन्ध में वह बिन्दु जहां से उसकी परिधि का हर बिन्दु समान दूरी पर पड़ता है। (ii) लेन्स के सम्बन्ध में, मुख्य अक्ष का वह बिन्दु जहां से किरण डालने पर आपतित किरण और निर्गत किरण समान्तर चले। (iii) सामान्यतः किसी भी वस्तु के सम्बन्ध में वह बिन्दु जहां से उस वस्तु के हरेक कण की दूरी निकटतम हो।

केन्द्र-रेखा—line of centre. दो वृत्तों के केन्दों को स्पर्श करने वाली सरल रेखा।

केबिल—cable. (i) रेशों का या तारों का रस्सा। (ii) उपयुक्त खोल में बन्द एक या अनेक चालक तारों वाला विद्युत्-परिपथ, जो दूर-संचार के लिए समुद्र में बिछाया जाता है या भूमि में गाड़ा जाता है। प्रप. केबल, समुद्रीतार।

केलियम—kalium. पोटैशियम का नामान्तर। इसी नाम के अनुसार इसका प्रतीक k है।

केशनली—capillary tube. ऐसी नली जिसके छिद्र का व्यास केश के बराबर-सा रहता है, जैसे डाक्टरी थर्मामीटर में। प्राप. केशिका।

केशिका=केशनली।

कैंडिल—candle. ज्योति-तीव्रता-मापन की एक इकाई, जिसके कई मानक हैं, जैसे ब्रिटिश स्टैंडार्ड कैंडिल, न्यू कैंडिल। मोटे तौर पर 40 वाट वाली बिजली-बत्ती लगभग 36 कैंडिल पावर की रोशनी देती है।

कैमरा—camera. एक मंजूषाकार साधित्र जिसमें संवेदनशील इमल्शन नियंत्रित स्थिति में उद्भासित (exposed) किया जाता है और उस पर पड़े प्रतिबिम्ब का चित्र बन जाता है।

केल्प—kelp. समुद्री घास की आयोडीनयुक्त राख।

कैडमियम—cadmium. एक तात्विक धातु। प्रतीक Cd; प. भा. 112.41; प. क्र. 48; वि. गु. 20° से. पर 8.648; गल. 321° सें.। उपयोग-इस्पात के ऊपर इसकी परत डाली जाती है ताकि अपक्षरण न हो; मजबूती बढ़ाने के लिए तांबे के शिरोपरि चालक तारों में मिलाया जाता है।

कैथोड—kathode. दे. इलेक्ट्रान में। अप्रा. ऋणोद, निद्वार।

कैरेट—carat या karat. (i) स्वर्ण की शुद्धता का एक मात्रक। शुद्ध स्वर्ण का यह मान 24 रखा गया है। अतः 22 कैरेट स्वर्ण का अर्थ हुआ 22/24 सोना + 24/2 अन्य धातु का मिश्रण। (ii) सोना तौलने की एक प्राचीन इकाई जो 1932 ई. में स्थिर किए गए मानक के अनुसार 200 मिग्रा. के बराबर होता है।

कैलामाइन—calamine. एक अयस्क जिसमें सल्फाइड के रूप में ताम्र और लोहा अयस्क रहता है। सूत्र $CuFeS_2$।

कैल्कोसाइट—chalocite. एक अयस्क जिसमें सल्फाइड के रूप में ताम्र रहता है-Cu_2S। यह मटमैले काले रंग का होता है और अन्य ताम्र-अयस्कों के साथ अल्पमात्रा में मिलता है।

कैल्साइट—calcite. कैल्सियम कार्बोनेट का रवादार रूप, जो हर तरह की शिला में

खनिज रूप में रहता है।

कैल्सियम—calcium. चांदी-सा सफेद एक तात्विक धातु। प्रतीक Ca; प. भा. 40.08; प. क्र. 20; वि. गु. 20° से. पर 1.55; गल. 85.1° से. संयोजकता 2; मुक्तावस्था में अप्राप्य। खनिज स्रोत खली, कैलसाइट, चूनापत्थर, संगमरमर आदि। इसके यौगिक जैव शरीर के प्रमुख अंग हैं।

उत्पा—तनु हाइड्रोक्लोरिक अम्ल में संगमर्मर को घुलाकर। कोमल, अत्यन्त अभिक्रिया-शील। उप—धातुशोधन, पिट्रोलशोधन, मिश्रधातु निर्माण।

ऑक्साइड—calcium oxide. सूत्र CaO। व्यापारिक नाम कली चूना quick lime। उत्पा-चूना पत्थर ($CaCo_3$) के ताप-अपघटन से। श्वेत-चूर्ण। उच्च ताप पर गर्म करने से तीव्र प्रकाश निकलता है जो लाइम लाइट lime light कहलाता है। जल मिलाने से ताप उत्पन्न होता है और कैल्सियम हाइड्रोक्साइड बनता है। उप-भखरा चूना बनाने, अमोनिया गैसे को सुखाने आदि में।

कैल्सियम कार्बोनेट—calcium carbonate. $CaCO_3$। व्यापारिक नाम कैल्साइट, संगमरमर, चुना पत्थर और खरिया। इन रूपों में कई पर्वत पाए जाते हैं।

उत्पा-कैल्सियम लवण के घोल में सोडियम कार्बोनेट का घोल मिलाने से, चुना-पानी में कार्बन डायक्साइड मिलाने से। श्वेत, ठोस, जल में CO_2 की उपस्थिति में घुलता है। उप-कली चूना बनाने, पलस्तर करने, CO_2 बनाने, दवा, धातुकर्म आदि में।

क्लोराइड—calcium chloride. सूत्र $CaCl_2$ श्वेत, रवादार ठोस यौगिक। जल में अति घुलनशील, जलशोषक, हवा में पसीजने वाला। उत्पा-कैल्सियम या उसके सामान्य यौगिक को तनु हाइड्रोक्लोरिक अम्ल में घुलाने और रवाकरण करने से। उप-गैस सुखाने में, बर्फ बनाने में, शुष्क कारक और उपचायक के रूप में।

हाइड्रोक्साइड—calcium hydroxide. सूत्र $Ca(OH)_2$। व्यापारिक नाम भखरा चूना, बुझा चूना। श्वेत, ठोस, जल में अल्मात्र घुलता है, क्षारकी। उत्पा-कली चूना में जल डालने से । उप-अमोनिया गैस बनाने में, मकान के गारे में, ब्लीचिंग पाउडर बनाने में।

सल्फेट—calcium sulphate. सूत्र $CaSO_4 , 2H_2O$। व्यापारिक नाम जिप्सम gypsum, जो इसका खनिज है। उत्पा-कैल्सियम क्लोराइड के घोल में गन्धकाम्ल मिलाने से 1 श्वेत, रवादार, ठोस, जल में विलेय। उप-अमोनिया सल्फेट, प्लास्टर ऑफ पेरिस तथा कागज के उत्पादन में।

कैलोरी—calorie. सेमीग्रासे (सी.जी.एस.) पद्धति में ऊष्मा मापने का सबसे छोटा मात्रक। ऊष्मा का उतना परिमाण जितने से एक ग्राम जल का तापमान 15° सें. बढ़कर 16° किया जा सकता है। व्यावहारिक दृष्टि से छोटी होने के कारण इसके बदले 1000 ग्राम पानी के आधार पर एक बड़ी कैलोरी प्रचलित हुई है। छोटी कैलोरी लघु कैलोरी या ग्राम कैलोरी कहलाती है और बड़ी बड़ी कैलोरी या किलोग्राम कैलोरी।

कोक—coke. पत्थर के कोयले को निर्वात में तपाने से बचा भाग। पका कोयला

(अप्रा.)।

कोछे—cosec कोटिच्छेदनी का संक्षेपाक्षर। दे. व्युत्क्रमज्या।

कोज्या—कोटिज्या (द.) का संक्षेपाक्षर।

कोटि—ordinate.दे. निर्देशाक्ष axis of reference में। अप्रा. वाई-नियामक।

अक्ष—axis of ordinate.दे. निर्देशाक्ष में।

ज्या—cosin.त्रिकोणमिति में आधार और कर्ण का अनुपात। प्राप. कोस, कोसाइन, कोज्या।

स्पर्शज्या—cotangent.त्रिकोणमिति में आधार और लम्ब का अनुपात। संक्षेपाक्षर कोस्प।

कोण—angleएक सिरे पर मिली हुई दो सरल रेखाओं का एक दूसरे के प्रति झुकाव। इसके मापन की सुविधा के लिए मान लेते हैं कि एक रेखा स्थिर है और दूसरी रेखा मिलन-बिन्दु को केन्द्र बनाकर नाचती है। उसके पूरे चक्कर को 360 अंशों में बांटा गया है और यही कोण के मान का मात्रक है।चक्कर काटने वाली रेखा को भ्रमण-रेखा revolving line और मिलन-बिन्दु (vertex or origin) कहते हैं। भ्रमण-रेखा जहां से घूमना शुरू करती है उसे आदिस्थान initial potision कहते हैं और जहां जाकर रुकती है उसे अन्तिम स्थान terminal position कहते हैं।

कोणात्मक, कोणिक, कोणीय—angular कोण सम्बन्धी।

कोणीय वेग—angular velocity.कोणीय विस्थापन की दर, जो रेडियन प्रति सेकेंड के रूप में व्यक्त की जाती है।

कोबाल्ट—cobalt.एक तात्विक धातु। प्रतीक Co; प. भा. 58.94; प. क्र. 27; संयोजकता 2 या 3; गल. 1480° सें.। यह लोहे से बहुत मिलता-जुलता है। मिश्रधातु बनाने के काम आता है।

कोमल—soft.मुलायम, मृदु, नम।

कोयला—coal. कार्बन का एक रवाहीन अपररूप, जो खान में कड़ी चट्टान के रूप में पाया जाता है। इसके भंजक आसवन से कोक (पका कोयला) बनता है। इस क्रिया के उपफल है कार्बन गैस, अलकतरा, अमोनियाकल द्रव व गैस। प्राप. पत्थर का कोयला, पत्थरकोयला। गैस, पत्थर के कोयले के भंजक आसवन से प्राप्य कार्बन गैस से जो रोशनी और जलावन के काम में आती है। इसकी बनावट मोटा-मोटी इस प्रकार हैः- प्रतिशत इकाई आयतन में H 48, मिथेन 35, CO6, N6 इत्यादि।

कोलॉइड—colloid.ऐसा पदार्थ जो आसानी से कोलॉइडी अवस्था (द्र.) में आ सकता है।

कोलॉइडल गन्धक—colloidal sulphure. 0° से. पर सन्तृप्त सल्फर डायक्साइड के घोल में हाइड्रोजन सल्फाइड चलाने से बने घोल के रूप में प्राप्य गन्धक। इस घोल के कण इतने सूक्ष्म होते हैं कि छन्ना-कागज के रन्ध्रों को भी पार कर जाते हैं। इसी का नाम गन्धक है।

कोलॉइडी अवस्था—colloidal state. पदार्थों की इस तरह टूटने की अवस्था जिसमें अलग हुए कण वास्तविक आणविक विलयन के कणों से लेकर गाढ़े अवक्षेप के कणों तक के बराबर विविध आकारों के होते हैं।

कोशिक—cell.जैव शरीर का लघुतम अवयव,

जो दीवारें से घिरी कोठरी के आकार की होती है। इसके भीतर जीवद्रव्य (प्रोटोप्लाज्म) भरा रहता है।

क्यूप्रम—cuprum. ताम्र का प्राचीन नाम, जिसके आधार पर इसका प्रतीक Cu है।

क्यूप्राइट—एक अयस्क जिसमें ऑक्साइड के रूप में ताम्र रहता है। यह लाल रंग का रवादार होता है।

क्रान्तिक कोण—critical angle.अधिक घन माध्यम से अल्प घन माध्यम में किरण के आने पर बनने वाला बृहत्तम आपतन कोण। इसका संगत-कोण 90° का होता है क्योंकि ऐसी स्थिति में वर्तित किरण दोनों माध्यमों की सीमा-रेखा पर चलती है; फलतः आपतन-कोण यदि इससे बढ़ जाए तो किरण अल्प घन माध्यम में प्रवेश ही नहीं कर पाएगी, बल्कि सम्पूर्णतः उसी माध्यम में परावर्तित हो जाएगी।

क्रिया—action. किसी बिन्दु पर बल का प्रयोग।

क्रियाशील—active. प्राप. सक्रिय।

क्रिस्टल—crystal. कई पदार्थों में घटक रूप में पाये जाने वाले ऐसे प्राकृतिक कण जो किसी निश्चित ज्यामितिक आकार के होते हैं। मोटे तौर पर इनकी आकृतियां दो तरह की होती हैं, प्रिज्म और पिरामिड (द्र.)। प्राप. रवा।

क्रिस्टलन—cristalisation. किसी पदार्थ को रासायनिक अभिक्रिया या भौतिक उपचार से रवादार ठोर बनाना।

जल—¹water of crystalisation. किसी पदार्थ में समाविष्ट ऐसा जल जिसे उस पदार्थ से हटा देने पर वह पदार्थ रवादार न रह जाता है। प्रप. रवा-जल।

क्रिस्टलीय—crystalline. (ऐसा पदार्थ) जिसमें क्रिस्टल होते हैं; जैसे नमक, चीनी, फिटकिरी इत्यादि।

क्रोम—chrom.वर्ण। यह ग्रीक शब्द है जिसके योग से बहुत-से पारिभाषिक शब्द बनते हैं। देखें आगे।

क्रोमैटिक—chromatic. किरण के रंग सम्बन्धी।

क्रोमियम—chromium.एक नीलाभ श्वेत रंग का धातव तत्व, जो चमकीले रंग का होता है। प्रतीक Cr; प. भा. 52.01; प. क्र. 24; वि. गु. 20° सें. पर 7.138; गल. 1830° सें.। इसका अयस्क क्रोमाइट है। उप-मिश्रधातु और इस्पात बनाने में, सोना-चांदी के आभूषणों पर रंग चढ़ाने में अंशतः।

क्लार्क विधि—clark's process. जल की कठोरता हटाने की एक प्रक्रिया, अर्थात् पर्याप्त चूना मिला कर कैल्शियम और/या मैग्नीशियम के सभी एसिड कार्बोनेटों को सामान्य कार्बोनेटों में बदल देना।

क्लोर ऐपेटाइट—एक खनिज जिससे फास्फोरस निकाला जाता है; $3Ca_3(PO_4)$, $CaCl_2$।

क्लोराइड—chloride. हाइड्रोक्लोरिक अम्ल में से हाइड्रोजन को धातु या धातुसृदश मूलक द्वारा प्रतिस्थापित करने से बना लवण; जैसे $Zn+2Hcl=Zncl_2+H_2$। यह रवादार ठोस होता है और जल में घुलता है।

क्लोरामीन—chloramine. NH या NH_2 समूह वाले यौगिकों पर हाइपोक्लोराइट

घोल की अभिक्रिया से बना यौगिक। रोगाणुनाशन या संक्रमण दूर करने में काम आता है।

क्लोरिक अम्ल–chloric acid. क्लोरीन का एक क्षारकी अम्ल; $HclO_3$ इससे कई लवण बनते हैं जहां ClO_3 एक संयोजक मूलक का काम करते हैं।

क्लोरीन–chlorine. एक अधातु तत्व। प्रतीक Cl प. भा. 35.457 प. क्र. 17; संयोजकता 1,3,5,7; गल. -101.6° सें.; क्व. -34.6° सें.; घनत्व सामान्य तापदाब पर 3.214 ग्राम/घन सेमी। हरिताभ पीत रंग, अप्रिय, खांसी लाने वाली गन्ध, विष, यौगिक रूप में प्रकृति के प्राप्य। उत्पा-मैंगनीज डायक्साइड में हाइड्रोक्लोरिक अम्ल मिलाकर।

क्लोरीनीकरण–chlorination. कार्बनिक यौगिकों में क्लोरीन मिलाना या प्रतिस्थापित करना।

क्लोरेट–chlorate. क्लोरिक अम्ल का लवण; जैसे पोटैशियम क्लोरेट $KClO_2$ (द्र.)। प्रबल आक्सीकारक। कार्बनिक द्रव्य के साथ घर्षित होने पर विस्फोट करता है।

क्लोरोफार्म–chloroform. एक भारी रंगहीन तरल यौगिक, $CHCl_3$। यह चीरफाड के समय रोगी को सुंघा कर बेहोश किया जाता है।

क्लोरोमाइसिटीन–chloromycetine. एक रासायनिक पदार्थ जो दक्षिण अमेरिका की मिट्टी के एक प्रकार के कबक (फंगस) से निकलता और अब कारखाने में संश्लेषित किया जाता है। यह टाइफस रोगनाशक है।

क्वथन–(i) ebullition. सम्पूर्ण द्रव में, न कि उसकी केवल ऊपरी सतह पर, वाष्प बनने कि क्रियां प्राप. उबाल (ii) boiling दे. उबालना।

क्वथनांक–boiling point. किसी पदार्थ के लिए वह तापमान जिस पर वह पिघल कर खौलने लगता है। यह हरेक पदार्थ के लिए निश्चित रहता है, किन्तु वायुमण्डलीय दाब बदलने से इसमें अन्तर होता है। अप्रा. उबाल-बिन्दु।

क्षणदीप्ति–flash. निमेषमात्र टिकने वाला प्रकाश, जैसे बादल से बिजली का। प्राप. दमक।

क्षमता–capacity. यन्त्र आदि के विषय में सम्भाव्य उत्पादन या कार्य निष्पत्ति की अधिकतम मात्रा।

क्षार–alkali. ऐसा क्षारक (बेस) जो जल में विलेय हो, जैसे सोडियम और पोटैशियम हाइड्रोक्लोराइड।

क्षारक–base. धातु या धातुसदृश मूलक का आक्साइड या हाइड्राक्साइड, जो अम्ल के साथ अभिक्रिया करके लवण और जल बनाता है। यह क्षार alkali. से भिन्न है। प्राप. बेस, अप्रा. भस्म।

क्षारकता, अम्ल की–bacicity of an acid. अम्ल में धातु द्वारा प्रतिस्थाप्य हाइड्रोजन परमाणु की संख्या; जैसे एक क्षारकी, द्विक्षारकी (द्र.)।

क्षारकीय आक्साइड–basic oxide. वह आक्साइड जो जल में घुल कर क्षारीय घोल बनाता है, या अम्ल में घुलकर लवण बनाता है; जैसे $CaO+H_2O=Ca(OH)_2$ तथा $CuO+H_2SO_4=CuSO_4+H_2O$।
अप्रा. भस्मीय.....। प्राप. बेसिक।

क्षारकीय धातु—base metal.वह धातु जिसका इलेक्ट्रोड-विभव अपेक्षाकृत ऋणात्मक है।

लवण—basic salt.वह लवण जिसमें प्रतिस्थाप्य हाइड्रोक्सिल आयन OH- रहता है, जैसे Pb (OH)(NO_3) इत्यादि।

क्षारता—alkatinity.किसी घोल के सम्बन्ध में वह संख्या जो सूचित करे कि वह किस हद तक क्षारीय है। यह संख्या क्षारमिति (द्र.) विधि से निकलती है।

क्षरमिति—alkalimentry.मानक अम्ल के आधार पर अनुमापन विधि (द्र.) से किसी घोल में क्षार की मात्रा मालूम करने की क्रिया।

क्षारीय-alkaline.वैसा जलीय घोल जिसमें हाइड्रोजन आयन से अधिक हाइड्रोक्सिल आयन रहता है। यह लाल लिटमस को नीला कर देता है।

धातु—लिथियम, सोडियम, पोटैशियम, रूबिडियम, और सीजियम; जो सभी एक संयोजक हैं।

क्षितिज—horizon.आभासतः पृथ्वी और आकाश के बीच दिखाई देने वाली सन्धि रेखा; धरती की सतह।

क्षेत्र—(i) field.किसी खास गुण या विशेषता के आधार पर सीमांकित स्थान। जैसे चुम्बकीय क्षेत्र, अर्थात् उतना स्थान जहां तक चुम्बकीय प्रभाव जाता है। (ii) area.कोई परिसीमित स्थान।

प्रसार-गुणांक—co-efficient of superficial expansion. इकाई-तामक्रम की वृद्धि से किसी सतह के इकाई क्षेत्र में होने वाले फैलाव का मान। इसका संकेत ग्रीक अक्षर बीटा B है। यह अनुदैर्ध्य प्रसार-गुणांक का दूना होता है।

फल—area.किसी सीमित सतह का वर्गात्मक मान जो वर्ग इन्च या वर्ग सेंमी. आदि में व्यक्त किया जाता है **प्राप.** रकबा।

क्षेत्रीय—puperficial.सतह सम्बन्धी प्रसार-गुणांक=क्षेत्र-प्र. गु.।

क्षैतिज—horizental.क्षितिज-रेखा या पृथ्वीतल के समान्तर जानेवाला। **विप.** उदग्र. vertical.

कारी पेंच—levelling screw. तुला आदि उपकरणों में लगा वह पेंच जिसे समुचित रूप से घुमाकर तुला क्षैतिज तल में लाई जाती है।

तल—horizental plane.धरती की सतह के समान्तर सतह।

खंड—regment.किसी वृत्त का जीवाद्वारा विभाजित कोई टुकड़ा। बड़ा दीर्घ खंड majors. कहलाता है और छोटा ह्रस्व खंड minor s. । इसी तरह गोले का टुकड़ा भी गोलीय खंड कहलाता है।

खगोल—celestical sphere. आकाश में दिखाई देने वाला ज्योतिष्पिण्ड, ग्रहनक्षत्र।

ज्ञ--astronomer.ज्योतिष शास्त्र जानने वाला।

विज्ञान--astronomy.सूर्यादिग्रहनक्षत्रों की गतिविधि का विवेचन करने वाला शास्त्र। प्राप. खगोलिकी, प्रप. गणितज्योतिष।

खगोलिकी=खगोलविज्ञान।

खगोलीय—astronomical. खगोल विज्ञान सम्बन्धीय या आकाशीय ज्योतिष्पिण्ड सम्बन्धी।

खड़िया—chak.सफेद सूक्ष्म कणों वाला

एक चिकना खनिज जो चूना-पत्थर का जीर्ण रूप है। अप्रा. खली; प्राप. चाक।

खनि–mine.खान।

खनिज–mineral. (i) खान में उत्पन्न वस्तु।

(ii) निर्जीव प्रकृति के सहज परिपाक से उत्पन्न पदार्थ, जैसे कोयला, आदि।

खारा पानी–saline water. वह जल जिसमें किसी प्रकार का लवण घुला हो। प्राप. लवण जल।

खारापन–alinity. लवणयुक्त होना। प्राप. लवणता।

गज–yard. लम्बाई का एक मात्रक जो 36 इंच (91.44 सेमी.) के बराबर होता है।

गजदन्त-कज्जल–ivory black. अस्थि कोयला को हाइड्रोक्लोरिक अम्ल में शोधित करने से निकला कज्जल।

गणित–mathematics. वह शास्त्र जिसमें इष्ट संख्या या परिमाण निकालने की विधि वर्णित रहती है।

ज्योतिष (अप्रा.)-खगोलविज्ञान।

गति–motion.किसी वस्तु का अपना स्थान बदलना।

जड़त्व–inertia of motion. गतिमान वस्तु की एकरूप गति की अवस्था में ही रहने की सहज प्रवृत्ति। इसी प्रवृत्ति के कारण तेज दौड़ते घोड़े के सहसा रुक जाने पर सवार के शरीर का ऊपरी भाग आगे की ओर झुक जाता है। अप्रा. गत्यात्मक जड़त्व।

गति विज्ञान–dynamics. = गतिकी।

गतिकी–dynamics. भौतिकी की वह शाखा जिसमें गति सम्बन्धी सिद्धांतों का वर्णन रहता है। प्राप. गतिविज्ञान।

गतिज ऊर्जा–kinetic energy. गतिशील वस्तु की गतिजन्य ऊर्जा। यह उस कार्य के बराबर होती है जिसे वह वस्तु अपने द्रव्यमान (mass) के वेग के प्रभाव से सम्पादित कर सकती है। ग. ऊ. = $\frac{1}{2}MV^2$, जहां M = द्रव्यमान, V = वेग।

गनमेटल–gunmetal. एक मिश्रधातु जिसमें ताम्र 88 प्रतिशत, टीन 10 प्रतिशत, जस्ता 2 प्रतिशत और लेड 0.5 प्रतिशत के लगभग रहता है।

गन्धक–sulphur.एक अधातु तत्व। प्रतीक S; प. भा. 32.06; प. क्र. 16; संयोजकता 2,4,6 इसके कई अपररूप हैं। अल्फा गन्धक नारंगी-सा पीला होता है; 112.8° सें. पर पिघलता है; वि. गु. 2.07। बीटागन्धक अल्फा से गहरे रंग का होता है; गल 119.0° सें. क्वथ. 444.6° सें.; वि. गु. 1.96। खानों में मुक्त और अयस्क रूप में प्राप्य। मुख्य अयस्क गैलेंना, सिन्नाबार, जिंक ब्लेंड आदि। उप-गन्धकाम्ल, बारूद, दियासलाई, आतिशबाजी आदि में। विलायक कार्बन डायक्साइड। हवा में नीली लौ के साथ जलता है।

गन्धकाम्ल–sulphuric acid. गन्धक का तेजाब, H_2SO_4।

गलन–melting.किसी ठोस पदार्थ का पिघल कर द्रव अवस्था में आना। क्रि. गलना, पिघलना, अप्रा. द्रवण।

गलनांक–melting point. किसी पदार्थ के विषय में वह तापक्रम जिस पर वह पदार्थ ठोस अवस्था से पिघलकर द्रव अवस्था में आता है। अप्रा. द्रवणांक।

गवाक्ष–window.प्रकाशादि के संचार के

लिए दीवार में दिया जाने वाला विवर।

गाउस विधि–gauss method.असमान बाहुवाली तुला से शुद्ध वजन लेने की एक विधि; जिसमें यह सिद्धांत अपनाया जाता है; वास्तविक भार=दोनों पलड़ों पर अलग-अलग लिए गए आभासी भारों के गुणनफल का वर्गमूल $W=\sqrt{W_1W_2}$।

गाढ़ता–consistency.घोलक में घुलित का अनुपात। दे. सान्द्रता भी। प्राप. गाढ़ापन।

गाद–silt. द्रव में अचलम्बित कणों का पेंदे पर जमाव।

गामा किरण–y rays.रेडियोऐक्टिव पदार्थों से निकलने वाली तीन प्रकार की किरणों में से एक। यह एक्स किरणों की भांति लघु तरंग दैर्ध्य वाली विद्युत्-चुम्बकीय तरंग है। यह बीटा किरणों की तुलना में चुम्बकीय प्रभाव से कम विचलित होती है।

गालक–flux. खनिज से धातु निकालने में जो अयस्क के साथ मिलाया जाने वाला ऐसा पदार्थ जो उस अयस्क में विद्यमान धातुमलों को अपने साथ गला-मिलाकर निकाल देता है। प्राप. फ्लक्स। अप्रा. सुद्रावक।

गिल विधि–gill process. गन्धक के उत्पादन की एक विधि से जिसमें चार चैम्बर होते हैं; एक चैम्बर का ताप दूसरे चैम्बर को मिलता रहता है, फलतः ताप की बरबादी नहीं होती।

गुण–(i) character, property, attribute. किसी वस्तु की स्वीय या व्यापक विशेषताएं। (ii) विशेष रूप से, पदार्थों की भौतिक या रासायनिक ऐसी विशेषताएं, जिनका पदार्थों से अलग अस्तित्व नहीं होता है; जैसे विस्तार गुरुत्व, जड़ता, कठोरता इत्यादि।

गुणक–multiplier. दे. गुणन में।

घोल का factor of solution. वह संख्या जो बताती है कि घोल की यथार्थ नार्मलता अभीष्ट नार्मलता की कितनी गुनी है।

गुणन–multiplication. किसी संख्या में उसी के बराबर संख्या बार-बार जोड़ने की क्रिया। इसमें जो संख्या बार-बार जोड़ी जाती है वह गुण्य multiplicant,जितनी बार जोड़ी जाती हैं वह गुणक multiplier, और इस प्रकार जोड़ने से निकला योगफल गुणनफल product कहलाते हैं। प्रप. गुणा. गुना, गुना करना।

खंड–factor. किसी राशि के ऐसे टुकड़े जिनका गुणनफल उस समूची राशि के बराबर होती है। प्राप. खंड, गुणक।

खंड निकालना–factorise. किसी राशि को ऐसी छोटी राशियों में बांटना जिनका गुणनफल उस राशि के बराबर होता है। जैसे 16 का 4×4 या 2×8 या 2×2×2 या 2×4×2।

फल–product. दे. गुणन में।

गुणांक–co-efficient. किसी पदार्थ के भौतिक गुण की मात्रा निकालने में चर मान (variable quantity) में गुणक के रूप में लगाया जाने वाला स्थिरांक; जैसे प्रसार-गुणांक, परावर्तन-गुणांक, इत्यादि। अप्रा. गुणांक।

गुणात्मक–qualitative. केवल गुणों में होने वाला, परिमाण या पदार्थ पर असर न डालने वाला। विप. परिमाणात्मक, तात्विक।

गुणित अनुपात का नियम–law of multiple proportion. जब दो तत्व परस्पर संयोग कर अनेक यौगिक बनाते हैं तब उनमें से एक-एक के अलग-अलग भार, जो दूसरे के किसी निश्चित भार से संयोग करते हैं, परस्पर सरल अनुपात में होते हैं। प्रप. अपवर्त्य अ....।

गुणोत्तर माध्य–geometrical mean. दे. गुणोत्तर श्रेढ़ी (geometrical progression) में।

गुणोत्तर श्रेढ़ी–geometrical progression. तीन राशियां गुणोत्तर श्रेढ़ी में कहलाती हैं, जब तृतीय का द्वितीय के साथ वही अनुपात हो जो द्वितीय का प्रथम के साथ। जैसे क ख ग में ग : ख = ख : क। यहां कहा जाता है कि क ख ग के बीच गुणोत्तर माध्य है।

गुण्य–multiplicant. दे. गुणन में।

गुनगुना–warm. थोड़ा गरम। विप. उष्ण hot (द्र.) गुनगुना का प्रयोग केवल तरल पदार्थ में होता है। अन्यत्र कोष्ण। प्राप. कोष्ण।

गुप्त ऊष्मा–latent heat. ऊष्मा का उतना परिमाण जितना केवल अवस्था-परिवर्तन में खर्च होता हो, अतः वस्तु का तापक्रम बढ़ाने में समर्थ नहीं होता है। प्रप. गुप्त ताप।

गुब्बारा–balloon. उत्पाविता के सहारे हवा में ऊपर उठने वाला गैस-भरा थैला, जो आदिम वायुयान के रूप में अपनाया गया था। हवा या गैस से भरा रबर का कोई थैला। प्राप. बैलून।

गुरुत्व–gravity. वजन अर्थात् किसी वस्तु पर लगने वाला पृथ्वी आकर्षण बल।

केन्द्र–centre of gravity. किसी वस्तु के सम्बन्ध में वह स्थिर बिन्दु जिससे या जिस पर उस वस्तु को अवलम्बित या आधारित करने से वह समतुलित रहती है।

गुरुत्वाकर्षण–gravitation. पिंडों के बीच पारस्परिक आकर्षण का बल, जिसकी गणितात्मक व्याख्या न्यूटन ने इस रूप में की-"प्रकृति का हर पिण्ड एक दूसरे को एक बल से अपनी ओर खींचता है। यह बल उन दोनों पिण्डों के द्रव्यमानों के गुणनफल का अनुपाती होती है और दोनों के बीच की दूरी के वर्ग का व्यत्क्रमानुपाती होता है।"

गुरुत्वीय त्वरण–gravitational acceleration. गुरुत्वाकर्णजन्य त्वरण, अर्थात् वह त्वरण जो निर्वात में ऊपर से छोड़ी गई कोई वस्तु धरती पर गिरने की गति में प्राप्त करती है। यह स्थानभेद से बदलता है, किन्तु इसका माध्य मान 980.6 सेमी/सेकें^{2} अथवा 32.2 फुट/सेकेंड माना जाता है। इसका संकेत रोमन g है।

गुलाबी–rose red.

गे-लुसैक का आयतन नियम–Gay Lussais law of coombining volumes. जब गैसों में परस्पर अभिक्रिया होती है तब उसमें भाग लेने वाली गैसों का आयतन और परिणामी गैस का आयतन भी परस्पर लघु पूर्णांकों के अनुपात में होते हैं।

गैस–gas. ऐसी अवस्था वाला पदार्थ जब उसके कणों या अणुओं में कसावट एकदम कम रहती है और इसलिए न तो उसकी कोई आकृति निश्चित रहती है और न आयतन।

आयतनमापी–endometre. एक साधित्र

जिससे गैस को परिरुद्ध स्थान में प्रज्वलित करने से उसके आयतन में हुए परिवर्तन को देखकर गैसों की रचना मालूम की जाती है। प्राप. यूडोमीटर।

कार्बन—gas carbon. कार्बन का एक अपररूप जो कोयले के भंजक आसवन के क्रम में रिटॉर्ट के अन्दर ऊपरी दीवारों पर ठोस और शुद्ध रूप में जमा पाया जा सकता है। यह विद्युत् का उत्तम चालक है। इसका उपयोग आर्क प्रदीपों और बैटरियों में होता है।

प्रसार-गुणांक—co-efficient of gas. स्थिर दाब पर एक डिग्री से. तापक्रम की वृद्धि से गैस केआयतन में जितनी वृद्धि होती है उसको शून्य डिग्री पर उस के आयतन से भाग देने पर निकला फल।

गोमेद—agate. एक रत्न। यह बहुत कड़ा होता है, अतः यन्त्रों में घिसावट वाली जगहों में लगाया जाता है। इस पर रंगों की धारियां रहती है। इसका रंग भूरा सा होता है। प्राप. ऐगेट, अकीक।

गोलक—bob. पेंडुलम के निचले सिरे पर लगी भारी गोली या चकली।

गोला—sphere. ऐसा ठोस जिसकी बाहरी सतह का हर बिन्दु केन्द्र से समदूरस्थ होता है; जैसे गेंद आदि।

गोलार्ध—hemisphere. गोले का वैसा आधा भाग जो केन्द्र को स्पर्श करते हुए किसी समतल से कटकर बना हो। इस तरह कल्पित रूप में कटा पृथ्वी का आधा भाग, जो उत्तरी और दक्षिणी गो. कहलाता है।

गोलीय—spherical. गोला सम्बन्धी या गोले के आकार का।

कोश—spherical shell. ऐसा खोखला गोला जिसकी बाहरी और भीतरी दोनों सतहें गोलाकार और प्रायः एककेन्द्रिक हों। अप्रा. शेल, गोलाकार शेल।

दर्पण—spherical mirror. ऐसा दर्पण जिसके तल का हर बिन्दु किसी एक बिन्दु से समदूरस्थ हो। अप्रा. गोलाकार दर्पण।

गौण—accessary. दे. अतिरिक्त।

अक्ष—secondary axis. गोलीय दर्पण में वक्रता केन्द्र से दर्पणतल तक खींची गई रेखा जो ध्रुव को न छूती हो।

मात्रक—secondary units. मान की मूल इकाइयों (अर्थात् लम्बाई, वजन और समय के मात्रकों) से निकली इकाइयां; जैसे क्षेत्रफल (लम्बाई से), आयतन (लम्बाई से) इत्यादि। प्राप. व्युत्पन्न इकाइयाँ।

ग्रह—planet. गुरुत्वाकर्षण सूर्य के चारों ओर परिभ्रमण करनेवाले आकाशीय ज्योतिष्पिण्ड, जैसे बुध, शुक्र, पृथ्वी, मंगल, बृहस्पति, शनि, अरुण (यूरेनियस) वरुण (नेप्चून), और प्लूटो।

ग्रहण—eclipe. किसी आकाशीय ज्योतिष्पिण्ड का किसी दूसरे ज्योतिष्पिण्ड की छाया में पड़ना।

ग्राफ—graph. विभिन्न मानों और उनके सम्बन्धों को किसी पैमाने पर विन्यस रेखाओं और बिन्दुओं द्वारा व्यक्त करने का प्रतीकात्मक चित्र। यह साधारणतः वर्गांकित कागज पर बनाया जाता है। प्राप. आलेख, लेखाचित्र।

ग्राम—gram या gramme. मैट्रिक पद्धति में तौल की मूल इकाई; लगभग उतना भार जितना 4° सें. पर एक घन सेंमी. शुद्ध जल

का होता है।

कैलोरी–gram calorie या small calorie. दे. कैलोरी में। प्राप. लघु कै., छोटी कै.।

तुल्यांक–gram equivalant. किसी तत्व या यौगिक का ग्राम में व्यक्त तुल्यांक।

भार-gram wieght. एक ग्राम द्रव्यमान पर लगता हुआ पृथ्वी का गुरुत्वाकर्षणीय बल।

ग्राही–reciever. आसवन-यन्त्र आदि में लगा वह पात्र जिसमें इष्ट द्रव या गैस आकर जमा होती है; जैसे ग्राही फ्लास्क इत्यादि।

ग्रेफाइट–graphite. कार्बन का एक रवादार अपररूप। यह साइबेरिया, लंका, आदि देशों

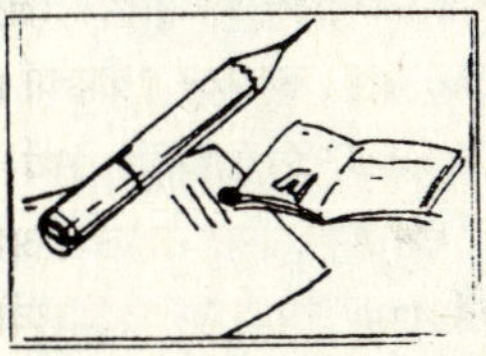

में खान में मिलता है उत्पा-बालू और कोयले के मिश्रण को आर्क-भट्टी में गर्म करके। लेड की तरह इसका भी पेंसिल बनता है।

ग्रेवसैन्ड की गोली–gravesandes ring. ठोस का प्रसार दिखाने वाला एक प्रयोगशाला-उपकरण। इसमें एक गोली रहती है और उसी के व्यास की माप का एक वलय। गोली गर्म करने पर उस वलय से पार नहीं होती, किन्तु ठंडी होने पर पार कर जाती है।

ग्लुकोस–glucose-एक प्रकार की शर्करा। सूत्र $C_6H_{12}O_6$। यह एक शर्करीय कार्बोहाइड्रेट होता है। उत्पा-स्टार्च के जलीय अपघटन से। उप-रोगी के पोषाहार में।

ग्लौबर लवण–Glaubers salt. सोडियम सल्फेट का व्यापरिक नाम।

घंटा–(i) bell. धातु के कटोरे या चकले में डंडे से चोट दे-देकर ध्वनि उत्पन्न करने का एक उपकरण। (ii) hours. समय की एक इकाई जो सौर दिन का चौबीसवां भाग होता है। यह 60 मिनटों में बंटता है।

धातु–bell metal. एक मिश्र धातु जिसमें ताम्र 80 प्रतिशत, और टीन 20 प्रतिशत रहते हैं। पूर्व में इसका घंटा बनता था, इसीलिए यह नाम है।

घंटाकार ढक्कन–bell jar. पेंदी रहित घड़े के आकार का ढक्कन, जिसमें प्रयोगशाला में गैस बनाई जाती है। अतः इसे गैस-घट भी कहते हैं। अप्रा. घंटा-घट।

घंटी–छोटा घंटा

घटक–(i) constituent. किसी पदार्थ के सम्बन्ध में वे परमाणु, अणु या मूलक जिनसे वह पदार्थ बना है। (ii) components. किसी यौगिक या मिश्रण की रचना में सम्मिलित तत्व, यौगिक या मिश्रण।

घटाव–substraction. किसी राशि से कुछ भाग निकालने की क्रिया, जिसका चिह्न (–) हैं प्राप. व्यवकलन।

घड़िया–crucible. वह पात्र जिसमें धातु आदि पदार्थ गलाया जाता है।

घड़ी–clock. कालसूचक यन्त्र, जो स्पिंग पर चलता है।

घन–cube. आयतन मापने की एक व्युत्पन्न इकाई; ऐसा पिंड, जिसकी लम्बाई, चौड़ाई और ऊंचाई समान हो तथा सभी

कोण समकोण हों, घन कहलाता है, और ऐसा ही पिण्डमान आयतन मापने का मात्रक होता है, जैसे 8 घन इंच=2×2×2 इंच माप के घन के बराबर पिंड।

घनत्व—density. एक ही आयतन की दो वस्तुएं द्रव्यमान या भार में एक-दूसरी से कम भी हो सकती हैं और अधिक भी। ऐसा उसके कणों के बीच में रिक्तता की भिन्न-भिन्न मात्रा के कारण या दूसरे शब्दों में उसके कणों की कसावट में अन्तर के कारण होता है। पदार्थ का यही कसावट घनत्व कहलाता है। घ=द्रव्यमान (मास)/आयतन। उदा. वायु का घनत्व 0.00129 ग्राम/घन सेमी. है।

घनाकृति—cubic. घन जैसी आकृति वाला। अप्रा. त्रिघात।

घर्षण—friction. जब कोई वस्तु किसी दूसरी वस्तु की बाहरी सतह से स्पर्श करते हुए चलती है तब स्पर्श की सतह पर लगने वाला प्रतिरोधक बल। प्रप. रगड़।

घातांक—index. किसी संख्या के दाहिने कन्धे पर छोटे आकार में लिखी जाने वाली वह संख्या जो बताती है कि वह मूल संख्या उसी संख्या से कितनी बार उत्तरोत्तर गुना करने के फल के बराबर है। जैसे 54 = 5×5×5×5×5 = 620।

घिरनी—pully. कील में लगा चक्र जिसकी परिधि पर गड्ढ़ा रहता है और उस पर से कड़ी या रस्सी जाती है। रस्सी के एक सिरे पर आयास-बल और दूसरे सिरे पर रोध रहता है। इस युक्ति से आयास की दिशा बदल यान्त्रिक लाभ प्राप्त किया जाता है। प्राप. गड़ारी, कफी।

घिसावट—(अप्रा.) दे. अपघर्षण। abrasion.।

घुमावदार—curved. वक्र (द्र.)।

घुलनशील—(अप्रा.) soluble. = विलेय (द्र.)।

घुलना—dissolve. किसी पदार्थ का किसी द्रव में बहुत छोटे-छोटे टुकड़े होकर मिल जाना ताकि घोल या विलयन बन जाए; जैस नमक का पानी में। प्राप. विलीन होना।

घूर्णन—rotation. किसी वस्तु के अपने ही केन्द्र पर न कि दूसरी वस्तु को केन्द्र बनाकर, चारो ओर घूमना मिलाइए परिक्रमण revolution.।

गति—rotatory motion. अपने आप को केन्द्र बनाकर घूमने की गति, जैसे चन्द्रमा की दैनिक गति। चांद घूर्णन करते हुए पृथ्वी का परिक्रमण करता है। अप्रा. परिभ्रमण-गति।

घूर्णी—rotary. ऐसा यन्त्र जिसमें बेलन अपने केन्द्र पर ही घूर्णन करता रहता है।

घोल—solution. = विलयन।

का गुणांक-factor of solution. घोल की-यथार्थ नाम्रलता अभीष्ट नार्मलता की कितनी गुनी है यह बतानेवाली संख्या।

घोलक—solvent. दे. विलयन में।

घोलना—dissolve. दे. घुलना।

चकला—disc. दे. बिम्ब, चक्रिका।

चक्र—cycle. मार्ग की वृत्तता के कारण घूम-घूम कर पुनः-पुनः एक ही वृत्त पर आना या इस तरह आने वाला उपकरण या घटना। प्राप. आवर्त्तन।

मुद्रित—cyclostyled. वात cyclone वह

आंधी जो छोटे क्षेत्र में अवदाब (depression) होने किन्तु दाब-प्रवणता (pressure gradient) अधिक होने पर होती है। मिलाइए वातावर्त whirlwind. ।

चक्रिक = चक्रीय।

चक्रीय—cyclic. चक्रवत आवर्तित होनेवाला।

चतुर्भुज—cyclic quadrilateral. ऐसा चतुर्भुज जिसके चारों शीर्षों का स्पर्श करते हुए कोई वृत्त खींचा जा सकता हो।

चटक—brilliant. चमकीला, चमकदार।

चतु.—tetra. quadri. चार, जैसे चतुःक्षार की tetra basic. चतुःसंयोजक tetravalent. चतुर = चतुः।

चतुर्थांश—quarter. किसी वस्तु के चार

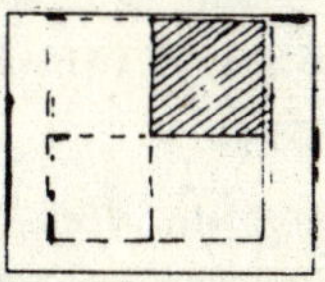

समान भागों में एक भाग; पाद।

चतुर्थानुपाती—fourth proportional. दे. समानुपात proportion. में।

चतुर्भुज—quadrilateral. चार सरल रेखाओं से घिरा क्षेत्र।

चन्द्रग्रहण—lurar eclipe. जब पृथ्वी सूर्य और चन्द्र के बीच में आ पड़ती है तब पृथ्वी सूर्य की किरणों को चन्द्र पर जाने में अवरोधक हो जाती है जिससे चन्द्र की कक्षा में प्रच्छाया और उपच्छाया के क्षेत्र बनते हैं। चन्द्र जब पृथ्वी की छाया-शंकु में पड़ता है तब वह पूर्णतः प्रकाशहीन हो जाता है, और तब पूर्ण चन्द्रग्रहण होता है, जब वह अपच्छाया में पड़ता है तब खंड चन्द्रग्रहण।

चम्मच—spoon.

चाय की tea spoon. वह चम्मच जिसमें 5 मिलीमीटर द्रव समाता है।

चांदा-

चान्द्र—lunar. चन्द्र सम्बन्धी।

मास lunar month. वह अवधि जो चन्द्रमा को अपनी सारी कलाएं पूरी करने में लगती है। यह कृष्ण प्रतिपत् से आरम्भ करके अमावस्या को पूरा होता है, या शुकल-प्रतिपत् से आरम कर पूर्णिमा तक होता हैं इसका मान 29.53059 दिन है।

चान्द्र वर्ष—lunar year. वह अवधि जितनी में चन्द्र बारह बार अपनी कलाएं पूरी करता है। यह लगभग 354 दिन 8 घंटा 45° मि. और लगभग 34° सें. का होता है।

चाल—speed. किसी गतिशील वस्तु द्वारा तै की गई दूरी और उसमें लगे समय का अनुपात। अप्रा. रफ्तार।

चाप—arc. जीवा द्वारा कटा वृत्त का कोई टुकड़ा। छोटे टुकड़े को लघु चाप और बड़े को दीर्घ चाप क्रमशः minor और major arc कहते हैं।

चारकोल—charcoal. जैव शरीर का भंजक आसवन के बाद अवशिष्ट भाग जो आम तौर से कोयला कहलाता है; जैसे लकड़ी का कोयला, अस्थि-कोयला, रक्त-कोयला, चीनी का कोयला। ये सभी कार्बन के अपररूप हैं। प्रप. कोयला।

चार्ज—charge. (i) विद्युत से अविष्ट करना, जैसे चालक तार, सेल, बैटरी आदि को। (ii) किसी वस्तु में क्रिया के लिए कोई वस्तु डालना, जैसे बन्दूक में गोली, बारूद आदि। (iii) विद्युत-आवेश। प्राप. आवेश।

चार्ल्स का नियम—chalre's law.दाब स्थिर रहने पर किसी निश्चित मात्रा की गैस में 1 डिग्री से. ताप बढ़ाने से उसके आयतन में जो वृद्धि होती है वह शून्य डिग्री पर उसके आयतन का 1/273 गुनी होती है। मोटे शब्दों में स्थिर दाब पर निश्चित मात्रा की गैस का आयतन उसके निरपेक्ष टेम्प. का अनुपाती होता है।

चालक—conductor. (i)ऐसी वस्तु, मुख्यतः धातु, जिससे विद्युत की धारा संचरण कर सकती है। (ii) चालन विधि से ऊष्मा को संचरण में माध्यम का काम करनेवाली कोई वस्तु, जैसे धातु। अप्रा. संवाहक।

चालक-श्रेणी—series of conductors. एक दूसरे से जुड़े चालकों का समवाय। इसका प्रतिरोध हरेक चालकों के प्रतिरोधों के योगफल के बराबर होता है।

चालक की धारिता—capacity of conductor. चालक के विभव को एक इकाई बढ़ाने के लिए उसमें जितनी विद्युत आविष्ट करनी पड़ती है उसका परिमाण। घा=चालक का आवेश/चालक का विभव। गोलीय चालक की धारिता, संख्या में, उसकी त्रिज्या के बराबर होती है।

चालकता—conductivity.(i) किसी वस्तु के इकाई धन की दो सतहों के बीच यदि इकाई तापक्रम का अन्तर हो तो प्रति सेकेंड एक सतह से दूसरी सतह तक चालित ताप का परिमाण उस वस्तु की चालकता होगी। जिस वस्तु की ऊष्मीय चालकता जितनी अधिक होती है वह उतनी अच्छी चालक होती है।

चालन—conduction. जब पदार्थ के कण अपने स्थान से हटे बिना ही अपना विद्युत आवेश या ऊष्मा अपने से सटे अन्य कणों को देते हैं तब इस प्रकार एक कण से दूसरे कण में ऊष्मा या ऊर्जा संचरण के तांते को चालन कहते हैं।

चित्रप्रक्षेपी लालटेन—magic lantirn. स्लाइड के चित्र को परदे पर बढ़ाकर दिखाने वाला एक प्रकाशयन्त्रं इसमें तेज रोशनी के सामने एक जोड़ा उत्तल लेन्स, उसके आगे स्लाइड, फिर एक जोड़ा उत्तल लेन्स रहते हैं। कुछ हटकर परदा रहता है जिस पर विवर्धित वास्तविक प्रतिबिम्ब बनता है। प्राप. मैजिक लालटेन; अप्रा चित्रदर्शी ला.।

चिमनी—chimney. धुआं या भाप निकलने

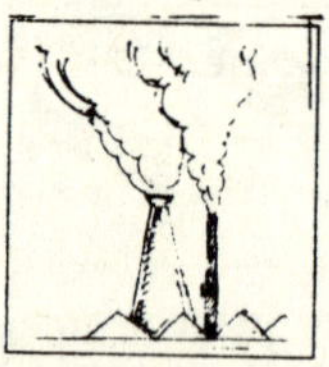

के लिए बना नलाकार उदग्रद्वार।

चिरस्थायी गैस—permanent gas. वह गैस जो साधारण दाब और ताप पर द्रवीकृत नहीं हो सकती है; जैसे हाइड्रोजन, हिलियम, आक्सीजन और नाइट्रोजन। अप्रा. स्थायी गैस।

चिह्न—sign. सूचक रेखाकृति।

चीनी—sugar.ईख के रस से बना एक प्रसिद्ध शर्करा (कार्बोहाइड्रेट)। सूत्र $C_{12}H_{22}O_{11}$। यह रंगहीन, रवादार, जल में अति विलेय। गल. 160° सें. यह 200° सें. पर कारामेल बन जाती है जो मिठाई के रूप में खाई जाती है। यह द्विशकरिय है, क्योंकि इसमें छह कार्बनों की दो इकाइयां रहती हैं।

दे. ग्लुकोस भी। प्राप. शर्करा।

मिट्टी–china clay.ऐलुमिनियम का एक सजल सिलिकेट। सूत्र $Al_2O_3, SiO_2 2H_2O$। मृत्तिका-शिल्प में परम उपयोगी। दे. पोर्सलेन और कोलिन भी।

चीली शोरा–caliche. (उच्चा. कैलिश) अंगरेजी नामान्तर soda nitre, chile saltpeter.। सोडियम का नाइट्रेट जो उत्तरी चीली देश में धरती की सतह पर पाया जाता है। प्राप. कालीचे।

चुम्बक–magnet.लोहे या अन्य पदार्थ का ऐसा पिंड जिसमें अन्य लौह पिंडों को अकर्षित या प्रतिकर्षित करने का विशेष

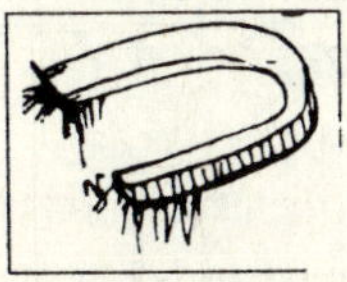

गुण होता है। प्रकृति में मैग्नेटाइट नामक अयस्क के रूप मे मिलता है और कृत्रिम उपाय से बनाया जाता है।

चुम्बकत्व–magnetism.लोहे को आकर्षित या प्रतिकर्षित करने की शक्ति। चुम्बकीय पदार्थ का प्रत्येक अणु एक चुम्बक है और उसमें दो ध्रुव होते हैं। ये अणु जब सुव्यवस्थित रूप में सजे रहते हैं तब समूचे पिंड में चुम्बकत्व रहता है, किन्तु अणुओं के अस्तव्यस्त हो जाने पर चुम्बकत्व समाप्त हो जाता है। पुनः चुम्बकन विधि से अणुओं को सुव्यवस्थित कर देने पर चुम्बकत्व आ जाता है।

चुम्बकन–magnatising. किसी वस्तु को कृत्रिम युक्ति द्वारा चुम्बकत्व से आविष्ट करना।

चुम्बकीय अक्ष–magnetic axis. चुम्बक के दोनो ध्रुवों को मिलाने वाली सरल रेखा।

आनमन–magnetic inclination. पृथ्वी के कुल चुम्बकीय बल की परिणामी दिशा और क्षैजित रेखा के बीच का कोण।

चुम्बकीय क्षेत्र–magnetic field. निकट में कोई स्थायी चुम्बक रहने के कारण उसके प्रभाव में आनेवाला प्रदेश। इस क्षेत्र में बल-रेखाएं समकेन्द्रीय वृत्तों के रूप में बनती हैं जो सूक्ष्मग्राही कम्पास सुई के सहारे निर्धारित की जा सकती है।

घूर्ण–magnetic moment. किसा चुम्बक की चुम्बकीय लम्बाई और उसके ध्रुव-प्राबल्य का गुणनफल।

दिक्पात–magnetic declination. किसी स्थान पर चुम्बकीय और भौगोलिक याम्योत्तरों के बीच का कोण, अर्थात् भौगोलिक दक्षिणोत्तर-रेखा से कम्पास की सुई का कोणात्मक विचलन। यह विभिन्न देशों और स्थानों में भिन्न-भिन्न होता है, भारत में 17° से लेकर 29° तक पाया जाता है।

ध्रुव–magnetic pols.चुम्बकीय पिण्ड के वे दोनो बिन्दु जहां आकर्षण-बल तीव्रतम रहता है। ये बिन्दु चुम्बकीय अक्ष के दोनो सिरों पर पड़ते हैं। एक ध्रुव उत्तरोन्मुख होता है, दूसरा दक्षिणोन्मुख; जो क्रमशः उत्तर ध्रुव और दक्षिण ध्रुव कहलाते हैं। पृथ्वी का उ. ध्रुव 70°5' उत्तर और 90°46' पश्चिम में और दक्षिण ध्रुव 72°5' दक्षिण 154° पूर्व में है।

नति/नमन–magetic dip.कम्पास की सुई क्षितिज की अपेक्षा उदग्र तल में जितना झुकती है वह कोण।

निरक्ष—magnetic equator.शून्य डिग्री नति-कोण वाले बिन्दुओं को मिलाने वाली सरल रेखा। चुम्बकीय अक्ष के मध्य-बिदु से उसके ऊपर दी गई लम्ब-रेखा।

प्रेरण—magnetic induction.स्थायी चुम्बक के प्रभाव से चुम्बकीय पदार्थ में चुम्बकत्व उत्पन्न करने की क्रिया।

बल का नियम—law of magnetic force.(i) सदृश ध्रुव एक दूसरे को प्रतिकर्षित करते हैं और असदृश ध्रुव आकर्षित करते हैं, तथा (ii) दो ध्रुवों के बीच की दूरी नियत रहने पर उनके बीच बल उनके ध्रुव-विभवों के गुणनफल के समानुपाती होता है; और दो ध्रुवों के बीच/बल उनके बीच की दूरी के वर्ग के व्युत्क्रमानुपाती होता है।

चुम्बकीय याम्योत्तर—magnetic meridian. किसी स्थान पर कम्पास की सुई की दिशा जो चुम्बकीय अक्ष के ऊपर से जाती है।

बलरेखा—lines of magnetic force. किसी चुम्बकीय क्षेत्र में ऐसा अविच्छिन्न वक्र जिसके किसी भी बिन्दु पर खींची गई स्पर्श रेखा उस क्षेत्र की परिणामी बल की दिशा प्रदर्शित करती है।

लम्बाई—magnetic length.एक ध्रुव से दूसरे ध्रुव तक दूरी।

सुई—magnetic needle.कील पर निबाधं बैठाई चुम्बक की सुई जो चुम्बकीय बल के प्रभाव से क्षैतिज तल में नाच सकती है, और चुम्बकीय बल की दिशा सूचित करती है।

चूड़ी पेंच की—pitch of screw. पेंच में उभारी गई सर्पिल रेखा।

चूना—lime. कैल्सियम कार्बोनेट (चूना पत्थर) को जलाने से प्राप्त श्वेत वर्ण का ठोस पदार्थ। इसके दो भेद हैं-कली चूना (द्र.) और भखरा चूना (द्र.)।

पत्थर—lime stone. एक प्रकार की शिला जिसमें 50 प्रतिशत तक कैल्सियम कार्बोनेट रहता है। इससे सीमेंट बनता है।

चूर्ण—powder. बुकनी, पावडर, पाउडर।

चूषण—sucking. चूसना, वायु के दाब के बल से अपनी ओर खींचना।

पम्प-suction pump. हवा या किसी द्रव पदार्थ को चूसकर निकालने का पम्प।

चौड़ाई—width. आयत की वह भुजा जो अपनी संलग्न भुजा से छोटी हो। वि. लम्बाई।

छड़—bar. लोहे आदि का लम्बाकार पतला दण्ड; जो सामान्यतः गोल या चौपहल होता है।

चुम्बक—bar magnet. लोहे की चुम्बकीय छड़।

मापी—bar and gauge. ताप बढ़ने से ठोस का फैलाव प्रदर्शित करने का एक उपकरण, जिसमें एक खांच और उसी की माप की एक मूठदार छड़ रहती है। गरम करनेपर वह छड़ उस खांच में नहीं समाती।

छन्ना—strainer.छानने का उपकरण, छलनी।

छाया—shade. वह क्षेत्र जहां अवरोध के

कारण प्रकाश-किरणें प्रकाश-स्रोत से सीधे नहीं पहुंच पाती हैं।

शंकु—shadow cone. जब प्रकाश-स्रोत अवरोध से बड़ा रहता है तब प्रकाश-स्रोत के किनारों से अवरोध के किनारों को स्पर्श करते हुए खींची गई रेखाओं से घिरा क्षेत्र, जो शंकु के आकार का हो जाता है।

छाल—bark वृक्ष की वह बाह्य परत जो उसके तने को त्वचा की तरह ढके रहता है।

छेदक—secant. वृत्त को आर-पार काटने वाली सरल रेखा।

जंग—rust. धातु पर रासायनिक अभिक्रिया के फलस्वरूप आक्साइड, हाइड्राक्साइड और कार्बोनेट का मिश्रित आवरण पडना, जिससे धातु चमक खो बैठती है प्राप. मोरचा।

रोधी—rust-proof. जिस पर जंग नहीं लग सकती है।

जड़—(i) inert. स्वतः अपने में गति लाने या प्राप्त गति में पतिवर्तन लाने मे असमर्थ। (ii) root. वृक्ष आदि का मूल।

जड़त्व—inertia. न्यूटन के सिद्धांत के अनुसर हर पदार्थ या तो विराम की अवस्था में रहता है या एकरूप गति की अवस्था में और जब तक कोई बाहरी बल नहीं लगता तब तक उसकी इस अवस्था में कोई परिवर्तन नहीं होता है। पदार्थ मात्र का यह धर्म जड़त्व कहलाता है। प्राप. जड़ता।

जनित्र—generator. चुम्बकों के विसदृश ध्रुवों के बीच आर्मेचर को बाहरी (यान्त्रिक) शक्ति से नचाकर विद्युत पैदा करने का यन्त्र। जेनरेटर।

जमना—freeze. (i) ताप के प्रभाव से द्रव अवस्था से ठोस अवस्था में आना, हिमीभूत होना। (ii) solidity. पिंडित होना, ठोस बनना।

जर्मन सिल्वर—German silver. एक मिश्रधातु जिसमें ताम्र, जस्ता और निकेल लगभग बराबर मात्रा में रहते हैं यह चांदी की तरह चमकती है।

जल—water.पानी जो आक्सीजन की उपस्थिति में हाइड्रोजन के जलने से बनता है, अतः हाइड्रोजन आक्साइड H_2O है। रंगहीन, गन्धहीन, स्वादहीन; गल. 0° सें. क्वथ 100° सें.; घनत्व 0° सें. पर 0.9999 ग्राम प्रति घन सेमी., 4° सें. पर 1.000 प्रति घन-सेमी। अच्छा विलायक है; बहुत-सी धातुओं के साथ अभिक्रिया करता है।

अपघटन—hydrolysis. जल के साथ अभिक्रिया कराकर लवण से अम्ल और क्षारक बनाना; जैसे $FeCl_3 + 3H_2O = Fe(OH)^3 + 3HCl$। अप्रा. जलविच्छेदनां

ऊष्मक—water-bath. वस्तु को सुखाने का एक साधित्र जिसमें एक कक्ष में गर्म पानी भर का दूसरे सटे कक्ष का ताप बढ़ाया जाता है।

तुल्यांक—water equivalent. किसी पदार्थ के प्रसंग में ज. तु. जल का वह द्रव्यमान है जिसका ताप एक डिग्री बढ़ाने के लिए अपेक्षित ऊष्मा द्वारा उस पदार्थ का ताप एक डिग्री बढ़ाया जा सके; अर्थात जलतुल्यांक = द्रव्यमान x विशिष्ट ऊष्मा। इसका मात्रक ग्राम है।

जलदाबी ऊंचाई—head of water. वह ऊंचाई जहां तक पानी अपने दाब के प्रभाव

से चढ़ सकता है। अप्रा. जलशीर्ष

जलना—burning. वह रासायनिक अभिक्रिया जिसमें ऊष्मा का उत्सर्जन होता है और वह ऊष्मा उस अभिक्रिया को आगे भी जारी रखने में समर्थ होती है।

जलपम्प—water pump. पानी चूसने का उपकरण, जैसे पिचकारी आदि। इसकी बनावट उसी सिद्धांत पर होती है जिस पर वायु-पम्प की।

जलयोजन—hydration. जल से, विशेषतः रवाजल से युक्त करने की क्रिया। व्यु. जलयोजित hydrated.।

जलरुद्ध—watertight. इस तरह से सीलबन्द किया हुआ (कोष्ठ आदि) कि पानी न भीतर आ सके और न बाहर जा सके।

जलवायु—climate. किसी स्थान में मौसम की सामन्य स्थिति, जो उस स्थान के औसत निम्नतम और उच्चतम तापक्रम, नमी, बादल, धूप, वृष्टि, वायु-गति इन सभी बातों के मासिक और वार्षिक औसतों से निरूपित होती है। मौसम weather. इससे भिन्न है, क्योंकि वह स्थान विशेष की नहीं, उस स्थान के कालविशेष की प्राकृतिक स्थिति का बोधक है। व्या-जलवायवी-climatic.।

जलवाष्प—aqueous vapour. जल का वाष्प जो वायु में मिश्रित रहता है।

जल विज्ञान—hydrology.

जलशोषित—desiccator. कास्टिक सोडा, चूना आदि जलशोषक पदार्थों के साथ रखकर वस्तुओं को सुखाने या बाहरी नमी से बचाए रखने का एक साधित्र।

जलसह—waterproof. जल के दुष्प्रभाव से सुरक्षित, जिसे जल बिगाड़ नहीं सकता है।

जलीय—hydraulic. जल के प्रवाह, दाब आदि से या सीधे जल से सम्बद्ध।

जलोढ़—alluvial. नदी की क्रिया से मिट्टी के संचित होने से बना हुआ।

जलोढ़क—alluvium. नदी क्रिया से संचित मिट्टी या बालू आदि पदार्थ।

जस्ता—zinc. दे. जिंक। प्राप. यशद।

चढ़ाता—galvanise. लोहे की बाहरी सतह पर जस्ते की परत बैठाना ताकि उसमें जंग न लगे।

जस्तेदार लोहा—galvanised iron. वह लोहा जिसकी बाहरी सतह पर जस्ते की परत चढ़ाई हो।

जारण—roasting. धातुकर्म में अयस्क को इतना तपाना कि वह आक्सीकृत हो जाए।

जिंक—zinc. एक तात्विक धातु। प्रतीक Zn; संयोजकता 2; प. भा. 65.38; गल. 420° से; क्व. 920° से। मुक्तावस्था में अप्राप्य। मुख्य अयस्क जिंकाइट, कालामीन, जिंक ब्लेंड। नीलाभ श्वेत, रवादार, कड़ा, भंगुर।

उप-विद्युत् बैटरी, हाइड्रोजन फोटोब्लाक बनाने में तथा धातुकर्म में। प्राप.जस्ता, जस्त, यशद।

आक्साइड—zinc oxide. सूत्र ZnO। जिंकाइट नामक खनिज के रूप में प्राप्य। उत्पा-जिंक को हवा की उपस्थिति में जलाने से। श्वेत, जल में अविलेय, गर्म करने पर पीला। उप-सफेद पेंट, मरहम, चेहरे पर लगाने के क्रीम आदि बनाने में।

कार्बोनेट—zinc carbonate. सूत्र $ZnCo_2$ कालामीन नामक खनिज के रूप में प्राप्य।

उत्पा- जिंक लवण के घोल पर सोडियम बाइकार्बोनेट की अभिक्रिया से। जल में नहीं घुलता, किन्तु पोटैशियम कार्बोनेट के सान्द्र घोल में घुलता है। उप-मरहम बनाने में।

नाइट्रेट—zinc nitrate. सूत्र $Zn(NO_3)_2$, $4H_2O$। जिंक या उसके आक्साइड या कार्बोनेट को तनु नाइट्रिक अम्ल में घुलाने से प्राप्य। जलावशोषक रवादार ठोस। जल व ऐल्कोहल में विलेय। 140° सें. पर अपघटित होता है।

ब्लेंड—zinc blande. एक अयस्क जिसका मुख्य घटक जिंक सल्फाइट ZnS है।

सल्फाइड—zinc sulphide. सूत्र ZnS। उत्पा-जिंक आक्साइड को गन्धक के साथ गर्म करने से। श्वेत, रवादार, ठोस, तनु अम्लों में विलेय। उप-चमकदार पेंट बनाने में तथा रेडियो-ऐक्टिविटी के अध्ययनार्थ फोस्फोरेसेन्ट स्क्रीन बनाने में।

जिंक सल्फेट—zinc sulphate. सूत्र $ZnSo_4$, $7H_2O$। बाजारू नाम सफेद तूतिया white vitriol। उत्पा-जिंक अथवा उसके आक्साइड, हाइड्रोक्साइड या कार्बोनेट को तनु गन्धकाम्ल में घुलाने से, तथ जिंक ब्लेंड के नियन्त्रित आक्सीकरण से। श्वेत, रवादार, जल में विलेय।

उप-पेंट और दवा बनाने में।

हाइड्रोक्साइड—zinc hydroxide. $Zn(OH)_2$। जिंक लवण के घोल में कास्टिक सोडा मिलाने से अवसाद या अवक्षेप के रूप में प्राप्य। श्वेत, अविलेय।

जिंकाइट—zincite. एक अयस्क जिस का मुख्य घटक जिंक आक्साइड है।

जिप्सम—gypsum. एक खनिज जिसमें रवादार सजल कैल्सियम सल्फेट रहता है। इससे प्लास्टर ऑफ पेरिस $CaSO_4, 2H_2O$ बनता है।

जिस्ता—quiri. कागज का एक मात्रक, 24 ताव।

जी.एम.टी.—G.M.T.=Greenwich Mean Time. ग्रीन विच टाइम अर्थात् ग्रीनविच का स्थानीय माध्य समय। सुविधा के लिए इसी के आधार पर अन्य स्थानों का स्थानीय समय निकाला जाता है, अतः यह अन्तर्राष्ट्रीय व्यवहार में है।

जीव—bio. जैसे जीव रसायन bio chemistry इत्यादि।

रसायन—bio chemistry. प्राणिशरीर में होने वाले रासायनिक परिपर्त्तनों का अध्ययन करने वाला शास्त्र। व्या. जीव रसायनिक-biochemical.

विज्ञान—biology. जीवन का वैज्ञानिक अध्ययन करने वाला शास्त्र, जिसके अंग हैं वनस्पति विज्ञान, प्राणिविज्ञान आदि।

जीवा—chord. परिधि के किन्हीं दो बिन्दुओं को मिलाने वाली सरल रेखा जो केन्द्र का स्पर्श न करे। इससे परिधि दो असमान चापों में विभाजित होती है, जिनमें छोटा लघु चाप minor arc. और बड़े दीर्घ चाप major arc कहलाता है। दोनो एक दूसरे के संयुग्मी conjugate होते हैं। इसका मान $2\sqrt{h(d-h)}$ होता है, जहां h = चाप की ऊंचाई, d = व्यास।

जीवाणु—bacteria. एक प्रकार का अकोशिकीय सूक्ष्म जीव समूह जो स्वयं विखंडित होकर बहुगुणित होता है। यह हवा, पानी, मिट्टी, शरीर, सड़ी वस्तु आदि में रहता है और बड़ी तेजी से फैलता है।

प्राप. बैक्टीरिया।

विज्ञान—bacteriology.वह शास्त्र जिसमे बैक्टीरिया का विवेचन किया जाता है।

जूल—joule. कार्य या ऊर्जा का एक मात्रक ¾ पाउंड भार को एक फुट ऊपर उठाने में सम्पन्न कार्य या लगी ऊर्जा। यह एक करोड़ अर्ग के बराबर होता है।

का यान्त्रिक तुल्यांक-Joule's mechanicl equivalent of hear. दे. यान्त्रिक तुल्यांक में यन्त्र से निष्पन्न कार्य की मात्रा के आधार पर उस कार्य के क्रम में उत्पन्न ऊष्मा की मात्रा।

जेबी विराम-घड़ी—stop watch. दे. विराम घड़ी।

जैकेट—jacket. किसी सिलिंडर या पाइप को सभी ओर से आवृत करने वाला ऐसा खोल जिसकी दीवार में गर्म या ठंडा द्रव भरा रहता है ताकि इंजन का तापक्रम इष्ट बिन्दु पर बना रहे।

जैव—organic. (i) जीवों की शारीरिक रचना में पाए जाने वाले पदार्थों से सम्बद्ध। (ii) bio, biological जीव सम्बन्धी या जीवविज्ञान सम्बन्धी।

जैविक—जैव।

जैविकी—biology. जीवविज्ञान।

जोड़—addition. (i) अनेक अलग-अलग राशियों को एक मे मिलाने की प्रक्रिया, जिसका संकेत + है। (ii) जोड़ (पूर्वोक्त) का संख्यात्मक परिमाण, योगफल (iii)किसी भी वस्तु के साथ किसी दूसरी वस्तु को मिलाकर संयुक्त करना। (iv) अन्य राशि के मिलाने से बढ़ा हुआ परिमाण, अभिवृद्धि। प्राप. योग।

ज्या—sinc. दे. त्रिकोणमितीय अनुपात trignometric ratio. में।

ज्यामिति—geometry. वह शास्त्र जिसमें

रेखाओं या लेखाचित्रों (ग्राफों) के आधार पर गणना की विधि वर्णित रहती है। प्राप. रेखागणित।

ज्योति—luminosity. प्रकाश की तीव्रता।

हीन—non-luminous. प्रकाश का उत्सर्जन नहीं करनेवाला; जैसे लकड़ी, मिट्टी आदि।

ज्योतिष्पिण्ड—luminous body. प्रकाश का उत्सर्जन करनेवाला आकाशीय पिण्ड, जैसे नक्षत्र।

ज्योतिष—astrology. या astronomy. ग्रह-नक्षत्र सम्बन्धी विज्ञान। इसकी दो शाखाएं हैं, फलित ज्यौ. सिमसे ग्रहों की स्थिति के अनुसार फलादेश (भविष्य-कथन) किया जाता है, और गणित ज्यौ. जिसमें ग्रह-नक्षत्रों की प्रकृति और गतिविधि का अध्ययन किया जाता है।

ज्वलन—ignition. किसी पदार्थ को गर्म करने पर उसके जलने या उससे प्रकाश निकलने की क्रिया। अप्रा. दहन।

ज्वालक—burner. प्रयोगशाला में वस्तु गर्म करने का लैम्प।

ज्वालामुखी—volcano. धरती के भीतर से पिघले शैल के निकलने का स्थान।

झाग—foam, froth. प्राप. फेन।

झागदार—foainy, forthy फेनिल।

टंकी–tank. द्रव को संचित रखने का कुण्ड या हौज। प्राप. हौज।

टर्मिनल अम्ल–tartaric acid. सूत्र HOOC. CH(OH). CH(OH).COOH। यह कई पौधों और फलों में पाया जाता है। मध्य बनाने में काम आता है।

टिंक्वर आयोडीन–tincture iodine. ऐल्कोहल में बना एक विलयन जिसमें आयोडीन, पोटैशियम आयोडाइड और जल दो-दो प्रतिशत रहते हैं।

टी-स्क्वेयर–T.square. अभियान्त्रिक आरेखण का एक रेखागणितीय औजार जो रोमन टी अक्षर T की आकृति का होता है।

टेक–support. प्रयोग के समय उपकरण को अचल रखने की युक्ति।

टेन्टलस प्याला–Tantalus cup. खिलौने का एक प्याला जिसमें एक गुड़िया रहती है, पानी डालने पर वह ज्यों ही गुड़िया के मुंह तक भर जाता है त्यों ही पानी गुड़िया के अन्दर लगे गुप्त साइफन (द्र) से बह जाता है।

टेली°–°tele°-दूर°।

टेलीग्राफ–telegraph. तार के माध्यम से दूर से संचारित विद्युत आवेगों के जरिए ध्वनि-संकेत उत्पन्न करने का यंत्र। इसके दो अंग होते हैं, एक मोर्स ध्वनित्र Morse sounder और दूसरा मोर्स कुंजी Morse key। अप्रा. दूरलेखित्र।

टेलीफोन–telephone. एक ऐसा विद्युत-उपकरण जिससे श्रव्य आवर्तितावाली ध्वनि-तरंगें तार के माध्यम से संचारित और अभिगृहीत होती हैं।

टोपी–cap. किसी वस्तु या संरचना के शीर्ष पर आच्छादक के रूप में लगाया जानेवाला अंग। प्राप. छत्रक।

ठोस–solid (i) ऐसी अवस्थावाला पदार्थ जिसमें उसके कणों की कसावट के कारण उसका आयतन और आकृति दोनो निश्चित रहते हैं। प्राप. घन। (ii) रेखागणित में वह पिण्ड जिसमें लम्बाई, चौड़ाई और मोटाई तीनो हो।

डच धातु–Dutch metal. एक मिश्रधातु; ताम्र 80 प्रतिशतक्जस्ता 20 प्रतिशत के लगभग।

डाइन–dyne. सेग्रासे (सी.जी.एस.) पद्धति में बल का एक मात्रक। उतना बल जो एक ग्राम की वस्तु में एक सेमी प्रति सेकेंड^2 का त्वरण उत्पन्न करता है।

डाक्टरी थर्मामीटर–clinical thermometer. मनुष्य के शरीर का तापक्रम नापने का प्रचलित तापमापी, जो केवल अधिकतम

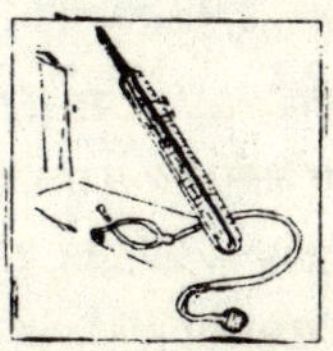

ताप बताता है, अर्थात् बाद में तापक्रम घटने पर भी इसमें 'पारा' स्वतः नीचे नहीं आता है।

डायनामो–dynamo. विद्युत-चुम्बकीय प्रेरण से विद्युत धारा उत्पन्न करने का एक यन्त्र।

डाल्टन का परमाणु सिद्धांत–Dalton's atomic theory. यह सिद्धांत कि सभी पदार्थ अति सूक्ष्म परमाणुओं के पुंजस्वरूप हैं, किसी एक तत्व में एक ही तरह के

परमाणु होत ह, परमाणु एक-दूसरे को आकृष्ट किए रहते हैं, और एक तरह के परमाणु दूसरी तरह के परमाणुओं से निश्चित अनुपात में ही मिलते हैं। डिग्री दे. अंश।

डी.डी.टी.—D.D.T. पूर्ण नाम Dichloro Diphenyl-Trichloroethane. कीटों को मारने की एक प्रसिद्ध दवा।

डेका—deca. दश।

डेकाग्राम—decagram. दस मीटर के बराबर लम्बाई का एक मात्रक।

डेनियल—Daniel. एक वैज्ञानिक जिनके आविष्कारों मे आर्द्रतामापी, और सेल प्रसिद्ध हैं।

सेल—Deniel cell. यह भोल्टा के सेल (द्र.) से मिलता-जुलता है; अन्तर यह है कि इस में ताम्र सल्फेट का घोल रहता है, जो सेल में उत्पन्न हाइड्रोजन के साथ मिलकर गन्धकाम्ल और ताम्र के रूप में परिणत होता रहता है।

डेसी—deci दशांश।

ग्राम—decigram. ग्राम का दशांश।

मीटर—decimeter. मीटर का दशांश।

डोलामाइट—dolomite. मैग्नीसियम कार्बोनेट वाला एक खनिज जिससे मैग्नीसियम निकलता है। सूत्र $CaCO_3$, $MgCo_3$।

ड्यूलांग एवं पेटी विधि—Dulong and Petit method. उक्त वैज्ञानिक द्वारा आविष्कृत परमाणु भार निकालने की एक विधि अर्थात् परमाणु भार = परमाणु ऊष्मा/विशिष्ट ऊष्मा।

ढक्कन—lid.

ढलवां—sloping. ढलानवाला, प्राप. प्रवण।

लोहो-cast iron. ऐसा लोहा जिसमें कार्बन 2 से 4.5 प्रतिशत तक मिला रहता है तथा कुछ मात्रा में गन्धक, फॉस्फोरस, मैंगनीज और सिलिकेन भी। यह भंगुर, चोट लगने से टूटने वाला होता है और पीटकर बढ़ाया नहीं जा सकता। गल. 1200° से.।

ढलान—slope. समतल सतह का ऐसा झुकाव जिससे किसी डिग्री का नति कोण बनता हो। प्राप. ढाल, प्रवणता।

ढोलचर्खी—capstan. ढोल या डमरू के आकार की एक बड़ी घिरनी जिसमें रस्सा लपेटकर जहाज आदि बन्दरगाह की ओर खींचा जाता है।

तड़ित—lightning.बादल में विद्युत के संचार से निकलनेवाला विशाल स्फुलिंग जो बहुधा एक बादल से दूसरे बादल तक और कभी-कभी धरती तक पहुंचता है। अप्रा. बिजली।

तत्व—element. मूल तत्व अर्थात् ऐसा पदार्थ जिसके सारे परमाणु एक ही स्वरूप के हों ऐसे तत्व अब तब एक सौ के लगभग पाए गए हैं। देखें परिशिष्ट पृ0.....।

तनन—tension. तनाव।

तनाव—tension. एक प्रकार का प्रतिबल जो कर्षित तार, रस्सी. छड आदि से भीतर पड़ता है।

तनु—dilute. कम सान्द्रतावाला, घोलक के आयतन की दृष्टि से घुल्य की अपेक्षाकृत कम मात्रा वाला (घोल)।

तन्तु—filament.(i) महीन धागा, रेशा या तार; (ii) विशेष रूप से, बिजली-बत्ती में बल्ब के अन्दर का वह महीन तार जो बिजली से गर्म होने पर प्रकाश फैलाता है।

दीप—filament lamp. पतले तार के

हवारहित स्थान में तापन से प्रकाश देने वाला लैम्प।

वाद्य—stringed instrument. तार को छेड़ने से बजने वाला बाजा, जैसे वीणा आदि।

तन्त्र—system. मूल रूप से एक कार्य सम्पादित करने वाली और परस्पर-सम्बद्ध कई शाखाओं का समुदाय, जैसे विद्युत-यन्त्र, श्वसन-तन्त्र, नदी-तन्त्र आदि।

तन्य—ductile. तन्यता (द्र.) नामक गुणवाला।

तन्य—(i) ductilily. वस्तु का वह गुण जिसके रहने पर उस वस्तु का तार खींचा जा सकता है। यह गुण सभी धातुओं में है, किन्तु प्लाटिनम मे सबसे अधिक। (ii) tensility. तनाव बर्दाश्त करने की शक्ति, जो धातुओ में विशेष होती है।

तप्त—hot.उतना गर्म जो छूने में अप्रिय लगे। मिला. कुनकुना, कोष्ण warm.।

तरंग—wave.किसी अक्षपर समान कम्पनों के साथ क्रमशः आगे बढ़ते हुए कणों की पंक्ति, जैसे किरण, जल आदि की।

गति—wave motion.स्थिर जल में किसी बिन्दु पर उत्पन्न विलोड़न का निश्चित गति से प्रसार।

trough of wave. तरंग में अक्ष से नीचे की ओर महत्तम लम्ब दूरी वाला विस्थापन बिन्दु। विप. तरंग शीर्ष (द्र.)। अप्रा तरंग-नांद, द्रोणी। दे. गर्त.

दैर्ध्य-wave tength. तरंग में दो अव्यवहित शृंगों के बीच अक्ष-समान्तर दूरी। इसका संकेत ग्रीक अक्षर गामा y है। y=v/n, जहां v= वेग, n= कम्पनावृत्ति। अप्रा. तरंग लम्बाई, तंरग-दूरी।

तरंग शृंग—wave crest. दे. शृंग crest.।

तल—level, plane. स्तर, सतह।

तलछल—sediment. अवसाद (द्र) के परिणाम-स्वरूप नीचे पेंदी में जमे ठोस कणों का समूह। प्राप. अवसाद।

तलमापी—level.तल क्षैतिज है या ढालू यह मापने का एक साधित्र। इसमें पानी से भरी एक अशंकित नली दाहिने-बाएं लगी रहती है; उसका बुलबुला बीच में दिखाई देने पर तल का क्षैतिज होना सिद्ध होता है, दाहिने या बांए दिखाई देने पर तल की वामप्लवता या दक्षिणप्लवता सिद्ध होती है।

तादात्म्य—edentity. अभेद, पूर्ण समानता।

ताप—temporature. ऊष्मा के संचरण से वस्तु में उत्पन्न एक गुण जो स्पर्श से ज्ञात होता है और वस्तु की प्रकृति और आयतन पर निर्भर करता है। यह थर्मामीटर से मापा जाता है। दे. तापमापी भी। प्राप. तापमान, टेम्परेचर। अप्रा. तापक्रम। heat के लिए भी ताप शब्द कहीं-कहीं चलता है, जैसे ताप देना, तापन, तापित आदि में; किन्तु इसके लिए टकसाली शब्द ऊष्मा (द्र.) है।

ऊपार्य—adiathermanous. ऐसा पदार्थ जिसे ताप अर्थात् ऊष्मा पार नहीं कर सकती है; जेसे ऐसूबेस्टस इत्यादि।

तापन—heating. ऊष्मा संचारित करके

किसी वस्तु का तापमान बढ़ाना। व्यु. तापित, ताप्य, इत्यादि।

मापी—thermometer. ताप (द्र.) को मापने का एक प्रसिद्ध उपकरण। यह अनेक प्रकार का होता है। साधारणतः एक घुंडी में पारा भर कर उसे एक केशनली से जोड़ दिया जाता है; तापमान बढ़ने पर पारा फैलकर केशनली में ऊपर चढ़ता है और इसी चढ़ाव से ताप का मान सूचित होता है। इसके तीन पैमाने प्रचलित हैं, सेन्टीग्रेड, फारेनहाइट और रिओमर (द्र.)। इनमें अब पहला ही चलता है। प्राप. थर्मामीटर; अप्रा. तापमापक यन्त्र।

तापान्तरमापी—differential thermometer. दो भिन्न-भिन्न वस्तुओं पर समान ताप की भिन्न-भिन्न प्रतिक्रिया दिखाने वाला थर्मामीटर।

तापीय—thermal. ताप अर्थात् टेम्परेचर सम्बन्धी जैसे ता. वेग इत्यादि।

ताम्र—copper. एक तात्विक धातु। प्रतीक Cu; प. भा. 63.6; प. क्र. 29; विशिष्ट विद्युत-प्रतिरोधकता 20° सें. पर 1.682; माइक्रोम प्रति घन सेमी^{3}; संयोजकता 1; आपे. घनत्व 8.9। ऊष्मा और विद्युत् का सुचालक, संक्षरण प्रतिरोधी। विश्व के अनेक भागों में खनिज यौगिक के रूप में प्राप्य। मुख्य अयस्क हैं-क्यूप्राइट, कैल्कोसाइट, कैल्कोपाइराइट, मैलेकाइट और ऐज्यूराइट। नाइट्रिक अम्ल और गर्म गन्धकाम्ल में विलेय। उन-विद्युत् तार, मिश्रधातु आदि में प्रप. तांबा।

सल्फेट—copper sulphate. सूत्र $CuSo_4$। व्यापारिक नाम तूतिया, थोथा blue vitriol। उत्पा-ताम्र के आक्साइड या क्षारक कार्बोनेट को तनु गन्धकाम्ल में मिलाने से; ताम्र पर सान्द्र गन्धकामल की अभिक्रिया सें नीला, रवादार, ठोस, विष, जल में विलेय। उप-हरा रंग बनाना, कीटाणुनाशक, नाम्र का शोधन।

ताम्रस—cuprous. एक संयोजक ताम्र वाला यौगिक।

आक्साइड—cuprous oxide. ताम्र का एक यौगिक। सूत्र Cu_2O। ताम्रिक लवण के क्षारीय घोल को ग्लुकोज से अपचित करके निकाला जाता है। उप- रूबी कांच के उत्पादन में, रंगलेपव बनाने में।

ताम्रस क्लोराइड—caprous chloride. सूत्र CuCl अथवा Cu_2Cl_2। ताम्र को कलोरीन में जलाने से या ताम्रिक क्लोराइड के अपचयन से प्राप्य। श्वेत, ठोस, अमोनिया, में विलेय। उप-गैस-विश्लेषण में शोषक के रूप में।

ताम्रिक—cupric. द्विसंयोजक ताम्रवाला।

आक्साइड-cupric oxide. सूत्र CuO। व्यापारिक नाम तांबे का काला आक्साइड। ताम्र नाइट्रेट के ताप अपघटन से प्राप्य। काला चूर्ण, जल में अविलेय, आक्सीकारक, अम्ल में घुलकर लवण देता है।

कार्बोनेट—cupric carbonate. सूत्र $CuCO_2$ मेलाकाइट और ऐज्यूराइट खनिज के रूप में प्राप्य।

क्लोराइड—cupric chloride. सूत्र $CuCl_2$, $2H_2O$ ताम्र के आक्साइड या कार्बोनेट का तनु हाइड्रोक्लोरिक अम्ल में घुलाने से प्राप्य। हरा रवादार, जलशोषक, पसीजनेवाला, ठोस। उप-डीकन विधि से क्लोरीन के

उत्पादन में उत्प्रेरक के रूप में।

नाइट्रेट—cupric nitrate. सूत्र $Cu(NO_3)_2$, $3H_2O$। ताम्र उसके आक्साइड, हाइड्रोक्साइड या कार्बोनेट को तनु नाइट्रिक अम्ल में घुलाने से प्राप्य हरा, रवादार, ठोस।

तार—string, wire सूत्र, डोरी।

की जाली wire gauge. ज्वालक में लौ को फैलाने के लिए ज्वालक पर रखी जानेवाली जाली।

तारत्व—pitch ध्वनि का एक गुण जो कम्पनावृत्ति के घनने-बढ़ने से कटता-बढ़ता हैं इसी गुण के अनुसार संगीत के स्वरों का श्रेणीकरण स रि ग म प ध नि रूप में हुआ है।

तिपाई—tripod.

तिर्यक—oblique. तिरछा, असमानान्तर (रेखा आदि) छेदी रेखा transversal. कई दी हुई सरल रेखाओं को काटने वाली सरल रेखा। प्राप. अनुप्रस्थ रेखा। अप्रा. निर्यक रेखा।

तीव्रता—intensity. किसी गुण या धर्म का परिमाण। विशेषतः (i) ध्वनि का वह गुण जिसके कारण वह दूर से कम या अधिक सुनाई देती है। यह गुण ध्वनि तरंगों की शक्ति की अल्पता या अधिकता से आता है। यह तारता pitch से एकदम भिन्न है। (ii) चुम्बकीय क्षेत्र के किसी बिन्दु पर इकाई उत्तरी ध्रुव रखने से उस बिन्दु पर पड़ने वाला बल। (iii)विद्युत क्षेत्र के किसी बिन्दु पर इकाई आवेश रखने से उस बिन्दु पर लगने वाला बल। (iv) इकाई क्षेत्र पर प्रति सेकेंड लम्ब रूप से पड़ते हुए प्रकाश का परिमाण।

तुंगता—दे. ऊंचाई altitude.

तुंगतामापी—altimeter. एक प्रकार का बैरोमीटर जो ऊंचाई (तुंगता) के अनुसार वायु-दाब में हुई कमी से किसी स्थान की ऊंचाई बताता है। इसके अंकपट्ट (डायल) में शून्य बिन्दु धरती की सतह का सूचक होता है। अप्रा. उच्चता मापक यन्त्र, ऊंचाई मापक।

तुलना—comparison. दो या अधिक वस्तुओं के परस्परिक साम्य और वैषम्य का अवधारण।

तुला—balance. किसी वस्तु का भार ज्ञात करने का एक प्रचलित साधित्र। यह दो प्रकार की होती है, पहली लीवर के सिद्धांत पर है और दो वस्तुओं का आपेक्षिक भार

बताती है; दूसरी भावाकर्षण सिद्धांत पर है, जो कमानीदार होती है। प्रयोगशाला मे अधिक सुग्राही (sensitive) तुला काम में लाई जाती है जिसके सहारे प्रायः मिलिग्राम के शतांश तक शुद्ध भार निकलता है। पुल के रूप में बनी विशाल तुला को तुला-सेतु weigh-bridge कहते हैं।

तुल्य—equal. प्राप. समान, बराबर, सम।

अनुपात का नियम-law of equivalent proportion. यह नियम कि तत्व अपने तुल्य भारों (द्र.) के अनुपात में या उनके किसी सरल गुणनात्मक अनुपात में ही संयोग कर सकते हैं।

कालिका-synchronious. साथ-साथ एक ही समय में होने वाला।

रूप-analogous. प्राप. अनुरूप, सदृश।

तुल्यांक–equivalent. (i) किसी तत्व या मूलक का, भार के अनुसार, उतना भाग जो हाइड्रोजन के 1 भाग या आक्सीजन के 8 भागों या क्लोरीन के 35.5 भागों से संयोग करता है, या उन्हें किसी यौगिक से विस्थापित करता है। (ii) यौगिक का तुल्यांक, भार के अनुसार, उसका उतना भाग है जितने में घटक क्रियाशील तत्व का एक भाग मौजूद हो; जैसे हाइड्रोक्लोरिक अम्ल के 36.5 भागों में एक भाग विस्थाप्य हाइड्रोजन है, अतः उस अम्ल का तुल्यांक 36.5 है। इसी प्रकार अम्ल का तुल्यांक वह भाग है जिसमें विस्थाप्य हाइड्रोजन का एक भाग मौजूद हो; क्षारक का तुल्यांक वह भाग है जो अम्ल के एक भाग से पूर्णतः प्रतिक्रिया कर नार्मल लवण बनावे, और नार्मल लवण का तुल्यांक वह भाग है जो अमल एवं क्षारक के एक-एक भाग की आपसी अभिक्रिया से बना हो। तु. परमाणु भार/संयोजकता। प्राप. तुल्यांकी भार।

तुल्यांकी भार–दे. तुल्यां equivalent.

विलयन-normal solution.ऐसा मानक घोल जिसके प्रति लीटर में ग्राम तुल्यांक लीटर घुला हो। प्राप. नार्मल विलयन; अप्रा. सामान्य घोल।

तुषार–frost.जब वायुमण्डल का तापक्रम 0° से. से कम हो जाता है तब सब्जियों पर संचित ओस-कण जम कर बर्फ बन जाते हैं; यही तु. कहलाते हैं। प्राप. पाला।

तृणमणि (अप्रा.)–दे. ऐम्बर amber.

तृतीयानुपाती–third proportional. दे समानुपात proportion. में।

तूतिया–दे. ताम्र सल्फेट copper sulphate.

तेजाब–दे. [illegible]ल acid.

तेल–oil तेल।

त्रिकोणमिति–trigonometry. वह गणितविधि जिसमें इष्ट कोण के सामने लम्ब डालने से बने त्रिभुज की भुजाओं के परस्परकि अनुपात के आधार पर दूरी, कोण का मान आदि निकाले जाते हैं।

त्रिकोणमितीय अनुपात– trigonometrical ratios. इष्ट कोण के सामने लम्ब डालने से बने त्रिभुज की विभिन्न भुजाओं का एक दूसरे के साथ अनुपात, जिससे उस इष्ट कोण का मान ज्ञात होता है, क्योंकि ये अनुपात भिन्न-भिन्न मान के कोणों के सदा भिन्न-भिन्न होते हैं। ये अनुपता हैंः-

(1) ज्या sin=लम्ब/कर्ण

(2) कोटिज्या cos=आधार/कर्ण

(3) स्पर्शज्या tan लम्ब/आधार

(4) व्युत्क्रमज्या cosec=कर्ण/लम्ब

(5) व्युत्क्रम कोटिज्या sec कर्ण/आधार

(6) कोटिस्पर्शज्या cot आधार/लम्ब

जो क्रमशः ज्या,

फलन–trigonometrical function. एक त्रिकोणमितीय अनुपात की दूसरे त्रि अनुपात पर निर्भरता।

समीकरण–trigonometrical equation.ऐसा समीकरण जिसमें एक या एक से अधिक त्रिकोणमितीय फलनों का समावेश हो। इसमें समीकरण की उपपत्ति के लिए अज्ञात कोणों के मान निकाले जाते हैं जो समीकरण के मूल root कहलाते हैं।

त्रिक्षारकी अम्ल–tribasic acid. ऐसा अम्ल जिसमें तीन प्रतिस्थाप्य हाइड्रोजन-परमाणु हों; जैसे H_3PO_4 इत्यादि। अप्रा. त्रिभस्मीय अम्ल।

त्रिज्यखंड–sector. किसी वृत्त में उसकी दो त्रिज्याओं और उनके अन्तःस्थित चाप से घिरा क्षेत्र। अप्रा. द्वैतिज्य।

त्रिज्या–radius. वृत्त के केन्द्र से उसकी परिधि तक लम्बात्मक दूरी। इसका संकेत r हैं **प्रप.** व्यासार्ध, अर्धव्यास।

त्रिभुज–triangle. तीन सरल रेखाओं से घिरा समतल चित्र। **प्राप** त्रिकोण।

त्रिसंयोजक–trivalent. जिसकी संयोजकता (द्र.) 3 है; जैसे ऐलु., लौह स्वर्ण इत्यादि। अप्रा. त्रिबन्धक।

त्रैराशिक नियम–rule of three. गणित की वह विधि जिससे तीन राशियों के आधार पर चौथी राशि ज्ञात की जाती है; जैसे 2 : 5 :: 4 : क यहां क= 5x4/2=10।

त्वरक–accelerator. सामान्यतः त्वरण (द्र.) लानेवाला; विशेषतः कार का उपकरण जो चाल को बढ़ाता है; रासायनिक परिवर्तन में क्षिप्रता (तेजी) लानेवाला पदार्थ।

त्वरण–acceleration. किसी वस्तु की चाल में परिवर्तन (ह्रास या वृद्धि) की दर। इसका मात्रक है सेमी/सेक^2 या फुट/सेक^2।

त्वरमान–acceleratory. क्रमशः त्वरण प्राप्त करता हुआ।

त्वरित–accelerated. त्वरण से युक्त।

त्वरित्र–accelerator. मोटर गाड़ी का एक उपकरण जो चाल बढ़ाने के लिए पांव से चापा जाता है।

थर्मस फ्लास्क–thermos flask. ऐसी बोतल जिसकी दीवारें ऊष्मा के लिए अपार्य होती हैं, ताकि न भीतर की ऊष्मा बाहर जाए और न बाहर की भीतर आए; और इस प्रकार भीतर का तापमान स्थिर रहता है।

थियोडोलाइट–theodolite. भूतलीय सर्वेक्षण में कोण मालूम करने का एक उपकरण, जिसमें लगी समायोज्य नली से वस्तु को देखने पर नली के सम्मुखस्थ अंकपट्ट में कोण सूचित हो जाता है।

थिसेल कीप–thistle funnel. प्रयोगशाला का एक उपकरण जिसमें लम्बी नली के ऊपर एक गोलाकार कीप लगा रहता है।

थैली–bladder. गैस या द्रव के संचयार्थ लचीले पदार्थ का बना थैला; खासकर जैव शरीर में जो आशय कहलाता है, जैसे मूत्राशय, पित्ताशय इ.।

दंड-चुम्बक–bar magnet. गोल या चौपहल छड़ की आकृति का लौह चुम्बक। **प्रप.** छड़-चुम्बक तुल. नाल-चुम्बक।

दक्षिण–right. दाहिनी ओर का।

ध्रुव–south pole. चुम्बकीय पदार्थ का वह सिरा जो निर्बाध स्थिति में स्वतः दक्षिणोन्मुख हो जाता है। दे. चुम्बकीय ध्रुव भी।

दक्षिण पक्ष–right hand side. गणित के समीकरण में वह राशि या राशिसमूह जो फल के रूप में बराबर के चिह्न के बाद दाहिनी ओर लिखा जाता है।

दक्षिणावर्त–clock-wise. बाएं से ऊपर होते हुए दाहिनी ओर तथा दाहिनी से नीचे होते हुए बाईं ओर जाने वाली चक्र-गति।

दमकल–fire engine. आग बुझाने के लिए बना पम्पवाला यन्त्र।

दर–rate. दो राशियों का अनुपात।

दर्पण–mirror. आपाती किरणों के पूर्ण परावर्त्तन से बनने वाला प्रतिबिम्ब देखने का उपकरण।

मुख (अप्रा.)-दे. द्वारक aperature.।

दशभुज–decagon. दस भुजाओं से घिरा समतल क्षेत्र।

दशमलव–decimal. इकाई के दशांश, शतांश आदि का सूचक भिन्नांक।

बिन्दु–decimal point. दाशमिक प्रणाली में संख्यालेखन में व्यवहृत वह बिन्दु जो सूचित करता है कि आगे के अंक क्रमशः इकाई के दशांश, शतांश आदि के बोधक हैं।

दहन–combustion.जलना।

दाब–pressure. किसी क्षेत्र पर पड़ने वाले भार का फैलाव जो भार/भारग्राही क्षेत्र के रूप में व्यक्त किया जाता है; जैसे ग्राम/सेमी^{2} या पाउंड/इंच^2। **अप्रा.** दबाव, चाप।

गेज–pressure gauge. बरतन में भरी गैस (वाष्प) का दाब मापने का एक यन्त्र। इसमें एक चिपटी नली वक्र करके लगाई रहती है, दाब के अनुसार उसकी वक्रता घटती जाती है और अंकपट्ट पर दाब का मान सुई से प्रकट होता है। इसे bourdon gauge (बर्डन गेज) भी कहते हैं।

दाबान्तरमापी–manometer.गैस का दाब मापने का एक उपकरणं यह u-नली के आकार का होता है जिसमें भरा पारा दाब के अनुसार ऊपर उठता है।

दाहक–caustic. जलाने या जीवित ऊतियों को नष्ट करने वाला।

क्षार–caustic alkali. त्वचा को धीरे-धीरे जला देने वाल क्षार, अर्थात् सोडियम ओर पोटासियम हाइड्रोक्साइड।

पोटाश–दे. पोटिसियम हाइड्रोक्साइड।

सोडा–दे. सोडियम हाइड्रोक्साइड।

दाह्य–combustible. जलने योग्य (वस्तु), जैसे कोयला, फास्फोरस इत्यादि।

दिक्परिवर्त्तक–commutator. विद्युत् मोटर में लगाई जानेवाली एक युक्ति जो आर्मेचर में प्रवाहित धारा की दिशा बदलती है। इसमें दो वलय-चाप विसम्पर्कित स्थिति में लगे रहते हैं, एक का सम्पर्क आर्मेचर के एक सिरे से रहता है और दूसरे का दूसरे सिरे से। आधा चक्कर लगाते समय एक चाप से धारा जाती है और बाद में दूसरे चाप से। इस युक्ति से ई.सी. करेंट को डी.सी. करेंट बनाया जा सकता है।

दिक्पात–declination. किसी स्थान पर चुम्बकीय अक्ष और भौगोलिक अक्ष से बना कोण।

दिक्मान–bearing. दो दिए हुए बिन्दुओं का पारस्परिक दिशात्मक सम्बन्ध, अर्थात् वे आंकड़े जिन के सहारे एक बिन्दु की अवस्थिति मालूम होने पर दूसरे की अवस्थिति मालूम की जा सकती है। **प्राप.** दिक् कोण; **प्रप.** दिक्स्थिति।

दिक्सूचक–magnetic campass. सूच्यग्र कील पर लगी चुम्बक सुई जिससे दिशा का ज्ञान होता है क्योंकि सुई चुम्बकीय आकर्षण के फलस्वरूप सदा उत्तराग्र रहती है। **प्राप.** कुतुबनुमा।

दि. धा.–D.C. दे. दिष्ट धारा direct current.

दिष्ट धारा–direct current. विद्युत् की वह धारा जो हमेशा केवल एक दिशा में

बहती है। दे. प्रत्यावर्ती धारा भी। **प्रप.** सरल धारा।

दीप—lamp. विद्युत्, गैस या तेल के जलने से प्रकाश देने वाला उपकरण।

दीप्त—bright. सोना, चांदी आदि की तरह चमकने वाला; भास्वर, चमकीला।

पिण्ड-luminious body. प्रकाश उत्सर्जित करने वाली वस्तु। चन्द्र, तारे।

दीर्घ ताप—major arc. दे. जीवा chord में।

दूरबीन—telescope. दूर की वस्तु को आवर्धित आकार में दिखाने वाला उपकरण। खगोलीय प्रेक्षण के लिए बने शक्तिशाली दूरबीन में दो लेन्स होते हैं, पहला आंख के निकट रखा जाता है जो अभिनेत्र लेन्स eye lens कहलाता है और दूसरा उपकरण के अन्त में रहता है जो अभिदृश्यक लेन्स object lens कहलाता है। प्राप. दूरदर्शक।

दूरी—distance. एक वस्तु से दूसरी वस्तु तक खींची गई सरल रेखा की लम्बाई।

दृढ़—rigid. वह जो शिथिल न हो।

दृश्य—visible. दिखाई पड़ने योग्य।

दृष्ट—apperent. खगोल विद्या में, वास्तव में वैसा रहे या न रहे, पर वैसा दिखाई देने वाला, जैसे चांद का चलना जब कि वस्तुतः चांद नहीं, देखने वाला स्वयं धरती के साथ चलता है।

दृष्टि—vision. देखने की शक्ति; sight.

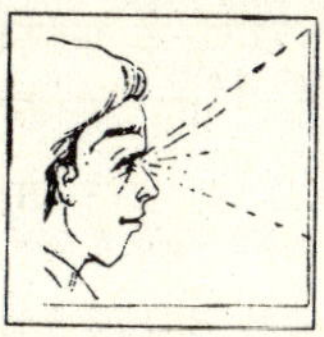

नेत्र की दिशा या क्षेत्र।

दोलन—oscilation. एक बिन्दु से दूसरे बिन्दु तक और फिर दूसरे बिन्दु से पहले बिन्दु तक बार-बार आना-जाना।

आयाम—दे. आयाम amplilude.

काल period of oscilation. दे. आवर्त्त—काल period. में।

विस्तार (अप्रा.) दे. आयाम amplitude. में।

द्युति—lustre. चमक; द्युतिमान lustrous. चमकीला।

द्रव—liquid. वैसी अवस्था वाला पदार्थ जब उसके कणों में कसावट कम रहने के कारण उसकी आकृति अनिश्चित रहती है, किन्तु आयतन निश्चित रहता है।

चालित—hydraulic. जल आदि द्रव के दाब से चलाया जानेवाला (यन्त्रादि)।

द्रवस्थैतिकी—hydrostatics. विराम अवस्था वाले जल का भौतिक अध्ययन. प्राप. द्रव स्थैतिक विज्ञान।

द्रवण—condensation. जलवाष्प का ठंडा होकर द्रव अवस्था में आना।

द्रवणांक—(अप्रा.) दे. गलनांक।

द्रवणित्र—condenser. वाष्प को ठंडा करके द्रव अवस्था में लाने का एक उपकरणं इसमें एक पतली नले से वाष्प प्रवाहित किया जाता है और वह नली एक मोटी नली के बीच में रहती है। मोटी नली से ठंडा जल प्रवाहित होता है। फलतः भीतरी नली का तामक्रम घट जाता है। अप्रा. शीतक, संघनित्र, संघनक।

द्रव्य—matter. संसार की कोई भी वस्तु द्रव्य है, जिसका लक्षण है स्थान छेंकना,

भारवान होना, दाब डालना, इन्द्रिय ग्राह्य होना इत्यादि। इसके विभिन्न प्रकार को पदार्थ substance कहते हैं और पदार्थ के पिण्ड को वस्तु object कहते हैं। दे. पदार्थ भी।

द्रव्यमान—mass. पदार्थ के किसी पिण्ड का परिमाण जो उस पर लगनेवाले भ्वाकर्षण-बल से (अर्थात् तौल से) ज्ञात किया जा सकता है। अप्रा. मात्रा।

संरक्षण का नियम—law of conservation of mass. यह नियम कि रासायनिक अभिक्रिया होने से किसी पदार्थ का कोई भी भाग नष्ट नहीं होता है, बल्कि उसका केवल स्थानान्तरण या रूपान्तरण होता है। अप्रा. द्रव्य की अनश्वरता का नियम।

स्पेक्ट्रोग्राफ—mass spectrograph. आस्टन द्वारा आविष्कृत एक यन्त्र जिसके सहारे धन आवेश वाले कण अपने द्रव्यमानों के अनुसार विभाजित किए जाते हैं।

द्वादशभुज—dodecagon. बारह भुजाओं से धिरा समतल क्षेत्र।

द्वारक—aperture. गोलीय दर्पण में उसकी परिधि का व्यास; या लेन्स होकर प्रकाश प्रक्षिप्त करने के गोलाकार विवर का व्यास। अप्रा. 'दर्पणमुख'।

द्विआम्लिक क्षारक—diacidec base. वह क्षारक जिसमें प्रतिस्थाप्य मूलक -OH की संख्या दो हो; जैसे $Ca(OH)_2$।

द्विलवण—double salt. दो लवणों के यौगिक; जैसे पोटासियम सल्फेट और ऐलुमिनियम सल्फेट का द्विक लवण फिटकरी (potash alum) है।

द्विक्षारकी अम्ल—dibasical acid. ऐसा अम्ल जिसमें दो प्रतिस्थाप्य हाइड्रोजन-परमाणु रहते हैं; जैसे H_2SO_4 इ.। अप्रा. द्विबेसीय, द्विभस्मीय।

द्विनेत्री—binocular. एक साथ दोनो आंखें लगाकर देखने का दूरबीन। प्राप. बाइनॉक्युलर।

द्विपरमाणुक—diatomic. ऐसे तत्व जिनके हर एक अणु में दो-दो परमाणु होते हैं, जैसे हाइड्रोजन, आक्सीजन, क्लोरीन, नाइट्रोजन इत्यादि।

द्विभुज—fork. लोहे का एक उपकरण जिसमें सींग की तरह दो छड़ें संलग्न रहती हैं। यह ध्वनितंरग के अध्ययन में काम आता है। दे. स्वारित्र द्विभुज tuning fork।

द्विसंयोजक—divalent. हाइड्रोजन के दो परमाणुओं के साथ मिलने या उनको विस्थापित करने में समर्थ। जैसे, H_2O में आक्सीजन हाइड्रोजन के दो परमाणुओं से मिला है, अतः यह द्वि. है।

धन—plus. योगात्मक, वृद्धिरूपक, सत्तात्मक। विप. ॠण।

धनविद्युती—electropositive. (i) विद्युत् के धन आवेश वाला; (ii) धन आयन छोड़ने की प्रवृत्तिवाला। अप्रा. विद्युत्धनीय, धनविद्युत्।

धन-विभव—plus potential. दे. विद्युत् विभव electric potential. में।

धनाग्र—(अप्रा.)-दे. ऐनोड, एलक्ट्रोड में।

धनात्मक (या धन)—positive. विद्युत आवेश दो प्रकार के होते हैं, सदृश आवेशों में परस्पर विकर्षण होता है और असदृशों में आकर्षण। एक प्रकार का आवेश धनात्मक कहलाता है, और दूसरे प्रकार का

ऋणात्मक—(negative)। विद्युत्-धारा जिस ध्रुव से चलती है वह ऋणात्मक होता है जिस ध्रुव की ओर जाती है वह घनात्मक। गणित से ऐसी राशि जिसके किसी अन्य राशि में मिलने से वह राशि बढ़ जाती है वह धनात्मक कहलाती है और जिसके मिलने से वह घट जाती है वह ऋणात्मक राशि।

धनायन—kation. (उच्चा. कैटायन) धन आवेश वाला आयन (द्र.) जो कैथोड की ओर दौड़ता है।

धनोद (अप्रा.)—दे. एलेक्ट्रोड electrode.।

धातु—metal. तत्वों का वह वर्ग जिसकी विशेषताएं हैं चमकीलापन, तन्यता, आघातवर्ध्यता, अधिक आपेक्षिक घनत्व, ऊष्मा और विद्युत की सुचालकता, अनुरणकता, अम्ल के साथ अभिक्रिया कर लवण बनाना, आक्सीजन छोड़ना आदि।

कर्म—metallurgy. अयस्कों से धातु निकालना उसे शुद्ध करना, उसके गुणधर्म का विवेचन-विश्लेषण करना इत्यादि धातु सम्बन्धी काम और अध्ययन।

मल—slag. धातुकर्म में गालक (flux) और अधात्री (gangue) के संयोग से उत्पन्न यौगिक; जैसे ताम्र-शोधन में लौह सिलिकेट, लौह शोधन मे कैल्सियम सिलिकेट इत्यादि।

धारा—current. दे. विद्युत-धारा electric current.

धारादर्शी—galvanoscope. यदि चुम्बक सुई से ऊपर और नीचे एक ही आविष्ट तार लाया जाए तो उस सुई में विचलन एक ही दिशा मे किन्तु दूना होता है; इस सिद्धांत के आधार पर बना एक यन्त्र जिससे बिजली की धारा का पता लगाया जाता है।

धारामापी—galvanometer. विद्युत-धारा मापने का एक यन्त्र। इसमें बिजली के इन्सुलेटेड तार कई फेरा लपेटकर कुण्डली बनाई जाती है और उसे दो छड़-चुम्बकों के उत्तर और दक्षिण ध्रुव के बीच में लटका दिया जाता है। चुम्बकीय बल से यह कुण्डली धारा के प्रभाव के अनुसार घूमती है और इसी धारा का प्राबल्य प्रकट होता है। प्राप. गैल्वेनोमीटर।

धारिता—capacity. किसी पात्र का अन्तर्वस्तु को अपने अन्दर समा पाने की क्षमता, जिसका मात्रक द्रवों के विषय में लीटर या घनमीटर है। विद्युत में, किसी पदार्थ का ताप एक डिग्री से बढ़ाने में जितनी ऊष्मा लगती है वह उसकी धारिता कहलाती है; दे. तापीय धारिता thermal capacity. भी।

धावन कुण्डी—wash basin. धोने का जल पात्र, कठौता, परात।

धावन-बोतल—wash bottle. धोने की बोतल।

धावन सोडा—washing soda. दे. सोडियम कार्बोनेट; प्राप. धोने का सोडा।

धुराग्र—pivot. किसी धुरी या कील का पतला अग्रभाग जिस पर कोई खांच वाली वस्तु बैठा देने से वह आसानी से चारों ओर घूम सके या दृढ़ होकर बैठ जाए। प्राप. कील।

धुराग्रस्थ—pivotec. प्राप. कीलकित।

धूपघड़ी—sun dial. एक उपकरण जो धूप की छाया की स्थिति से समय का ज्ञान कराता है।

धूम—fume. धुआं; किसी वस्तु के जलने के फलस्वरूप निकलने वाली गैस; सूक्ष्म ठोस कणों से युक्त गैस smoke. ।

धोने का सोडा—soda ash. रवादार सोडियम कार्बोनेट (द्र.)।

ध्रुव—pole. वास्तविक या कल्पित अक्ष का कोई सिरा चुम्बकीय अक्ष में एक सिरा उत्तर ध्रुव कहलाता है और दूसरा दक्षिण ध्रुव। (ii) गोलीय दर्पण में वक्र सतह का मध्य बिन्दु।

ध्रुवण—polarisation. (i) विद्युत्-अपघटन आदि विधि से अणु में धनावेश वाले और ऋृणावेश वाले कणों का पृथक्करण; (ii) सरल सेल में विद्युत्-अपघटन के फलस्वरूप हाइड्रोजन गैस बुलबुल के रूप में एलेक्ट्रोड (धातु के प्लेट) पर जमा हो जाती है जिससे धातु को गन्धकाम्ल से स्पर्श छूट जाता है और सेल निष्क्रिय हो जाता है; यही दोष पो. कहलाता है।

ध्रुवी—polar. किसी बिन्दु की किसी वृत्त के सम्बन्ध में ध्रुवी वह सरल रेखा है जो दिए हुए बिन्दु के विलोमतः खींचो गई हो और दिए हुए बिन्दु और केन्द्र को मिलाने वाली रेखा पर लम्ब हो। यह दिया हुआ बिन्दु उस ध्रुवी का ध्रुव है। देखें चित्र सं.....।

ध्रुवीय—polar. ध्रुव सम्बन्धी; दे. ध्रुव pole भी।

ध्वनि—sound. भौतिक घटनाओं का कर्णेन्द्रिय ग्राह्य संवेदन। ध्वनि कण्रेन्द्रिय द्वारा गृहीत होने के पहले, अर्थात् बहिर्जगत् में 'गति' के सिवाय और कुछ नहीं है; अतः गति ही ध्वनि का भौतिक स्वरूप है।

अभिलेखन—recording of sound. दे. फोनोग्राफ।

तरंग—sound wave. किसी वस्तु के कम्पन से वायु में उत्पन्न अनुदैर्ध्य तरंग (द्र.) acoustic wave भी यही है।

परावर्तन—reflection of sound. प्रकाश की ही तरह ध्वनि का भी परवर्तन होता है जिससे प्रतिबिम्ब की भांति प्रतिध्वनि का अनुभव होता है।

वर्धक (अप्रा.)—दे. प्रवर्धक amplifier.

विज्ञान—दे. ध्वनि की acousties.

वेग—velocity of sound. कोई कम्पित कण जब एक दिशा को जाती है तब उस दिशा की वायु में सम्पीड़न होता है और जब वह कण दूसरी दिशा को लौटता है तब अन्य दिशा में वायु में विरलन होता है। इस प्रकार सम्पीड़न और विरलन की प्रक्रिया जिस रफ्तार से सभी ओर बढ़ती है उसे ध्वनिवेग कहते हैं।

ध्वनिक—acoustic. ध्वनिसम्बन्धी।

ध्वानिकी—acoustics. भौतिकी की वह शाखा जिसमें ध्वनि का विवेचन किया जाता है। प्राप. ध्वनि विज्ञान।

नति—dip. पृथ्वी की परिणामी चुम्बकीय तीव्रता, किसी दिए हुए स्थल पर क्षैतिज दिशा से जो कोण बनाती है वह उस स्थल की नति है। अप्रा. अवपात, नमन .

कोण-angle of inclination. दे. नमन कोण angle of dip. ।

नमन कोण—angle of dip. वह कोण जो किसी दिए हुए स्थल पर पृथ्वी की परिणामी चुम्बकीय तीव्रता क्षैतिज दिशा के साथ बनाती है। प्राप. नति कोण।

सावधान-अवनमन-कोण इससे भिन्न है।

नभोनील—azure. आसमान जैसा नीला रंग।

नर्म—soft. मृदु, कोमल।

नवजात हाइड्रोजन—nascent hydrogen. फेरिक क्लोराइड के अम्लीय घोल में जस्ता डालने से बनी हाइड्रोजन गैस जो अत्यन्त क्रियाशील होती है, किन्तु समय बीतने से इसकी क्रियाशीलता घटती जाती है, इसीलिए यह न. हा. कहलाती है।

नाइट्रस अम्ल—nitrous acid. सूत्र HNO_2; केवल घोल रूप में प्राप्य। निर्बल, अवकारक, आक्सीकारक। उत्पा-लवण पर अम्ल की अभिक्रिया से।

आक्साइड—nitrous oxide. सूत्र N_2O; अणुभार 44; गलनांक 36.5से. (17.66 दाब पर)। उत्पा-अमोनियम नाइट्रेट को धीरे-धीरे गर्म करने से। रंगहीन, मन्द मधुर गन्धवाली, जल में विलेय, उदासीन,दहन की अपोषक गैस। इसका जलीय घोल मीठा होता है। उपयोग-अल्पमात्रा में निश्चेतन करने में, जैसे दांत उखाड़ने के समय।

नाइट्राइट—nitrite. नाइट्रस अम्ल का लवण। उत्पा-क्षारक धातु के नाइट्रेट को गर्म करने से।

नाइट्रिक अम्ल—nitric acid. सूत्र HNO_3; अणुभार 63; क्व. 78 सें.; घनत्व 1.45। इसका प्राचीन नाम euqafortis. (अर्थात् शक्तिशाली जल) है। उत्पत्ति बिजली चमकने पर नाइट्रोजन और आक्सीजन के संयोग से बना नाइट्रिक आक्साइड पानी और आक्सीजन के साथ अभिक्रिया कर ना. अ. बनाता है। भारत, मिश्र तथा चीली में शोरा (KNO_3) तथा चीली साल्टपीटर ($NaNO_3$) के रूप में प्राप्य। उत्पा-नाइट्रेट पर गन्धकाम्ल की अभिक्रिया से, अमोनिया के आक्सीकरण से, हवा के साथ आक्सीजन और नाइट्रोजन के संयोग से। रंगहीन, सरल, वाष्पशील, गन्धवान, जल में अति विलेय, संक्षारक, धातु का घोलक, वनस्पति और जीव को जलानेवाला, विस्फोटक, व्यापक अभिकारक।

आक्साइड—nitric oxide. सूत्र NO; अणुभार 30। रंगहीन जहरीली गैस, कठिनाई से द्रवीकृत होता है। फेरस सल्फेट के घोल में विलेय, पानी में नहीं। उदासीन, अदाह्य, अदाहक उत्पा-ताम्र या जस्ते पर नाइट्रिक अम्ल की अभिक्रिया से। उपयोग-प्रकोष्ठ विधि से गन्धकाम्ल बनाने में उत्प्रेरक के रूप में।

नाइट्रेट—nitrate. नाइट्रिक अम्ल में हाइड्रोजन को धातु य धातुसदृश मूलक से प्रतिस्थापित कर बना हुआ लवण। जैसे सोडियम ना., पोटासियम ना., अमोनियम ना., कैल्सियम ना., रजत ना. (द्र.)। उत्पा-धातु को या उसके आक्साइड या हाइड्राक्साइड या कार्बोनेट को नाइट्रिक अम्ल में घुलाने से। उप. खाद के रूप में, विस्फोटक बनाने में तथा नाइट्रिक अम्ल बनाने में।

नाइट्रोजन—nitrogen. अधातुतत्व। प्रतीक N; अणुसूत्र N_2; प. सं. 7; प.भा. 14; संयोजकता 3,5; गलनांक-209.86° से.; क्व. -195.8° सें.; घनत्व मा. ता. चा. पर 1.250 ग्राम प्रति ली.। वायुमंडल की गैसों में आयतनानुसार 75.5 प्रतिशत, यौगिक

रूप में पेड़-पौधों में प्राप्य। रंगहीन, गन्धहीन, अत्यल्प अभिक्रियाशील, द्विपरमाणुक, उदासीन, निष्क्रय गैस; न जलता, न जलाता। उत्प- हवा से आक्सीजन निकालकर या नाइट्रोजन के यौगिकों को अपघटित करके।

नाइट्रोजन चक्र—nitrogen cycle. जैव शरीर के माध्यम से नाइट्रोजन और उसके यौगिकों का रूपानतरण होने और पुनः शरीर के विघटित होने से उसका नाइट्रोजन बनने का चक्रीय सिलसिला।

ट्राइआक्साइड—nitrogen trioxide. एक यौगिक गैस। सूत्र N_2O_3; अ. भा. 76 उत्पा—आर्सेनिक ट्राइआक्साइड और नाइट्रिक अम्ल के आसवन से ($As_2O_3 + 2HNO_3 = As_2O_2 + N_2O_3 + H_2o$)। सामान्य तापपर लाल, बादामी रंग की गैस, निम्न तापपर नीले रंग का द्रव।

परआक्साइड—nitrogen per oxide. सूत्र No_2; अणुभार 46। उत्पा- एक आयतन आक्सीजन में दो आयतन नाइट्रिक आक्साइड मिलाने से; लेड नाइट्रेट को गर्म करने से [$2Pb(NO_3)_2 = 2PbO = 4NO_2 + O_2$]। श्वेत, रवादार, ठोस;दम घुटाने वाली गन्ध; जहरीला, दहन का अपोषक, जल में विलेय, आक्सीकारक।

पेन्टाक्साइड—nitrogen pentoxide. सूत्र N_2O_5। उजला, रवादार, ठोस, प्रबल आक्सीकारक; गल. 30° सें.। जल में घुलकर नाइट्रिक अम्ल बनाता है। 40° सें. पर अपघटित होकर नाइट्रोजन परआक्साइड और आक्सीजन बनाता है। यह nitric anhydride भी कहलाता है।

नाइलॉन—nylon. एक प्लास्टिक पदार्थ जो एडिपिक अम्ल और हेक्सामिथिलीन डाइ एमीन की अभिक्रिया से बनता है। इससे कपड़े के धागे, ब्रश आदि बनते हैं।

नॉट—knot. समुद्री दूरी का यूरोपीय मात्रक=6020 फुट।

नाद-पेटी—sound box. परावर्तन और संकेन्द्रण द्वारा ध्वनि को तीव्र बनाने का एक उपकरण जो ग्रामोफोन रेडियो आदि में रहता है। प्राप. साउन्ड बक्स।

नाभिक—nucleus. परमाणु-संरचना में धन आवेश से युक्त केन्द्रीय भाग। परमाणु का सारा द्रव्यमान वस्तुतः यही होता है क्योंकि अन्य घटक कणों का भार शून्य-सा है। इसमें प्रोटान और न्यूट्रान रहते हैं जिनके चारों ओर ॠणात्मक इलेक्ट्रान चक्कर काटते रहते हैं। प्राप. केन्द्रक, न्यूक्लियस; अप्रा. न्यष्टि।

नाभिकीय—nuclear. नाभिक सम्बन्धी, परमाणु संरचना सम्बन्धी।

नारंगी—orange. सन्तरा नींबू जैसा रंग, जो वर्णपट में लाल से आगे है।

नार्डहाउजेम गन्धकाम्ल—Nordhausem sulphuric acid. सधूम गन्धकाम्ल (द्र.) का नामान्तर, जो जर्मनी के एक नगर के नाम पर पड़ा है। जहां इसका आविष्कार हुआ।

नार्मल लवण—normal salt. ऐसा लवण जो न अम्लीय हो और न क्षारकी; अर्थात् जिसमें हाइड्रोजन परमाणु या -OH आयन का अभाव हो। जैसे Na_2SO_4 अप्रा. सामान्य लवण।

नाल—barrel. बन्दूक आदि का मोटा नल

जिससे गोली या हवा प्रणोदित की जाती है।

चुम्बक—horse shoe magnet. घोड़े के आकार में मोड़ी चुम्बक लोहे की छड़।

नली-U-tube रोमन कैपिटल यू की आकृति में मोड़ी हुई नली जो कई प्रयोगों में काम आती है। अप्रा. U-नली, यू-नली।

निऑन—neon. एक तात्विक निष्क्रिय गैस। प्रतीक Ne; संयोजकता शून्य; रंगहीन, गन्धहीन, एक परमाणुकं यह वायुमंडल में दस लाख में 18 भाग रहता है। उप-प्रकाशोद्विरण दीपों में।

लैम्प—neon lamp. वह बिजली बत्ती जिसके बल्ब या नली में निऑन गैस भरी रहती है। यह लाल रोशनी देती है और विज्ञापनाक्षरों में लगाई जाती है।

निकटवर्ती (अप्रा.)—adjecent. दे. संलग्न।

निकल्सन का हाइड्रोमीटर—Nicolson's hydrometer. एक प्रकार का उत्प्लव घनत्व मापी, जिसके सिरे पर एक थाली रहती है और ऊपर डाले भार के आधार पर द्रव का घनत्व मालूम होता है।

निकाय—system. पृथूक-पृथूक अवयवों का समूह जो सम्मिलित रूप से कोई काम करता हो, जैसे ग्रह-निकाय planetary system.

निकेल—nickel. एक तात्विक धातु। प्रतीक Ni; प. भा. 58.69; प. क्र. 28; वि. गु. 20° से. पर 8.85; गल. 1450° सें.। वर्ण चांदी-सा। उप-कलई करने में, सिक्का बनाने में, तथा कई धातु मिश्रणों में।

निक्षेप—deposite. क्रमशः आ-आकर तल में जमा होना; जैसे बाढ़ के पानी के साथ आई हुई मिट्टी का खेतों में जमाव।

निथारना—decantation. द्रव में नीचे बैठे अनघुल ठोस को हिलाए बिना ऊपर के साफ द्रव को अलग करना। प्राप. निस्तारण।

निदर्शित करना—demonstrate. जिज्ञासु के सामने प्रयोग करके दिखाना।

निमज्जन—immerse. डूबना या डुबाना।

निमज्जक हाइड्रोमीटर—immersion hydrometer. वह सरल हाइड्रोमीटर जो सीधे द्रव में उपला दिया जाता है और डूबे हुए अंश से उस द्रव की गाढ़ता मालूम होती है।

नियंत्रक (अप्रा.)—regulator. किसी यन्त्र का वह उपकरण जो उस यन्त्र की गति को इष्ट सीमा तक या इष्ट मात्रा में नियमित रखता है और समायोजनं द्वारा घट-बढ़ ला सकता है। प्राप रेगुलेटर।

नियम—law. भली भांति परीक्षित प्रयोग द्वारा स्थापित कार्यकारणभाव; जैसे गुरुत्वाकर्षण का नियम।

नियमित—regular. किसी निश्चित नियम या कालक्रम पर चलने वाला।

परावर्तन—regular reflection. सतह के समतल और चिकनी होने के कारण उस पर पड़ी किरण का परावर्तन पूरा-पूरा और सुव्यवस्थित रूप में होता है और साफ प्रतिबिम्ब बनता है; यही नि. प. है किन्तु सतह के ऊबड़-खाबड़ रहने पर परावर्तन यत्र-तत्र दिशाओं में बेतरतीब हो जाता है, जिससे प्रतिबिम्ब नहीं बन पाता; ऐसा परावर्तन अनियत कहलाता है।

निरपेक्ष घनत्व—absolute density. किसी पदार्थ के आयतन और द्रव्यमान का अनुपातं द्रव्यमान/आयतन या ग्राम/सेमी^{3}।

घन-प्रसार-गुणांक, द्रव का-absolute co-efficient of cubical expansion of liquid.किसी द्रव के ताप में इकाई डिग्री की वृद्धि से उसके इकाई आयतन में होने वाली वृद्धि। इसका संकेत ग्रीम अक्षर गामा y है y=ya+g (जहां ya= सापेक्ष प्रसार-गुणांक और g= पात्र के आयतन का प्रसार-गुणांक।

निरापद दियासलाई—safety match. पोटेशियम क्लोरेट, गोंद और चारकोल की बुकनी के मिश्रण से युक्त सिरेवाली सलाई जो लाल फास्फोरस, ऐंटिमनी सल्फाइड, कांचचूर्ण और गोंद से लिये कागज पर रगड़ने से जलती है, जहां-तहां रगड़ने से नहीं; इसलिए खतरनाक नहीं होता है। अप्रा. सुरक्षित दियासलाई।

निरुदित (अप्रा.)—दे. निर्जल anhydrous.।

निर्गत किरणें—emergent rays. प्रिज्म आदि माध्यम से होकर निकली हुई किरणें।

निर्जल—anhydrous. ऐसा पदार्थ जिसमें से रवाजल हटा दिया गया है। अप्रा. निरुदित, अजल।

निर्जल करना—dehydrated. तापन, आसवन या रासायनिक क्रिया द्वारा क्रिस्टल आदि से जल हटाना, अथवा ऊष्मा के प्रभाव से किसी पदार्थ के अणु से H_2O तोड़कर निकालना। निर्जलित, निर्जलीकृत-dehydrated.

निर्देश—reference.

कोण—reference angle. वह कोण जिसको आधार बनाकर कोई अन्य कोण निकाला जाता है।

बिन्दु—reference point. वह बिन्दु जिसको आधार बनाकर दूरी आदि मापी जाती है।

निर्देशांक—coordinate. दे. निर्देशाक्ष; अप्रा. नियामक।

निर्देशाक्ष—axis of reference. एक दूसरी को लम्ब रूप में काटती हुई दो ऐसी कल्पित रेखाएं जिनसे किसी इष्ट बिन्दु की दूरी ज्ञात हो तो उस बिन्दु का स्थान ज्ञात किया जा सकता है। इनमें से ऊपर या नीचे की ओर पड़ने वाली रेखा भुजाक्ष (axis of abscissa) कहलाती है, और दूसरी रेखा को ट्यक्ष (axis of ordinate)। दोनो अक्षों के कटान-बिन्दु को मूल बिन्दु (origin) और मूल बिन्दु से कोटि तक की दूरी को भुज (abscissa) कहते हैं। कोटि और भुज दोनो मिलकर निर्देशांक कहलाते हैं। दे. आरेख सं.....।

निर्द्रव बैरोमीटर—aneriod barometer. एक प्रकार का बिना पारा या किसी द्रव का बैरोमीटर जिसमें एक खोखला कोष्ठ रहता है, जो वायुमण्डल के दाब के घटने-बढ़ने से फैलता-सिकुड़ता है।

निर्मलक—clearing agent. वह पदार्थ जो डालने से कोई अन्य पदार्थ साफ या पारदर्शक हो जाता है; जैसे गंदलेपानी के लिए फिटकरी।

निर्माण—constrction. घटक अवयवों का संश्लेषण या जुड़ाव। प्रप. रचना।

निर्मुक्त होना—release.रसायन में किसी पदार्थ से घटक अणु का निकलना।

निर्मेय—problem. रेखागणितीय आकृति की रचना करने के लिए दी गई समस्या।

निर्वात—vacuum. शून्य अवकाश जहां वात भी न रहे।

निवेश—input. यन्त्रादि में बाहर से लगाया जाने वाला बल आदि साधन जो यान्त्रिक लाभ प्राप्त करके वर्धित हो जाता है। दे. उत्पादन output भी।

निष्कर्ष—conclusion. प्रमेय की प्रतिज्ञा का अन्तिम भाग जिसमें सिद्ध तथ्य का उल्लेख रहता है; जैसे "इसलिए सिद्ध हुआ कि कोण क=कोण ख।"

निष्कर्षण—extraction. अशुद्धि मिश्रित पदार्थ से शुद्ध पदार्थ को निकालने की प्रक्रिया। किसी घोलक में शोध्य पदार्थ को घुलाकर या रवाकरण करके यह किया जाता है।

निष्क्रिय—inactive. किसी भी पदार्थ के साथ किसी भी स्थिति में रासायनिक रूप से न मिलने वाला, या शून्य संयोजकता वाला। इस तरह की कुछेक गैसें वायुमंडल में पाई जाती हैं; जैसे हिलियम, निऑन, आर्गन आदि।

करना—inactivate. किसी उत्प्रेरक, सरेम आदि को निष्प्रभाव बनाना।

निष्क्रियण—deactivation. रासायनिक अभिक्रिया से किसी पदार्थ की सक्रियता समाप्त कर देना।

निष्पन्द—node. अप्रतिगामी तरंग (द्र.) में वह स्थान जहां दोलन-विस्तार शून्य होता है। दो निष्पन्दों के बीच की दूरी तरंग-दैर्ध्य की आधी (y/2) होती है।

निस्तापन—calcination. अयस्क आदि को इतना तपाना कि उससे गैसीय या वाष्पशील पदार्थ उड़ जाएं किन्तु अयस्क गले नहीं।

निस्यन्द—filbrate. दे. निस्पन्दन। अप्रा. छनित, फिल्टरित।

निस्यन्दक—filter. द्रव पदार्थ को छानकर शुद्ध करने का उपकरण। प्राप. छन्ना, फिल्टर।

पत्र—filter paper. एक प्रकार का सूक्ष्म छिद्रों वाला कागज जिससे द्रव छाना जाता है। प्राप. फिल्टरपत्र, अप्रा. छन्ना-पत्र, छन्ना कागज।

निस्यन्दन—filteration. द्रव को किसी सरन्ध्र माध्यम से पार कराकर ठोस कणों से रहित करना। इस क्रिया से जो वस्तु माध्यम पर टिक जाती है वह अवशेष residue कहलाती है और जो पार चली जाती है वह निस्यन्द filtrate. कहलाती है। प्राप. फिल्टरन, छनाई।

नीललोहित—purple. बैंगनी रंग का।

नीला थोथा—blue vitriol. सजल ताम्र सल्फेट का प्रचलित नाम। यह ताम्र की खान से निर्गत जल में मिलता है।

नेत्रिका—eye-piece. सूक्ष्मदर्शी का वह छोर या द्वार जहां देखने के लिए आंख लगाई जाती है। ocular.

नेमि—rim. पहिये का बाहरी वलय जो अरों (स्पोकों) द्वारा नाभि से जुड़ा रहता है।

नैट्रियम—natrium. सोडियम का प्राचीन नाम। इसी के आधार पर इसका प्रतीक Na है।

नौसादर—ammonium chloride. तथा sal ammoniac दे. अमोनियम क्लोराइड।

न्यूटन का गति नियम—Newton's law of motion. (i) कोई वस्तु बाहरी बल न लगने तक या तो विश्राम की अवस्था में रहेगी या एक सीधी रेखा पर एकरूप वेग से चलती

रहेगी; (ii) वस्तु के संवेग (momentum) के परिवर्तन की दर लगते हुए परिवर्तन के अनुपाती होती है और इस परिवर्तन की दिश और रेखा वही रहती है जिस दिशा में या रेखा पर बल लग रहा है; (iii) प्रत्येक क्रिया की एक विपरीत और समान प्रतिक्रिया होती है, अथवा दो वस्तुओं की पारस्परिक प्रतिक्रियाएं समान और विपरीत होती हैं।

न्यूटन की चकरी—Newton's disc. एक वृत्ताकार तख्ती जिसमें एक निश्चित अनुपात में सात त्रिज्यखंड बनाकर एक-एक खंड को वर्णपट के अनुसार क्रमशः सात रंगों में रंगा रहता है। इस चकरी को नचाने से उसका रंग श्वेत दिखाई देता है जिससे यह सिद्ध होता है कि श्वेत रंग सात रंगों का समूह है।

न्यूट्रॉन—neutron. हर परमाणु के नाभिक में पाया जानेवाला एक कण (आयन) जो न तो ऋण आवेश से युक्त होता है, न धन आवेश से। यह द्रव्यमान में प्रोटान के बराबर-सा होता है। इसकी संख्या परमाणु भार और परमाणु क्रमांक के अन्तर के बराबर होती है।

न्यून कोण—acute angle. ऐसा कोण जो एक समकोण अर्थात् 90° से छोटा हो।

पंच—quinque. पांच; जैसे पंचसंयोजक quinquevalent. इत्यादि।

दश—quindeca. पन्द्रह-जैसे पंचदशभुज पन्द्रह भुजाओं वाला (बहुभुज) quindecagon.।

भुज—pentagon. पांच भुजाओं वाला क्षेत्र।

संयोजक—pentavalent. ऐसा (पदार्थ जिसकी संयोजकता पाच है; जैसे Sb, As, N, P इत्यादि। अप्रा. पंचबन्धक।

पंचांग—almanac. ग्रह नक्षत्रों की स्थिति के दैनिक विवरण का वार्षिक संकलन।

पक्ष—side समीकरण का दायां या बायां भाग।

पक्षान्तरण—transposition. गणितीय समीकरण में एक पक्ष से किसी राशि (पद) को हटा कर विपरीत चिह्न (अर्थात् धन के बदले ऋण और ऋण के बदले धन) लगाकर दूसरे पक्ष में ले जाना; जैसे 4+3+6=8+5 या 4+3=8+5-6। अप्रा. पक्षान्तरानयन।

पतला लेन्स—thin lens. ऐसा लेन्स जिसकी मोटाई नाभ्यन्तर आदि मानों की तुलना में नगण्य होती है।

पद—term. बीजगणितीय राशिमाला में धन (+) या ऋण (–) चिह्न से युक्त अलग-अलग भाग; जैसे व्यंजक 5a + ab÷c×d ÷ 8c×f÷g में प्रथम पद 5a, द्वितीय पद ab÷cxd और तृतीय पद 8cxf÷g है।

पदार्थ—(i) substance. दे. द्रव्य matter में। (ii) material. सामग्री।

पदिक त्रिभुज—pedal triangle. त्रिभुज के भीतर उसके संगामी लम्बों के मूल बिन्दुओं को मिलाने से बना त्रिभुज।

पद्धति—system. क्रमबद्ध प्रणाली; जैसे दाशमिक पद्धति decimal system फुट-पाउन्ड सेंकन्ड पद्धति इत्यादि।

पद्म राग—ruby. एक प्रकार का रत्न; प्राप. माणिक्य, लाल, याकूत।

पनडुब्बी—submarine. पानी के भीतर गोता लगाने और उपलाने वाला जहाज। इसमें एक जलकोष्ठ रहता है, जिसमें पानी

भर देने पर जहाज भारी हो जाता है और नीचे की ओर उतरने लगता है, किन्तु कोष्ठ से पानी निकाल देने पर हल्का होकर उपलाने लगता है। प्रप. गोताखोर।

पम्प—pump. दाब के सहारे गैस या द्रव को ठेलने वाला उपकरण। दे. वायुपम्प air pump और निर्वातक पम्प exhaust pump भी।

पर—°per° एक यौगिक (द्र.) में जितने आक्सीजन परमाणु रहते हैं उनसे अधिक आ. प. वाले यौगिकों के नामों में लगने वाला एक उपसर्ग; जैसे H_2SO_4 सल्फ्यूरिक एसिड, किन्तु H_2SO_5 परसल्फ्यूरिक एसिड।

परआक्साइड—peroxide. ऐसा आक्साइड जिसमें केन्द्रीय परमाणु की संयोजकता अधिक रहती है; जैसे सोडियम पर आक्साइड Na_2O_2; बेरियम प. BaO_2।

परकार—compasses. चाप या वृत्त

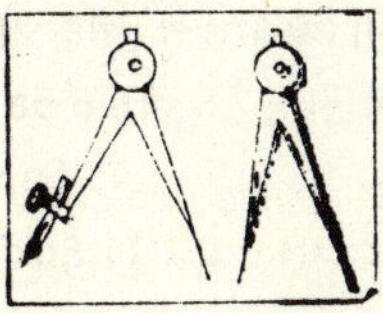

बनाने तथा दूरी मापने या अंकित करने का एक रेखागणितीय उपकरण। इसमें दो बाहुएं कील पर एक जगह जुड़ी रहती है; आमतौर से एक बाहु के अन्त में पेन्सिल लगाने का शिकंजा रहता है और दूसरी बाहु का अन्त केन्द्र में रखने के लिए नोकदार बना रहता है।

परखनली—test tube. कांच की गोल नली जिसका एक सिर बन्द रहता है; इसमें प्रयोग के क्रम में प्रतिदर्श गर्म किया जाता है। प्राप. परीक्षण-नली।

परत—layer. स्तर।

परदा—screen. आवरण।

पर-पद—consequent. समानुपात (द्र.) के चार पदों में अन्त से दो पद।

परम ताप—absolute temperature. ताप का वह मान जो ऊष्मा गतिक तामक्रम (thermo dynamic scale) के आधार पर निकलता है और परम शून्य (द्र.) की अपेक्षा निकलता है।

तापक्रम—absolute scale of temperature. वह तापक्रम (ताप का स्केल) जो परम शून्य (द्र.) से शुरू होता है।

शून्य, ताप का—absolute zero of temperature. वह तापमान जहां जाकर नियत आयतन पर रखी आदर्श गैस (द्र.) किसी दाब का अनुभव नहीं करती है।

परमाणु—atom. तत्व का वह सूक्ष्म कण जो साधारण रासायनिक अभिक्रिया से खंडित नहीं किया जा सकता है और सभी रासायनिक परिवर्तनों में भाग लेता है। यह तीन तरह के मूल कणों से बना होता है—इलेक्ट्रान, प्रोटॉन और न्यूट्रॉन। सावधान—अणु (द्र.) का अर्थ इससे भिन्न है।

क्रमांक—atomic number. भारक्रम से विन्यस्त तत्वों के बीच किसी तत्व का क्रमांक। यह उस तत्व के नाभिक में उपस्थित घनात्मक आवेशों की कुल संख्या के बराबर होता है। अप्रा. परमाणु-संख्या।

पुनर्विन्यास—rearrangement of atoms. किसी यौगिक पर ऐसी अभिक्रिया करना जिससे उसके अणु में परमाणुओं का विन्यास नये ढांचे में हो जाए; जैसे

अमोनियम सायनेट से यूरिया।

भार—atomic weight. किसी तत्व के सम्बन्ध में वह संख्या जो बताती है कि उस तत्व का एक परमाणु हाइड्रोजन के एक परमांणु से कितना गुना भारी होता है।

संख्या (अप्रा.)-दे. परमाणु-क्रमांक atomic number

परमाणु-संरचना—atomic structure. परमाणु में एक छोटा नाभिक रहता है जो परमाणु का द्रव्यमान है। इसमें परमाणु-क्रमांक के बराबर घनावेश रहता है। इससे बहुत दूर पर इसके चारों ओर इसके परमाणु-क्रमांक के बराबर इलेक्ट्रान होते हैं और बाहरी इलेक्ट्रान ही मुख्यतः रासायनिक गुणों के नियामक होते हैं दे. आरेख सं....।

परमाणु-सिद्धांत—atomic theory. परमाणु सम्बन्धी मत।

परमाण्वीय—atomic. परमाणु सम्बन्धी।

परमैंगनेट—permangnate. दे. पोटैशियम परमैंगनेट में।

परावर्तक—reflector. रोशनी को परावर्तित करने के लिए प्रदीप के बगल में लगाया जानेवाला ढक्कन। यह चमकीली और चिकनी सतह का होता है ताकि परावर्तन से प्रदीप की तीव्रता बढ़े। प्राप. रिफ्लेक्टर।

परावर्तकता—reflection power. टकराई हुई किरण को परावर्तित करने की शक्ति जो हर तरह की सतह में भिन्न-भिन्न होती है।

परावर्तन—reflection. जब किरण या ध्वनि किसी ठोस सतह से टकराती हैं तब वह एक निश्चित दिशा में सहसा लौट जाती है; यही प. है । दे. नीचे।

-का नियम—laws or reflection. प्रकाश जब चिकनी और चमकीली सतह (खासकर) समतल दर्पण पर पड़ता है तो उसे टकराकर नई दिशा में लौटता है। लौटने के दो नियम हैं। (1) आयतित किरण, परावर्तित किरण और अभिलंब तीनों एक ही तल में होते हैं; और (2) आपतन कोण सदा परावर्तन कोण के बराबर होता है।

कोण—angle of reflection. अभिलंब (द्र) और परावर्तित किरण के बीच का कोण, जो सदा आपतन-कोण के बराबर होता है।

परावर्तनी भट्टी—reverberatory furnace. वह भट्टी जिसमें लौ जलाई जाने वाली वस्तु के ऊपर (न कि नीचे) से लगाई जाती है और वह निकटवर्ती छत से परावर्तित होकर वस्तु से गुजरती है।

परावर्तित किरण—reflected rays. किसी सतह पर आपतित होने (टकराने) के बाद लौटी हुई किरण। यह हमेशा एक नियम के अनुसार निश्चित दिशा में लौटती है।

परावैद्युतांक—dielectric constant. दो आवेश-बिंदुओं के बीच के माध्यम का वह स्थिरांक जिसके अनुसार वह आवेश के बिल को सीमित करता है। इसका संकेत रोमन अक्षर kK है। जैसे, जहां F=cy, qu= प्रथम आवेश का बल, qu_2 द्वितीय आवेश का बल। अप्रा. विद्युत्पार्य सिथरांक। प्राप. डाइइलेक्ट्रिक स्थिरांक।

परास—range. अधिकतम गम्य क्षेत्र।

परिकल्पना—hypothesis. विशेष विवेचन के लिए कोई तथ्य कच्चे तौर पर तत्काल के लिए या आधार के रूप में मान लेना। यह प्रमेय की प्रतिज्ञा का पहला भाग है।

परिकेंद्र—circumcetre. दे. परिवृत्त में।

परिक्रमण—revolve. चारों ओर चक्कर काटना, जैसे स्थिर धुरी पर पहिये का। किंतु लट्टू खुद परिभ्रमण करता है, परिक्रमण नहीं। अप्रा. चक्कर।

परिक्रामी रेखा—revolving line. दे. कोण angle में। अप्रा. परिभ्रमण-रेखा।

परिगन—circumscribed. किसी समतल आकृति के सभी कोणीय बिंदुओं का स्पर्श करते हुए खींचा गया (क्षेत्र)।

परिच्छेद—section. किसी ठोस के अभ्यंतर का वह समतल जो ठीक-ठीक वहीं से काटने पर दिखाई देता। प्राप. काट।

परिणामित्र—tramsformer. एक विद्युत-उपकरण जो एक वोल्टता पर प्राप्त विद्युत् ऊर्जा को बदल कर दूसरी वोल्टता पर सम्प्रेषित करने के उपयुक्त बनाता है। प्राप. ट्रांसफार्मर।

परिणामी—resullant. विभिन्न पहलुओं (कारकों facters) के परिणाम स्वरूप निकला।

-बल—resultant force. एक ही वस्तु पर लगने वाले कई बलों से फलित बल। दे. बल-समांतर चतुर्भुज parellelogram of forces भी।

परित्रिज्या—circumradius. दे. परिवृत्त circumeirele में। अप्रा. परिव्यासार्थ।

परिदर्शी—periscope. एक प्रकार का दूरबीन जिसके सहारे परोक्ष वस्तु देखी जा सकती है। इसमें एक नली में दो दर्पण इस प्रकार लगे रहते हैं कि ऊपरी दर्पण पर आपतित किरण परावर्तित होकर निचले दर्पण पर पड़ती है और वहां से पुनः परावर्तित होकर दर्शक की आंख में आती है। इस प्रकार दर्शक ऊपरी दर्पण के सामने की वस्तुओं का प्रतिबिंब देख लेता है।

परिधि—circumference. वृत्त को घेरने वाली चक्रकार रेखा। गौर करें—वृत्त एक क्षेत्र है, पर परिधि उस की सीमारेखा है। इसका मान = व्यास x पस अर्थात् व्यास x 3.1416 है।

परिपथ—circuit. विद्युत-धारा के संचरणार्थ घन-ध्रुव से ऋणध्रुव तक और पुनः वहां से धनध्रुव तक संबद्ध तारों की माला या ऐसी माला से होकर घूमने का रास्ता। सेल में इस रास्ते का जो भाग सेल के भीतर पड़ता है वह आंतरिक परिपथ inner circuit कहलाता है, जो बाहर पड़ता है वह बाह्य परिपथ outer circuit।

परिमाण—amount, quantity. मात्रा; विपुलता, दैर्ध्य magnitudi.

परिमाणात्मक—quantitatice. मात्रात्मक।

परिमाप—perimeter. किसी समतल क्षेत्र को चारों ओर से घेरने वाली सभी रेखाओं का योगफल।

परिमेय संख्या—rational number. वह संख्या जो भिन्न के रूप में प्रकट की जा सकती है; जैसे किंतु √2 परिमेय नहीं है।

परिवृत्त—eircumsecibed circle या circumcirele त्रिभुज के तीनों शीर्षों को छूनेवाला वृत्त। ऐसे वृत्त के केंद्र को त्रिभुज का परिकेंद्र circumcentre कहते हैं। अप्रा. परिगत वृत्त।

परिष्करण—दे. शोधन refimiment.

परिशुद्ध ऐल्कोहाल—abyolute alcohol. जलरहित अल्कोहल। वि. गुरुत्व 15.5 सें

पर 793; क्व. 78.4° सें.। रेक्टिफाइड स्पिरिट के शोान से बनाया जाता है। अति आर्द्रता ग्राही होता है।

परिष्कृत—fine, शोधित।

परिसंचरण-तंत्र—circulatory system. रुधिर का हृदय से निकल कर धमनियों और शिराओं में, वहां से फेफड़ों में और फिर वहां से हृदय में आना रुधिर का परिसंचरण कहलाता है। यह काम करते रहने वाला अवयव-निकाय प. तंत्र है।

परिसर—range, maximum variaction. घट बढ़ की परिसीमाएं।

परीक्षण—test. कार्यकारिता या फलप्रदता आंकने के लिए आजमाइयशी तौर पर प्रयोग। प्राप. परख।

पट्टिका—proof plate. अचालक छड़ पर जड़ी हुई धातु की एक चकली जिससे पता लगता है कि कोई प्रेरित आवेश ऋणात्मक है या धनात्मक। आविष्ट वस्तु का स्पर्श कराकर इसे विद्युत-दर्शी का स्पर्श कराते हैं। जिसकी पत्तियों की स्थिति से आवेश का प्रकार प्रकट होता है।

पर्णहरित—clorophyll. पौधों में पाया जाने वाला एक रंजक पदार्थ जो पत्तों और टहनियों को रग देता है। यह प्रकाश-संश्लेषण (द्र.) में उत्प्रेरक का काम करता है।

पलड़ा—pan. तुलाका वह अंग जिस पर तौलते समय बाट या वस्तु रखी जाती है।

पवन—wind. प्राकृतिक गति से बहती हुई वायु। इस का नाम उस दिशा के नाम पर होता है जिधर से इसकी धारा चलती है, जैसे पुरवेया। प्राप. वात। दे. वायु भी।

पट्टियां व धुरी—wheal-and-axle. वैसा लीवर जिसमें प्रयास-बल पहिया पर लगया जाता है और प्रतिरोध बल उसकी धुरी पर; जैसे घिरनी, चरखा आदि।

पाइप—pipe. प्राप. नल, नली, नाल, नलिका।

पाउंड—pound. ब्रिटिश पद्धति में द्रव्यमान की इकाई। इसका मानक है बोर्ड आफ स्टैंडर्स के आफिस में रखा इम्पीरियल स्टैंडर्ड पाउंड। इसका संकेत lb है।

भार—pound wieght. ब्रिटिश पद्धति में बल का एक गुरुत्वीय मात्रक; उतना बल जो 1 पाउंड की वस्तु में 1 फुट प्रति सकेंड^2 त्वरण उत्पन्न करता है। संकेत lb. wt. है। यह 32.2 पाउन्डल के बराबर होता है।

पाउंडल—poundal. फुट-पाउंड-सेकेंड पद्धति में बल का वह मात्रका जो एक पाउंड के पिंड में 1 फुट प्रति सेकंड^2 त्वरण लाता है। 32.2 पाउंडल=1 पाउंड भार।

पाठ्यांक—readings- किसी मापक उपकरण में स्केल या डायल पर सूचित मानांक। प्रप. पठन।,

पाताल तोड़ कुआं—(अप्रा.) दे. उत्स्रुत कूप artisian well।

पात्र—receptacle. बरतन।

पानी चढ़ाना—heattempering. दे. ऊष्मा उपचार heat treatment में।

पारगमपन—transmission. एक माध्यम से दूसरे में प्रवेश करना, (प्रकाश आदि का)। पारगत किरण transmitted rays.

पारद—quick sclaer-, mercury- श्वेत वर्ण की एक मूल धातु जो सामान्य ताप में द्रव अवस्था में रहती है प्रतीक hg., प.भा, 200.61, प.क्र. 80, वि.गु. 20° सें. पर

13.549, गल. 38.5 सें. क्व. 356.7° सें। इसमें अधिकांश धातुएं घुलती हैं और बना घोल अमलगम amalgam कहलाता है। उप–दवा, रसायन और सिंदूर बनाने में, कई वैज्ञानिक उपकरणों, खाकर ताप मीटरों में प्राप. पारा।

–धातु मिश्रण–दे. अमलगम amalgam.

पारदर्शक दे. पारदर्शी नीचे।

पारदर्शी–transparent. ऐस पदार्थ जिससे होकर प्रकाश गमन कर सकता है, अर्थात जो प्रकाश का अवरोधक नहीं है। प्राप. पारदर्शक।

पारभासक–translucent. ऐसी वस्तु जो प्रकाश के गमन का माध्यम तो हो किंतु उसको विकृत या धुधले रूप में पारगत करे। अपा. अल्पपारदर्शक।

पारभासी-दे. ऊपर पारभासक।

परापार चित्रदर्शी–epidiascope. अपारदर्शक चित्रों को दर्पणों और लेंसों के सहारे परदे पर आवर्धित करके दिखाने वाला यंत्र। अप्रा. पारचित्रदर्शी।

पार्श्व–side. बगल, प्राप. पाश्विक, पार्श्वीय।

पार्श्विक–lateral. बगल का।

उत्क्रमण–lateral inversion. समतल दर्पण में बने प्रतिबिंब में दक्षिण का वाम में और वाम का दक्षिण में जाना।

पथ–shunt. विद्युत् में जब यह अभीष्ट रहता है कि परिपथ की धारा किसी बिंदु पर कम मात्रा में पहुंचे तब परिपथ में बगल के हिन्हीं दो बिंदुओं से एक दूसरा चालक तार भी जोड़कर समांतर पथ बना दिया जाता है। यह पा. है। इससे परिपथ की धारा बंट जाती है।

संबंधन–parellel connection. कई चालक तारों के एक ओर के सिरों को एक साथ और दूसरी के सिरों को भी अन्यत्र एक साथ जोड़कर संबंध कायम करना।

पॉसिलेन–porcelain. चीनी मिट्टी आदि का बना पात्र जिसकी सतह चिकनी, चमकीली और कड़ी होती है।

पाला–hoar-frost. वस्तुओं पर रवेदार बर्फ जमना; ऐसा तब होता है जब जाड़े की रात में ओसांक हिमांक से नीचे चला जाता है। प्राप. धवलतुषार।

पॉलिथीन–polythene या polyethene. एक प्लास्टिक पदार्थ जिसका मुख्य घटक एथीन ($H_2C : CH_2$) है। इसके रंग-बिरंगे खिलौने आदि बनते हैं।

पिंड–body.पदार्थ का कोई परिच्छिन्न हिस्सा, जैसे चंद्र, मनुष्य का शरीर, पुस्तक। मोटे तौर पर इसी को वस्तु कहते हैं, किंतु सूक्ष्मतः वस्तु है आकृति विशेष से युक्त पिंड।

पिचकारी–syringe.दाब के सहारे द्रव को प्रक्षिप्त करने का यंत्र, जैसे डाक्टरी सिरिंज।

पिटवां लोहा–wrought iron.वैसा लोहा कार्बन की मात्रा 0.12 से 0.25 प्रतिशत तक रहती है। इसमें कार्बन-सहित कुल अपद्रव्य (गंधक आदि) की मात्रा 0.5 प्रतिशत से अधिक नहीं रहती है। गल. 144° सें. से 1500° सें. तक। यह आघातवर्ध्य होता है।

पिपेट–pipette. मुंह से चूस कर द्रव निकालने की एक प्रकार की नली जो अंशांकित रहती है। यह चपाती के बेलन की भांति बीच में मोटी और दोनों ओर

पतली रहती है।

पिरैमिड–pyramid. (i) वह ठोस जिसका हर फलक त्रिभुज हो, हर त्रिभुज का शीर्ष एक बिन्दु पर मिला हो, और आधार ऋजुरेखीय बहुभुज हो। इन त्रिभुजों का सामान्य बिन्दु पिरैमिड का शिखाग्र कहलाता है। (ii)क्रिस्टल में वैसा रवा जिसकी सतहें उसके तीनों अक्षों को काटने वाली हों। प्रप. स्तूप।

पिस्टन–piston. वायु-पम्प का वह चक्राकार पुर्जा जो नाल या सिलिंडर के भीतर हवा को ठेलने के लिए इधर से उधर जाता-आता रहता है। इसमें एक कपाट लगा रहता है जो चलने से हवा के दाब के अनुसार स्वयं खुलता और बन्द होता रहता है।

दंड–piston rod. पिस्टन मे लगा डंडा जो बाहरी बल पाकर पिस्टन को ठेलता-चलाता रहता है।

पीतल–brass. एक प्रसिद्ध पीले रंग की मिश्रधातु जिसमें ताम्र 60-80 प्रतिशत और जस्ता 20-40 प्रतिशत रहता है। प्राप. पीतल।

पुनर्हिमायन–regelation. बर्फ पर कोई दाब डालने से उस दाब की जगह बर्फ का गल जाना और दाब हटने पर पुनः जम जाना।

पुरातत्त्व विज्ञान–archaeology. भवन, मूर्ति आदि पुरावशेषों के आधार पर मानव के इतिहास का अध्ययन।

पुरातात्विक–archaelogical. पुरातत्व सम्बन्धी।

पूतिरोधी–antiseptic. घाव आदि में बैक्ट्रिया के उद्‌भव को रोकने वाला पदार्थ; जैसे कार्बालिक एसिड आदि।

पूरक–filler. (i) बनावट में रिक्त स्थान को भरने के लिए लगाया जाने वाला बाहरी पदार्थ। (ii) पिचकारी जैसा एक उपकरण जिससे वायु-दाब के सहारे नली में द्रव भरा जाता है। (iii)complementary angle. किसी कोण के सन्दर्भ में वह कोण जो उससे मिल कर 90° पूरा करे; जैसे L क का पूरक कोण = 90°-L क। प्रप. कोटि पूरक कोण।

पूर्ण–complete. सब तरह से भरा या पूरा; विप. अधूरा।

चतुर्भुज–complete quadrilateral. चार सरल भुजाओं का ऐसा ढांचा जिसमें कोई तीन भुजाएं संगामी न हों।

दोलन–complete oscilation. पेन्डुलम के गोलक का विराम बिन्दु से एक ओर के चरम बिन्दु पर जाना, वहां से लौटकर दूसरी ओर के चरम बिन्दु पर जाना, और वहां से फिर विराम-बिन्दु पर वापस आना।

परावर्त्तक प्रिज्म–total refraction prism. समद्विबाहु समकोण प्रिज्म, जिसमें लम्ब रूप से आपतित किरण अपवर्त्तन के बिना ही पूर्ण रूप से प्रवेश करती और उसी रूप में निर्गत होती है।

परावर्तन–total refraction. दे. क्रांतिक कोण critical angle. में। अप्रा. सम्पूर्ण परावर्तन।

पूर्णांक–whole number, integer, integral number. 1,2,3 इत्यादि सरल संख्या ½, 1.2 इत्यादि भिन्नांक से भिन्न।

पूर्णांश–characteristic of logarithm. लघु गणक में दाशमिक बिन्दु से बांई ओर

की संख्या।

पूर्वपद—antecedent. समानुपात (द्र.) के चार पदों में प्रथमतः दो पद।

पृथक्करण—separation. किसी मिश्रण के घटकों को अलग करना।

पृष्ठ—surface. बाहरी सतह।

तनाव—surface tension. द्रवों की मुक्त (खुली हुइ) सतह एक तनी हुई झिल्ली-सी होती है, जिसके अन्दर भीतर से आने वाली गैस आदि बंझ कर बुलबुला बनाती है।

घनत्व—surface density. चालक के पृष्ठ के इकाई-क्षेत्र पर आवेश की मात्रा।

पेंच—screw. सर्पिल चूड़ीदार कांटी।

कश-screw-driver. पेंच कसने या खोलने का उपकरण।

पेन्टॉक्साइड—आक्सीजन के पांच परमाणुओं से युक्त अणुवाला यौगिक; जैसे P_2O_5 फास्फोरस पें.।

पैट्रोलियम—petroleum. एक हाइड्रो-कार्बनिक यौगिक जो खनिज तेल के रूप में मिलता है और साफ करके पैट्रोल आदि रूप में लाया जाता है।

पेरिस-प्लास्टर—plaster of Paris. एक यौगिक; सूत्र $2CaSO_4, H_2O$। जिप्सम को 120° सें. पर गर्म करने से बना श्वेत चूर्ण, जो पानी में मिलकर थोड़ी ही देर में ठोस पिंड बन जाता है। उपयोग-डाक्टरी पट्टी बांधने में, मूर्ति या सांचा बनाने में, पलस्तर करने में।

पैथोगोरस को प्रमेय—therorum of Pythogoras. यह प्रमेय कि समकोण त्रिभुज में कर्ण पर बना वर्ग, क्षेत्रफल में, अन्य दोनों भुजाओं पर बने वर्गों के योग के बराबर होता है; अर्थात् कर्ण^2= लम्ब^2+आधार^2।

पैराफिन—paraffin. पैट्रोलियम से प्राप्त एक तेल जो C_{12} वाला कार्बोहाइड्रेट है। यह दिए में जलाया जाता है। इसी से मोमबत्ती बनती है।

मोम—paraffin wax. बाजार में प्रसिद्ध मोमबत्ती को मोम जो C_{17} वाला या इससे ऊपर का कार्बोहाइड्रेट है।

पोटाश—दे. पोटेश।

पोटैश—potash. दे. पोटैशियम

परमैंगनेट—potassium permanganate. प्रप. प्रोटाश।

फिटकरी—potash alum. पोटैशियम सल्फेट और एल्युमिनियम सल्फेट को मिलाकर रवाकरण करने से प्राप्त श्वेत ठोस। जल में विलेय; जल को साफ करती है; रुधिरस्राव रोकती है; रंगाई में काम आती है।

पोटैशियम—potassium. एक क्षारकीय धातु। प्रतीक K; प. भा. 39.096; प. क्र. 19; गल. 62.5° सें.; क्व. 762° सें.। मुक्तावस्था में अप्राप्य। सभी उपजाऊ मिट्टी और पेड़-पौधों में, तथा उत्तर बिहार की नोनी मिट्टी में नाइट्रेट के रूप में प्राप्य। उत्पा—पोटैशियम क्लोराइड के विद्युत्-अपघटन से। चांदी-सी चमकीली, जल से हल्की, नितान्त अभिक्रियाशील, मुलायम, ऊष्मा व विद्युत् का सुचालक।

कार्बोनेट—potassium carbonate. K_2Co_3 या $K_2CO_3, 3H_2O$। तुल्यांकी भार 69। पोटैशियम क्लोराइड से विद्युत-अपघटन विधि से निकाला जाता है। गुण में सोडियम

कार्बोनेट के समान। जल में अत्यन्त घुलनशील, जलवाष्पशोषक, हवा में पसीजने वाला। उप-कांच बनाने में, साबुन बनाने में रंगाई में, पोटैशियम हाइड्रोक्लोराइड बनाने में।

क्लोराइड–potassium chloride. सूत्र KCl। प्रकृति में कार्नालाइट ($KCl, MgCl_2, 6H_2O$) के रूप में प्राप्य। समुद्र के जल से निकाला जाता है। श्वेत, रवादार, जल में विलेय। उप-पोटैशियम यौगिक बनाने में।

नाइट्रेट–potassium nitrate. सूत्र KNO_3। व्यापारिक नाम शोरा, नाइटर, सॉल्ट पीटर। नोनी मिट्टी, चीली शोरा, और लकड़ी की राख में प्राप्य। श्वेत, रवादार, जल में अतिविलेय, घुलते समय ऊष्मा को शोषक, हवा में पसीजता नही। उप-बारूद, नाइट्रिक अम्ल बनाने में।

पोटेशियम परमैंगनेट–potassium per-manganate. सूत्र $KMnO_4$। प्रसिद्ध नाम पोटैश, पोटाश। बैंगनी रंग का रवादार ठोस; जल में बैंगनी घोल बनाता है; प्रबल आक्सीकारक; जलशोषक, रोगाणुनाशक।

बाइकार्बोनेट–potassium bicarbonate. सूत्र $KHCO_3$। पोटैशियम कार्बोनेट के ठंडे सन्तुष्ट घोल में कार्बन डायक्साइड प्रवाहित करने पर अवक्षेप के रूप मे प्राप्य। गुण में सोडियम बाइकार्बोनेट के समान।

सल्फेट–potassium sulphate. सूत्र K_2SO_4। जल में विलेय। उप-फिटकरी बनाने में, तम्बाकू के लिए उर्वरक।

हाइड्राक्साइड–potassium hydroxide. सूत्र KOH। तुल्यांकी भार 56। व्यापारिक नाम कास्टिक पोटैश। दे. दाहक पोटैश में।

प्रकाश–light. ऐसा विद्युत-चुम्बकीय विकिरण जो आंख के मार्ग से चाक्षुष संवेदन उत्पन्न करता है। यह विकिरण प्रकाश-स्रोत से निरन्तर तरंगों के रूप में होता रहता है। इसका वेग 3 x 101° से/से. और गति 186 ह. मील प्रति सेकेंड है। तरंग-दैर्ध्य 0. 00004 से 0.00006 सेमी है। इसकी प्रकृति ऊष्मा की प्रकृति से मिलती-जुलती है। फोटो photo इसी का नामान्तर है।

परावर्तन–reflection of light. किसी चमकीली और चिकनी सतह पर पड़ने से प्रकाश की किरणों का हठात् दिशा-परिवर्तन। दे. परावर्तन का नियम भी।

मिति–photometry. प्रकाश की ज्योतितीव्रता का मापन।

संश्लेषण-photosynthesis. पादपों की हरित कोशिकाओं में कार्बन डायक्साइड और पानी से सरल कार्बोहाइड्रेटों का निर्माण, जिससे आक्सीजन मुक्त होता है। यह क्रिया प्रकाश और पर्णहरित (द्र.) की उपस्थिति में ही होती है। इसी शारीरिक क्रिया से पेड़-पौधे पोषण प्राप्त करते हैं तथा वायुमण्डल में कार्बन डायक्साइड के स्थान पर शुद्ध आक्सीजन भरता रहता है।

प्रकाशिकी–optics. प्रकाश का वैज्ञानिक विवेचन। प्राप. प्रकाश-विज्ञान।

प्रकाशीय–optic. प्रकाश सम्बन्धी। प्राप. प्रकाशिक।

प्रतिबिम्ब–optical image. जब किसी बिन्दु A से चलती हुई किरणें किसी विधि से एक दूसरे B बिन्दु पर अभिसृत होती हुई प्रतीत होती हैं तब B बिन्दु का A बिन्दु

का प्र. प्र. कहलाता है। यह दो प्रकार का होता है, वास्तविक और प्रतीयमान (द्र.)।

प्रकीर्ण—scaltired. जहां-तहां बिखरा हुआ।

प्रक्षेपण—projection. किरण आदि को इस प्रकार डालना कि वह किसी निश्चित सतह पर पड़े।

प्रक्षेपित्र—projector. परदे पर फिल्म की छाया डालने का एक यन्त्र।

प्रक्षोभ—agitation. द्रव को विरुद्ध दिशाओं में चलाना।

प्रगलन—smelting. धातुकर्म में निस्तापन (calcination) और भर्जन (roasting) के बाद गर्म करके पिघलाने की क्रिया।

प्रगामी तरंग—progressive wave. ऐसे कणों की पंक्ति जहां हरेक कण समान कम्पन करता हो और हरेक कम्पन पिछली कला से कुछ आगे बढ़ता जाए; अथवा ऐसी तरंग जो बाधारहित अनन्त दिशा में अग्रसर होती है और जिसमें हरेक कण का दोलन-विस्तार सदा समान रहता है।

प्रचंड—violent. बहुत तेज।

प्रच्छाया-umbra. वह क्षेत्र जहां से, अवरोध के कारण प्रकाश-स्रोत अंशतः भी नहीं दिखाई देता है। ऐसे क्षेत्र में घना अंधेरा रहता है। दे. 'उपच्छाया' भी।

प्रणाल—channel. द्रव पदार्थ के बहने से नलाकार मार्ग। प्राप. वाहिका।

प्रणोद—thrust. यदि टेबुल पर पुस्तक रखी जाए तो सम्पूर्ण टेबुल पर उस पुस्तक के वजन के तुल्य प्रणोद (ठेल) पड़ता है; किन्तु जितनी जगह पर पुस्तक व्याप्त है उसके क्षेत्रफल के साथ उस वजन का अनुपात दाब pressure कहलाता है। अप्रा. ठेल, प्रघात।

प्रणोदित कम्पन—forced vilsation. एक वस्तु में हुए कम्पन के प्रभाव से दूसरी वस्तु में उत्पन्न कम्पन। इसमें प्रथम वस्तु का कम्पन प्रणोदक कहलाता है।

प्रति—°-anti°, re°-विपरीत, उल्टा, प्रतिक्रियात्मक।

प्रतिकर्षण—repulsion. दे. आकर्षण attraction. में। अप्रा. विकर्षण। प्रतिकर्षित repulsed।

प्रतिकारित लोलक—compeusated pendulum. घड़ी का ऐसा पेंडुलम जिसकी लम्बाई ताप जन्य प्रसार होने पर भी अपरिवर्तित रहती है।

सन्तुलन पहिया—compeusated balance wheel. घड़ी का वह सन्तुलन-पहिया जिसमें तापजन्य प्रसार के कारण होने वाले अन्तर का समाधान वलय को टुकड़ों में काट कर किया रहता है।

प्रतिक्रिया—reaction. (भौतिकी में) प्रकृति में प्रत्येक क्रिया के परिणामस्वरूप होने वाली तत्समान विपरीत क्रिया।

प्रतिच्छेद बिन्दु—point of intersection. वह बिन्दु जहां कोई दो रेखाएं बढ़ाई जाने पर एक दूसरी को काटें।

प्रतिच्छेदन—intersection. एक दूसरे को किसी बिन्दु पर काटना।

प्रतिदर्श—sample. जांच के लिए लिया गया परीक्ष्य वस्तु का कोई भाग। प्राप. नमूना।

प्रतिदीप्ति—fluorescence. विशिष्ट तरंगदैर्ध्य वाली विकीर्ण किरण प्राप्त करना तथा उसे तदधिक तरंगदैर्ध्य वाले प्रकाश के

रूप में छोड़ना। यह गुण कई पदार्थें में पाया जाता है।

प्रकाश–fluorescent light. ऐसी बत्ती जिसके आवरण-काच पर प्रतिदीप्तिशील तल से टकराकर परावर्तित ध्वनि समूह का श्रवणेन्द्रिजन्य संवेदन। इसकी सहायता से ध्वनि का वेग ज्ञात हो सकता है। जैसे V=2D/t, जहां D = प्रतिध्वनि सुनने के स्थान से ध्वनिस्थान की दूरी; t= समय।

प्रतिबल–stress. किसी वस्तु में विरूपकबल stress के विरुद्ध प्रतिक्रियात्मक बल। जब एक ईंट पर दूसरी डाली जाती है तब दूसरी ईंट का बल विरूपक है और पहली का बल प्र. है।

प्रतिबिम्ब–image. जब किसी बिन्दु क से चली प्रकाश-किरणें लेन्स के सहारे बिन्दु ख पर अभिसृत होती हुई प्रकट होती हैं तब बिन्दु ख पर बिन्दु का का प्रकाशीय प्र. या सीधे प्र. कहलाता है। इसके दो भेद हैं–(1) वास्तविक real और (2) आभासी virtual (द्र.)।

प्रतिमान–patern. ढांचा, प्रतिरूप।

प्रतिरोध–resistance. (i) लीवर (द्र.) में आयास के विरुद्ध लगने वाला प्रतिबल। (ii) विद्युत में, हरेक चालक अपने चालन के सिलसिले में आवेश का कुछ भाग रोक लेता या खो देता है; यही प्रतिरोध कहलाता है। इसका परिमाण चालक के पदार्थ, लम्बाई और मोटाई पर निर्भर करता है, और विभवान्तर/धारा के बराबर होता है।

बाहु (अप्रा.)-दे. भार-भुजा arm of resistance. ।

प्रतिलोम–inverse. किसी ढांचे का विपरीत क्रम वाला यानी उल्टा रूप। विशेषतः, यदि वृत्त के केन्द्र से जाती हुई किसी सरल रेखा पर दो बिन्दु इस प्रकार लिए जाएं कि उन बिन्दुओं की दूरी से बना आयत व्यासार्ध^2 के बराबर हो तो प्रत्येक बिन्दु एक दूसरे का प्र. होगा। दे-प्रतिलोमन नीचे।

प्रतिलोमन–inversion. (रेखागणित में) यदि एक स्थिर बिन्दु उ से एक सरल रेखा उ प खींची जाए और उ प पर या बढ़ी हुई 'उप x उप'= क^2 (अर्थात् त्रिज्या का वर्ग) हो, तो केन्द्र उ और त्रिज्या क वाले वृत्त के सम्बन्ध से प एवं प' में से प्रत्येक दूसरे का प्रतिलोम कहलाता है, उ बिन्दु को प्रतिलोमन का मूल बिन्दु origin of inversion, क को प्र. की त्रिज्या radius of inversion. या प्र. का स्थिरांक constant of inversion. कहलाता है।

केन्द्र-दे. प्रतिलोमन में।

प्रतिलोमन-त्रिज्या–radius of inversion दे. प्रतिलोमन में।

प्रतिलोमनांक–constant of inversion. दे. प्रतिलोमन में।

प्रतिस्थानी–दे. प्रतिस्थापन में।

प्रतिस्थापन–replacement, substitution. बदलाव, एक को हटाकर उसके स्थान में दूसरा रखना। जिसको हटाकर उसकी जगह दूसरी वस्तु रखनी है वह प्रतिस्थापनीय या प्रतिस्थाप्य वस्तु है, और उसकी जगह जो वस्तु रखी जाती है वह प्रतिस्थापित या प्रतिस्थानी है।

प्रतीक–symbol. स्वेच्छया कल्पित सूचक।

प्रत्यक्ष (अप्रा.)–apparent. प्रा. आभासी।

प्रत्यावर्ती धारा–alternating current.

विद्युत् की वह धारा जो अपने हर आधे चक्कर में उल्टी दिशा पकड़ती है। इस तरह एक चक्कर पूरा करने में लगा समय वैद्युत आवर्त-काल period कहलाता है। प्रप. ए. सी. करेंट;विप. स्प्रिंग आदि। प्रत्यास्थता elasticity. ।

प्रदीपन–illuminate. प्रकाश से युक्त होना। प्रदीपी-illuminous.

शक्ति–illuminating power. दीप की वह शक्ति जिससे उसके प्रकाश की तीव्रता सूचित होती है। इसका मात्रक कैंडिल पावर (द.) कहलाता है।

प्रधान चालक–prime mover. कोयला, तेल, जल, वायु आदि प्राकृतिक स्रोत से प्राप्त ऊर्जा को यान्त्रिक ऊर्जा मे परिणत करने वाली इंजन।

प्रभाजी आसवन–fractional distribution. विभिन्न क्वथनांक वाले मिश्रित द्रव्यों को भिन्न-भिन्न तापों पर आसुत करके उन्हे पृथक् करने की प्रक्रिया। अप्रा. आंशिक स्रवण।

क्रिस्टलन–fractional crystalisation. दो पदार्थों के मिश्रण से एक रवादार पदार्थ को रवाकरण विधि से पृथक् करने की प्रक्रिया। प्राप. आंशिक रवाकरण।

प्रभाजी दाब–fractional pressure. गैसीय मिश्रण के हर घटक का वह दाब जो अन्य घटकों को उस मिश्रण से निकाल लेने पर रह जाता है। अप्रा. आंशिक चाप।

प्रभावी–effective.

लम्बाई-effective length of a pendulum. पेंडुलम में लटकने के बिन्दु से गोलक के विराम-बिन्दु तक की दूरी। दोलन-काल इसके वर्गमूल के अनुपाती होता है। **अप्रा.** साधक लम्बाई।

प्रमास्तिक–ceribrum. मस्तिष्क का प्रमुख भाग।

प्रमस्तिकीय–ceribral. प्रमास्तिष्क सम्बन्धी।

प्रमाण–proof. सबूत।

प्रमेय–theorum. गणित विधि से सिद्ध किया जाने वाला कोई रेखागणितीय कथन।

प्रयास-बाहु (अप्रा.)–दे. आयास-बाहु arm of effort.

भुजा–दे. आयास-भुजा।

प्रयोग–(i) experiment. सत्यता या प्रभाविता की जांच के लिए किया जानेवाला कार्यकलाप। इसका व्यापक अर्थ व्यवहार में लाना है, किन्तु इसके लिए टकसाली शब्द प्रयोग नहीं, अनुप्रयोग application है। (ii) practice. किसी विधि को व्यावहारिक रूप में करके दिखाना।

कक्षा–practical class. विद्यालय में वह कक्षा जहां वैज्ञानिक सिद्धांतों को व्यावहारिक विधि से समझाया जता है।

शाला–laboratory. वह कक्ष जहां वैज्ञानिक शिक्षा या अनुसंधान के लिए प्रयोग द्वारा वैज्ञानिक तथ्यों का व्यावहारिक अनुभव प्राप्त किया जाता है।

शाला-तापक्रम–laboratory temprature. वातानुकूलित प्रयोगशाला में सामान्यतः अपेक्षित कक्ष-ताप जो 20° सें. माना जाता है।

प्रयोगात्मक–practical. सिद्धांत को व्यवहार द्वारा साबित करने के कार्यकलाप सम्बन्धी। प्राप. प्रायोगिक। experimental.

प्ररूप–type, pattern. अपनी सजातीय वस्तुओं के औसत गुणधर्मों से युक्त स्वरूप।

प्रलेप–paint.आसानी से सूखने वाले तेल में रंजक चूर्ण और शुष्ककारक (लेड ऑक्साइड आदि) मिलाकर बनाई गई लेई, जिसे धातु या लकड़ी की सतह पर लेपनेसे उसकी एक परत बन जाती है। प्राप. पेन्ट।

प्रवर्धक–amplifier. एक रेडियो वाल्व जिससे प्रत्यावर्ती विद्युत्-धारा का दोलन-आयाम बढ़ाया जाता है और फलतः ध्वनितरंग की आवर्तिता (frequency) बढ़ जाती है। यह रेडियो रिसीविंग सेट, माइक्रोफोन आदि में ध्वनि प्रवर्धन के लिए लगाया जाता है। प्रप. ध्वनिवर्धक। रूपान्तर प्रवर्धन, प्रवर्धित।

प्रशीतन–refregeration. फल आदि के परिरक्षण के लिए कोष्ठ को कृत्रिम विधि से ठंडा बनाना।

प्रशीतित्र–refregerator. किसी प्रकोष्ठ को ठंडा बनाए रखने का एक वैद्युत यन्त्र। प्राप. रेफ्रिजरेटर।

प्रसार–expansion.ऊष्मा के प्रभाव से पदार्थ के आकार का बढ़ना। यह प्रसार विभिन्न वस्तुओं में विभिन्न दर से होता है। यही दर उसका प्रसार-गुणांक (द्र.) कहलाता है। दे. आगे।

गुणांक–co-efficient of expansion. किसी वस्तु में इकाई ताप की वृद्धि से आकार में होने वाली वृद्धि की दर, जैसे एक सेमी लोहे का ताप एक डिग्री सें. बढ़ाने से उस की लम्बाई .000012 सेमी बढ़ जाएगी, अतः यह संख्या उस लोहे का प्र. गु. हुई।

प्रसामान्य–normal. प्राप. प्राकृत, मानक।

प्रसीती–sheave. घिरनी का खांचेदार पहिया जिसके ऊपर रस्सी या कड़ी लटकाई जाती है।

प्रस्पन्द–antinode. प्रगामी तरंग में वह बिन्दु जहां दोलन-आयाम महत्तम रहता है। यह आधे-आधे तरंगदैर्ध्य पर रहता है और हर निस्पन्द (node) के मध्य में पड़ता है।

प्रस्वेदन–deliquecence. किसी जलशोषक पदार्थ का अपने द्वारा शोषित जल में घुल जाना। इस तरह जल अवशोषित कर स्वयं घुलने वाला पदार्थ प्रस्वेध्य deliquescent कहलाता है। प्रप. पसीजना।

प्राणिविज्ञान–zoology. पशुपक्षी, कीड़े-मकोड़े आदि जंगम-जीवों के अध्ययन का शास्त्र।

प्राथमिक सेल–primary cell. वोल्टा का वह सेल जिसके सिरों को विद्युत्-परिपथ से योजित कर देने पर रासायनिक ऊर्जा विद्युत्-ऊर्जा में परिणत हो जाती है। यह विद्युत् द्वारा फिर से भरा नहीं जा सकता है क्योंकि इसमें विलोम अभिक्रिया नहीं होती है।

प्रारम्भिक रेखा–initial line. दे. कोण angle में। अप्रा. आदि-रेखा।

स्थान–initial position. दे. कोण angle में। अप्रा. आदि-स्थान।

कोण–angle of prism.प्रिज्म के दोनो अवनत तलों के मिलने से बना कोण। इसके सामने की सतह को प्रिज्म का आधार कहते हैं।

प्रिज्माधार—दे. ऊपर।

प्रिज्मी द्विनेत्री—prism binocular. ऐसा दूरदर्शी जिसमें लम्बाई कम रहने पर भी पूर्ण-परावर्तक प्रिज्मों की सहायता से ऊंची आवर्धन-क्षमता प्राप्त होती है।

प्रेक्षण—observation. किसी क्रियाकलाप या प्रयोग के परिणाम को अपनी आंख से गौर कर देखना या इस प्रकार देखने से अवगत तथ्य।

त्रुटि—error of observation. किसी मान को मापकर नहीं, देख कर निर्धारित करने में होने वाली सामान्य त्रुटियां।

प्रेरण—induction. आविष्ट वस्तु के स्पर्श के बिना ही केवल उसके दूरस्थ प्रभाव से किसी वस्तु में अस्थायी विद्युत-आवेश उत्पन्न करने की प्रक्रिया। यह चुम्बकीय प्रेरण से मिलता-जुलता है। प्रेरित induced.

प्रेषी—transmitter. टेलीग्राम या रेडियो तरंग प्रेषित करने का यन्त्र। प्राप प्रेषित्र, ट्रान्समीटर।

प्रोटीन—protein. प्राणि शरीर का मुख्य रासायनिक पदार्थ जो हरेक जीवित कोषा का अंग होता हैं यह बहुत ही जटिल पदार्थ है जिसमें मुख्यतः कार्बन (50 प्रतिशत), ऑक्सीजन (25 प्रतिशत), नाइट्रोजन (15 प्रतिशत) और अन्य तत्व रहते हैं।

प्रोटॉन—proton. प्रत्येक परमाणु में पाया जानेवाला एक आयन (विद्युत्-कण) जो द्रव्यमान में हाइड्रोजन-परमाणु के बराबर होता है और धन आवेश से युक्त होता हैं। परमाणु में इसकी संख्या उसके परमाणु-क्रमांक के बराबर होती है।

प्लम्बम—plumbum. दे. सीसा lead. यह सीसे का लैटिन नाम है जिसके अनुसार इसका प्रतीक Pb है।

प्लिम सोल लाइन—plimsoll line. जहाज के पार्श्वतल में अंकित वह रेखा जो ऊपर से बांई ओर और नीचे से दांई ओर समकोण बनाते हुए मुड़ी रहती है। ऊपर की पड़ी रेखा पर FW (fresh water मीठा पानी) लिखा रहता है जिसका अर्थ होता है कि मीठे पानी में यहां तक डूबने से खतरा नहीं है। नीचे की पड़ी रेखा पर WNA (Winter in North Atlantic, उत्तरी अटलांटिक की शीत ऋतु) लिखा रहता है, जिससे अधिक डूबना खतरनाक समझा जाता है।

प्लूटोनियम—plutonium. एक मूल धातु। प्रतीक Pu। परमाणु क्रमांक 94। रेडियोऐक्टिव होता है।

प्लैटिनम—platinum. एक मूल धातु। प्रतीक Pt.; प. क्र. 78; प. भार 195.23; वि. गु. 20° सें. पर 21.4; गल. 1773° सें.। भारी, कोमल, तनय, अधिकांश रासायनिक अभिक्रिया का प्रतिरोधी, अत्यल्प प्रसार गुणांक, श्वेत रंग। उपयोग-विद्युत्-उपकरणों और आभूषणों में।

प्लैस्टिक्स—plastics. ऐसे पदार्थों का सामान्य नाम जो बनने के क्रम में परम सुघट्य (द्र.) रहता है, किन्तु बनने पर एक आकृति में दृढ़ हो जाता है। लाह इसका प्राकृतिक उदाहरण है। अब ऐसा पदार्थ कृत्रिम ढंग से संश्लिष्ट किया जाता है, जैसे पोलिस्टियरिन, पॉलिथीन, सेल्यूलॉयड, नॉयलान इत्यादि।

फफोलेदार ताम्र—blister copper. ताम्र

के उत्पादन के क्रम में बनने वाला वह ताम्रपिण्ड जो बीच में घुसी कई गैसों के उड़ने के कारण फफोलों से युक्त रहता है।

फल–product. दो पदार्थों की पारस्परिक अभिक्रिया से उत्पन्न यौगिक। जैसे ताम्र और आक्सीजन की अभिक्रिया का फल ताम्र आक्साइड है। यह समीकरण में बराबर के चिह्न के साथ दाहिनी ओर लिखा जाता है, जैसे $2Cu+O_2=2CuO$।

फारेनहाइट स्केल–Fahrenheit scale. टेम्परेचर मापने का एक पैमाना, जो पारावाले थर्मामीटर के आविष्कारक के नाम पर है। इसमें शुद्ध जल का गलनांक 32° है और क्वथनांक 212°। इसे सेन्टीग्रेड में बदलने का सूत्र है $C° = (F° - 32) \times 5/9$।

फॉस्फेट–phosphate. फॉस्फोरिक अम्ल का लवण, जैसे $NaPo_3$ इत्यादि।

फॉस्फोमीन–एक यौगिक रसायन। सूत्र PH_3; अणुभार 34। रंगहीन, बदबूदार गैस। हवा में 100° सें. पर जलता है और फॉस्फोरस पेन्टाक्साइड बनाता है। अवकारक, जल में विलेय। इसका जलीय घोल निर्बल क्षारक है।

फॉस्फोरस–phosphorus. एक अधातु तत्व। प्रतीक P। प. क्र. 15; प. भा. 31.02; संयोजकता 3 और 5; गल. 44.1° सें; क्व. 280° से; वि.गु. 1.83। श्वेत, स्वतः ज्वलनशील, विष। किन्तु लाल रंग वाला विष नहीं होता है, 300° सें. पर हवा में जलता है; गल. 5000° सें.; वि. गु. 2.20। फॉस्फेट के रूप में खनिजों में प्राप्य उत्पा-विद्युत्-भट्ठी में बालू और कार्बन के साथ कैल्सियम फॉस्फेट को गर्म करने से। उपयोग-दिया सलाई आदि बनाने में।

ऑक्साइड–phosphorus oxide. फॉस्फोरस और आक्सीजन का यौगिक P_2O_3। इसके दो भेद हैं-फा. ट्रायक्साइड और फा. पेन्टॉक्साइड (द्र.)।

ट्राइक्लोराइड–phosphorus trichloride. सूत्र PCl_2। रंगहीन धूमिल द्रव। क्वथ. 74° सें.।

ट्रायक्साइड–phosphorus trioxide. सूत्र P_2O_3। उत्पा-पीत फा. को सीमित हवा मे जलाने से। श्वेत, रवादार, ठोस। हवा से धीरे-धीरे संयोग कराने पर फॉ. पेन्टाक्साइड बनाता है।

फॉस्फोरस पेन्टॉक्साइड–phosphorus pentoxide. सूत्र P_2O_5। फा. और आक्सीजन का एक यौगिक। श्वेत, रवादार, ठोस, निर्गन्ध, ऊर्ध्वापाती, जलशोषक, जल में सी सी आवाज के साथ मिलता है। उप-फॉस्फेट बनाने में; शुष्क कारक के रूप में।

पेन्टाक्लोराइड–phosphorus pentachloride. सूत्र Pcl_5। उत्पा-शुष्क क्लोरीन में फास्फोरस ट्रायक्साइड बूंद-बूंद गिराने से। पीताभ, धूमिल ठोस, 100° सें. पर ऊर्ध्वापाती।

फॉस्फोरिक अम्ल–phosphoric acid. सूत्र H_3PO_4। इसके तीन भेद हैं–1) शुद्ध फा.; आर्थो फा. और मेटा फा. (द्र.)। उत्पा-फॉस्फोरस पेन्टाक्साइड को जल में मिलाने से $P_2O_5 + 3H_2O = 2H_3PO_4$; अस्थिचूर्ण को समाहृत गन्धकाम्ल में घुलाने से $Ca_3(PO_4)2 + 3H_2SO_4 = CaSO_4$

+ $2H_3PO_4$। रंगहीन, रवादार। गल. 42° सें.। जल में विलेय।

फिटकरी–alum. सूत्र K_2SO_4, Al_2SO_4, 2_4H_2O। यह अनेक प्रकार के यौगिकों का समाकृतिक रूप है, जिनमें पोटैश वाली अधिक प्रचलित है। उत्पा-ऐलुमिनियम सल्फेट और पोटैशियम सल्फेट के घोल को मिलाकर रवाकरण करने से। श्वेत, ठोस, जल में विलेय। जल को साफ करता; दूध को फाड़ता, खून बन्द करता है। प्राप. फिटकरी। यह बट्टी या सिल cake की शक्ल में बाजार में मिलती है।

फल्लिका–alum flower. फिटकरी का फूल।

फिल्म–film (i) सामान्य अर्थ में झिल्ली जैसी चादर (ii) विशेषतः प्रकाश संवेदी पायस (इमल्शन) से लिप्त सेलुलॉयड की चादर या फीता जिस पर फोटोचित्र और ध्वनि अंकित की जाती है।

फुँकनी–blow-pipe.फूंकने का नल जिसके अन्त में सूक्ष्म छिद्र रहता है, इससे फूँककर लौ को तेज और दिशान्तरित किया जाता है।

फुट–foot.मूलतः पांव। अंग्रेजों के एक पाँव के बराबर माप की इकाई जो 12 इंच के बराबर होती है। इसको .... से गुना कर मीटर बनाया जा सकता है और मीटर को................. से भाग देकर फुट।

फुट-पाउन्ड–foot pound.कार्य का एक गुरुत्वाकर्षीय मात्रक। उतना कार्य एक पाउन्ड वजन की वस्तु को एक फुट ऊपर उठाने में सम्पन्न होता है। मैट्रिक पद्धति में इसका प्रतिस्थानी जूल (द्र.) है।

फुट-पाउन्डल–foot poundal. ब्रिटिश पद्धति में कार्य का एक व्यावहारिक मात्रक; उतना कार्य जो आधा आउन्स वस्तु को एक फुट ऊपर उठाने में सम्पन्न होता है।

फुट-पाउन्ड-सेकेन्ड पद्धति–foot pound second system. भौतिक अध्ययन में व्यवहृत तीन मूल ब्रिटिश मात्रक जो क्रमशः दूरी, भार और काल के मान बताने वाले हैं मैट्रिक पद्धति में इसके बदले सेन्टीमीटर-ग्राम-सेकन्ड पद्धति चलती है।

फेन–foam. झाग।

फेनाल–दे. कार्बोलिक एसिड।

फेरस–ferrous. लौह से युक्त (यौगिक), यदि लौह की संयोजकता 2 हो। दे. फेरिक भी। अप्रा. लौहस।

आक्साइड–ferrous oxide.सूत्र FeO। उत्पा-फेरिक आक्साइड को 300° सें. पर हाइड्रोजन के प्रवाह से अपचित कर। गर्म करने पर फेरिक आक्साइड बनता है। उपयोग-फेरस लवण बनाने में।

क्लोराइड–ferrous chloride सूत्र $FeCl_2$। लौह और क्लोरीन का लवण। हरा, रवादार, जल में विलेय। उत्पा-लोहे के तार को हाइड्रोक्लोरिक अम्ल में घुलाने से।

नाइट्रेट–ferrous nitrate. $Fe(NO_3)_2$, $6H_2O$। रवादार, ठोस, जल में विलेय। उत्पा-फेरस सल्फेट और लेड नाइट्रेट को ऐल्कोहल में घोलने से।

सल्फाइड–ferrous sulphide. सूत्र FeS। प्रकृति मे लौह पिराइटीज के रूप में मिलता है। उत्पा-लोहे को गन्धक के साथ गर्म करने से। उपयोग-हाइड्रोजन सल्फाइड बनाने में।

सल्फेट–ferrous sulphate. सूत्र $FeSO_4$, $7H_2O$। व्यापारिक नाम कसीस green vitriol.। जल में विलेय। उत्पा-लौह, फेरस ऑक्साइड, सल्फाइड या कार्बोनेट को तनु गन्धकाम्ल में घुलाने से, अथवा हवा में लौह पिराइटीज (FeS_2) के आक्सीकरण से। उप-रूज, फेरिक सल्फेट, स्याही बनाने मं, रंगाई में, चर्मशोधन में।

फेरिक–ferric. फेरम अर्थात् लौह से युक्त ऐसा यौगिक जहां लोहे की संयोजकता 3 हो। जिन यौगिकों में इसकी संयोजकता 2 होती है वे फेरस कहलाते हैं। अप्रा. लौहिक।

आक्साइड–ferric oxide. सूत्र Fe_2O_3। हेमेटाइट अयस्क के रूप में मिलता है। उत्पा-फेरिक हाइड्रोक्साइड, नाइट्रेट आदि को गर्म करने से। बादामी रंग का, जल में विलेय, अम्लों के साथ लवण देने वाला। उप-आभूषणों पर पॉलिश करने में, गन्धकाम्ल बनाने में उत्प्रेरक के रूप में, तथा प्रलेप (पेंट) बनाने में।3

फेरिक कलोराइड–feffic chloride. सूत्र $FerCl_3$ या Fe_2Cl_6। बेंजीन, ऐल्कोहल आदि में घुलनशील, ऊर्ध्वापाती, निर्जल होने पर काला, रवादार होने पर पीला। इसका घोल अम्लीय और रुधिरस्राव निरोधक होता है। उत्पा-लोहे के पत्प तार पर क्लोरीन की अभिक्रिया से।

नाइट्रेट–ferric nitrate.सान्द्र नाइट्रिक अम्ल में लोहे को घुलाने से प्राप्य यौगिक। सूत्र $Fe(NO_3)_3$, $6H_2O$ अथवा $Fe(NO_3)_3$, $9H_2O$। घोल के रवाकरण से हल्के बैंगनी रंग के रवे प्राप्त होते हैं।

सल्फेट–ferric sulphate सूत्र $Fe_2(SO_4)_3$, $9H_2O$। उत्पा-फेरस सल्फेट के घोल को सान्द्र गन्धकाम्ल के साथ वाष्पीकृत करने से। पीताभ। श्वेत चूर्ण; जल में धीरे-धीरे घुलता है।

फैराडे–Feraday. विद्युत् का एक मात्रक जो उसके आविष्कारक के नाम पर है; विद्युत् की उतनी मात्रा जो एक ग्राम तुल्यांक रासायनिक परिवर्तन में लगती है; अर्थात् 96500 कूलॉम।

का विद्युत-अपघटन-नियम–Faraday's Law of Electrolysis. (i) विद्युत्-धारा प्रवाहित करने पर अपघट्य से निकले पदार्थ की मात्रा प्रवाहित विद्युत् की मात्रा की अनुपाती होती है; (ii) यदि भिन्न-भिन्न अपघट्यों में विद्युत्-धारा समान मात्रा में समान काल तक प्रवाहित करें तो उन अपघट्यों से मुक्त पदार्थों की मात्राएं उनके रासायनिक तुल्यांक की अनुपाती होगी। तदनुसार यह सूत्र निकलता है–m=Czt (जहां m= मुक्त मात्रा, z= रासायनिक तुल्यांक, t= काल)।

का विद्युत-प्रेरण-नियम–Faraday's Law of induction. यह नियम कि जब कोई चालक प्रेरक आवेश को चारों ओर से घेरे रहता है तब उस चालक में प्रेरित ॠण और धन आवेश परिमाण में एक-दूसरे के बराबर होता है।

फोकस–focus.किरणपुंज या किरणसूची में वह बिन्दु जहां से किरणें अपसृत होती (छितराती) हैं या जहां आकर अभिसृत होती (पूर्णतः सिमट जाती) हैं। प्रप. नाभि।

दूरी–focal length. (गोलीय दर्पण में)

मुख्य फोकस से ध्रुव तक की दूरी। फो. दू. = त्रिज्या/2 (f=r/2)। **प्रप.** नाभयन्तर।

फोटो–photo. प्रकाश।

कैमरा–photo camera. फोटो खींचने का यन्त्र। इसमें एक प्रकाशरोधी बक्स रहता है। इष्ट वस्तु से प्रकाश किरणें एक लेन्स से होकर इसमें घुसती हैं और उसकी एक दीवार पर उल्टा प्रतिबिम्ब बनाती हैं। इस प्रतिबिम्ब को रासायनिक प्रक्रिया से कागज या फिल्म पर अंकित कर लिया जाता है।

फोटोग्राफिक प्लेट–photographic plate. प्रकाशग्राही इमल्शन से लिया प्लास्टिक कागज जिस पर उल्टा फोटो उतरता है।

फोनोग्राफ–phonograph. ध्वनि का कम्पनानुसारी रेखाओं में अभिलिखित करके उन रेखाओं के सहारे किसी झिल्ली में पुनः कम्पन उत्पन्न कर उसी ध्वनि को बार-बार सुनाने का एक यन्त्र जिसका आविष्कार 1877 ई. में एडिसन ने किया।

फोर्टिन का बैरोमीटर–Fortin's barometer. एक किस्म का पारावाला बैरोमीटर जिसमें पठन की शुद्धता के लिए कई युक्तियां रहती हैं और शून्य सूचक बिन्दु को समायोजित किया जा सकता है। सामान्यतः प्रयोगशालाओं में आजकल यही चलता है।

फ्रैश विधि–Frasch process. अधिक गहराई से गन्धक निकालने की एक विधि जिसमें एक नल से गरम पानी पहुंचा कर गन्धक को भीतर में ही पिघलाया जाता है और दाब के सहारे दूसरे नल से निकाला जाता है।

फ्लास्क–flask. प्रयोगशाला में व्यवहृत एक खास आकार का काचपात्र।

फ्यूज–fuse. (विद्युत् में) वह तार जो लाइन के बीच में कहीं-कहीं इसलिए लगाया जाता है कि अधिक विद्युत्-धारा आने पर वह स्वयं गल कर लाइन को काट दे ताकि संयोजित उपकरण का अधिक धारा के प्रभाव से नुकसान न हो। अप्रा. पलीता, ज्वाल।

फ्लुओर ऐपेटाइट–flour apatite. एक खनिज जिससे फास्फोरस निकाला जाता है। $3Ca_3(PO_4)_2$, $CaCl_2$।

फ्लुओर स्पार–fluorspar. दे. फ्लूओराइट।

फ्लुओराइट–fluorite. CaF_2। एक रवादार यौगिक। रंग आम तौर से आसमानी (नील लोहित) होता है, कभी-कभी रंगहीन, पीला और हरा भी।

फ्लुओराइड–fluoride. फ्लुओरीन के साथ बना यौगिक, जैसे कैल्सियम फ्लु. इत्यादि।

फ्लुओरीन–fluorine. एक अधातु तत्व। प्रतीक F। हेलेजन परिवार में सबसे हल्का। प. क्र. 9; प. भा. 19.00; संयोजकता 1। यह सभी तत्वो में सर्वाधिक ऋणविद्युती होने के कारण नितान्त अभिक्रियाशील है। यह हरिताभ पीत रंग की गैस हैं गल. -223° सें., क्व. -187° सें., घनत्व 1.696 ग्राम प्रतिघन सेमी.। इसके अधिकतर गुण क्लोरीन से मिलते हैं।

बन्ध–link. रसायन में एक अणु का दूसरे अणु के साथ बंधाव, जैसे रबड़, पॉलिथीन आदि में।

बन्धता–link. बन्ध।

बन्धुता–affinity. रसायन शास्त्र में वह बल जो अणुओं को परस्पर आबद्ध किए रहता है।

बर्कलैंड व आइड विधि–Birkland Eyde process. आर्क भट्ठी के जरिए हवा के आकसीजन और नाइट्रोजन से नाइट्रिक अम्ल बनाने की एक प्रक्रिया।

बर्जीलियस–Berzelius. रासायनिक प्रतीकों और सूत्रों के प्रवर्तक एक वैज्ञानिक। समय 1811 ई. के आसपास।

बल–force.वह कारक जो किसी वस्तु की विरामावस्था या एकरूप गत्यवस्था में परविर्तन लाता है या लाने के लिए उसे प्रेरित करता है। इसका मात्रक पाउन्डल और डाइन (द्र.) है। बल = द्रव्यमान x त्वरण (F =m.a)।

चतुर्भुज नियम–Law of Parellelogram of forces. यदि किसी कण पर लगने वाले दो बल मात्रा और दिशा में किसी समान्तर चतुर्भुज की दो आसन्न भुजाओं से निरूपित किए जाएं तो उन भुजाओं के कटान-बिन्दु से खींचा हुआ कर्ण, मात्रा और दिशा में, परिणामी बल को निरूपित करेगा।

बल-त्रिभुज-नियम–Law of Trangle of Forces. यदि किसी कण पर लगने वाले तीन बल परिमाण और दिशा में किसी त्रिभुज की तीनों भुजाओं से निरूपित किए जाएं तो वे तीनों बल साम्यावस्था में होंगे। त्रिभुज ABC में BC और CA से निरूपित बलों का परिणामी बल, मात्रा और दिशा दोनों में, BA से निरूपित होगा।

मापी–dynamometer. एक कमानीदार उपकरण जिसमें कमानी के साथ लगी मूठ को खींचने से बल का मान निकलता है।

युग्म–couple. यान्त्रिकी में भिन्न दिशाओं वाले दो तुल्य, समान्तर बल, जो एक ही बिन्दु पर नहीं लग रहे हों।

रेखा–line of force. किसी चुम्बकीय क्षेत्र में विभिन्न चुम्बकीय बलों के परिणामी बल की दिशा सूचित करने वाली रेखा जो उत्तर ध्रुव से आरम्भ होकर दक्षिण ध्रुव तक जाती है।

विज्ञान–mechanics. भौतिक या गणित शास्त्र की वह शाखा जिसमें विभिन्न युक्तियों से बल के प्रयोग और उसके परिणाम का पर्णन होता है। प्राप. यान्त्रिकी, यन्त्रविज्ञान।

वियोजन–resolution of forces. किसी वस्तु पर जिस दिशा में बल लग रहा हो वह यदि किसी कारणवश उसी दिशा में गतिमान नहीं होती है तो लगाए गए बल का कुछ अंश ही उसे गति देने में सफल होता है, बल का शेष अंश वियोजित हो जाता है। बल वि. = बल x उस कोण की कोज्या जो बल की दिशा और गति की दिशा के बीच बनता है।

संयोजन–composition of forces. जब एक कण पर अनेक बल लगते हैं तब वे मिलकर एक परिणामी बल देते हैं, जो दोनो बलों की दिशा एक रहने पर दोनो के योगफल के बराबर होता है, किन्तु दिशा विपरीत होने पर उनके अन्तर के बराबर। इस तरह अनेक बलों का एक कण पर लगना ब. स. है।

समान्तर चतुर्भुज नियम–Law of parellelogram of forces. दे. बल-चतुर्भुज-नियम।

बल्ब–bulb. (विद्युत में) शीशे का कन्दाकार कोष जिसमें विद्युत्-प्रदीप की वर्तिका-तन्तु

स्थापित रहती है। प्रप. लट्टू।

बहिरर्धक–external या external bisector. जब किसी कोण की एक भुजा को बढ़ाने से आसन्न कोण बनता है तब उस आसन्न कोण को द्विभाजित करने वाली रेखा। दे. अन्तरर्धक internal भी।

बहिर्गत वृत्त–escribed circle. त्रिभुज की किसी भुजा का और अन्य दोनो भुजाओं के विस्तारित भाग का स्पर्श करने वाला वृत्त।

बहिष्केन्द्र–ex-centre. बहिर्गत वृत्त (द्र.) का केन्द्र। अप्रा. बाह्य केन्द्र।

बहिष्कोण–exterior angle. जब दो सरल रेखाएं- क ख और ग घ–एक सरल रेखा च छ से कटती हैं तब क ख के ऊपर और ग घ के नीचे बने सभी कोण। इन दोनो रेखाओं के बीच बने कोण अन्तःकोण कहलाते हैं।

बहु.–poly. जैसे बहु-अम्लीय poly acidic, बहुसंयोजक polyvalent. इत्यादि।

भुज–polygon. चार से अधिक भुजाओं से घिरा समतल चित्र।

मूर्तिदर्शी–Kaleidoscope. एक खिलौना जिसमें तीन समतल दर्पण एक दूसरे से 60° का कोण बनाते हुए जुड़े रहते हैं, अतः भीतर की वस्तुओं को हिलाने से भिन्न-भिन्न आकृति के अनेक सममित प्रतिबिम्ब बनते रहते हैं। प्राप. कैलाइडोस्कोप।

बहुल कोण–multiple angles. यदि Q कोई कोण हो और n कोई संख्या, तो nQ कोणों को ब. को. कहते हैं, चाहे n का मान कुछ भी हो। अप्रा. अपवर्त्य कोण।

बाइकार्बोनेट–bicarbonate. कार्बोनिक अम्ल में सिर्फ एक हाइड्रोजन-परमाणु के प्रतिस्थापन से बना लवण; जैसे सोडियम बा. $NaHCO_3$ इत्यादि।

बाकी–remainder. दे. शेषफल. division में।

बाट–weight. तुला से किसी वस्तु का भार मालूम करने के लिए प्रयास बाहु पर दिया जाने वाला परीक्षित भार वाला कोई पिण्ड, जैसे ग्राम, 10 ग्राम आदि।

पेटी–weight-box. वह पेटी जिसमें तुला के बाट सजाकर रखे जाते हैं। इसमें साधारणतः 100, 50, 20, 10, 5, 2 और 1 ग्राम के पीतल के तथा 500, 200, 100, 50, 20, और 10 मिलीग्राम के ऐलूमिनियम के बाट रहते हैं। अप्रा. बाट-बक्स।

बादामी–brown. बादाम के रंग से मिलते-जुलते रंग वाला। प्राप. बभ्रु।

बॉयल का नियम–Boyle's Law. आयरलैंड के वैज्ञानिक (1627-91) राबर्ट बॉयल द्वारा स्थापित यह सिद्धांत कि (i) स्थिर टेम्परेचर पर किसी गैस का घनत्व उसके दाब का अनुपाती होता है, और (ii) नियत टेम्परेचर पर किसी गैस की नियत मात्रा का आयतन दाब का व्युत्क्रमानुपाती होता है।

बार–bar. दाब का एक मात्रक, जो प्रतिवर्ग सेमी. 10 लाख डाइन के बराबर होता है।

बारूद–gun powder. पोटैशियम नाइट्रेट, चारकोल और गन्धक का मिश्रण जो परम विस्फोटक होता है। विस्फोटक की अभिक्रिया लगभग इस प्रकार होती है–$2KNO_2 + S +_3 C = K_2S + N_2 + 3CO_2$।

बार्लो का चक्र–Barlow's wheel. बार्लो नामक विद्वान द्वारा आविष्कृत एक साधित्र जो विद्युत-धारा की शक्ति से चक्र में गति का आना प्रदर्शित करता है। यह गति दोनों

बगल रखे नाल-चुम्बक के बल से उत्पन्न होती है।

बॉल बियरिंग–ball bearing. यन्त्र, पुल आदि में कोई अबद्ध अंग आधार पर रखने में आधार और उस अंग के बीच दिया जाने वाला गोलाकार गोरा।

बालू–sand. कई किस्मों के पत्थरों के, मुख्यतः क्वार्ट्ज के विशीर्ण होने से जमा महीन कण। प्राप. रेत।

ऊष्मक–sand bath. आर्द्र वस्तु को सुखाने का एक उपकरण जिसमें ऊष्मक के रूप मे बालू भरा रहता है।

बाहु–arm. दे. भुजा।

बाह्य पद–extremes. दे. समानुपात proportion में।

बिटुमेन–bitumen. कोयले से निकलने वाला एक पदार्थ जो सड़क बनाने के काम में आता है।

बिना बुझा चूना–quick lime. चूना-पत्थर को जलाने से कार्बन डायक्साइड के उड़ जाने पर बचा कैल्सियम आक्साइड। इसे पानी मिलाकर मकान बनाने के काम में लाया जाता है।

बिन्दु–point. विस्थापन की कोई सीमा। इसका स्थान होता है, किन्तु परिमाण (क्षेत्र) नहीं होता है। अप्रा. बिन्दु।

उद्गम–point source. ऐसा प्रकाशस्रोत जिसका विस्तार अवरोध की अपेक्षा नगण्य हो। विप. विस्तृत उद्गम extended source.

माला–range of points. एक सरल रेखा में बिन्दुओं का तांता।

बिस्मथ–bismuth. धूसर वर्ण की एक धातु। प्रतीक Bi; प. क्र. 83; प. भा. 209.0; वि. गु. 9.72; गल. 271°। इसका उपयोग गलनीय मिश्रधातु बनाने में होता है। यह आवर्तसीरणी के पांचवे समूह की है।

बीकर–beaker. एक खास प्रकार का काचपात्र जिसमें प्रयोग-पदार्थ को रखकर

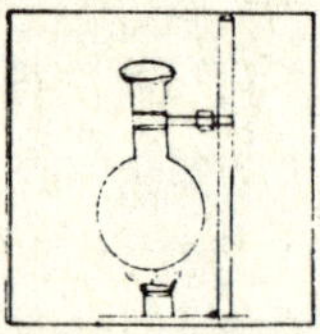

रासायनिक अभिक्रिया कराई जाती है। यह चोंचदार with spout भी होता है।

बीजगणित–algebra.वह गणितशास्त्र जिसमें राशियों को अंकों में नहीं, बल्कि प्रतीकों में रख गणना की जाती है।

बीजीय मान–algebraical value. अन्ततः वास्तविक गणना के लिए उपयोगी कल्पित संख्या।

बीटा किरण–Beta rays या B rays. रेडियोऐक्टिव तत्वो से निरन्तर निकलने वाली तीन अदृश्य किरणों में से दूसरी, जो चुम्बकीय क्षेत्र के प्रभाव में सबसे अधिक अपेरित होती है।

बुझा चूना–slaked lime. कली चूना में पानी मिलाने से बना चूना जो कैल्सियम हाइड्रोक्साइड होता है।

बुद्बुद–bubble.द्रव में भीतर से निकल कर सतह पर आई और उस द्रव के लसीले पदार्थों की झिल्ली में बझी अर्धगोलक आकार की गैस।

बुम्ब कूप–दे. उत्स्रुत कूप।

बृहत् कोण–reflex angle. 180° से बड़ा किन्तु 360° से छोटा कोण।

बेरवादार–दे. रवाहीन amorphous.

बेराइटीज–barytes या barite. बेरियम सल्फेट वाला एक खनिज।

बेरियम–barium. एक तात्विक धातु। प्रतीक Ba; प. क्र. 56; प. भा. 137.7; गल......। इसके कार्बोनेट हाइड्राक्साइड, आक्साइड और सल्फेट प्रचलित हैं।

बेलन–roller. भारी वृत्तीय छड़ जिसे लुढ़काकर या घुमाकर किसी वस्तु को दबाने के काम में लाया जाता है।

बेस-विनिमय-विधि–base exchange process. जल की कठोरता दूर करने की एक प्रक्रिया, जिसमें मिले लवण के बेस कैल्सियम और मैगनीसियम का दूसरे तत्वों से विनिमय कराया जाता है, जैसे परम्यूटिट द्वारा। अप्रा. आधार-वि. वि।

बेसाल्ट–basalt. एक प्रकार की काली शिला या उसका लावा।

बेसाल्टी–basalti. बेसाल्ट से बना।

बैंगनी–violet. वर्णपङ्क के सात रंगों में एक।

नीला–violet blue.

बैटरी–battery. विद्युत्-उत्पादक सेलों का परस्पर सम्पर्कित समूह। यह संचायक सेल और वोल्टा सेल दोनों की होती है, जो क्रमशः संचायक बै. और सूखी बै. कहलाती है।

बोझ–load. यान्त्रिकी में वह बल जिसका सामना करने के लिए यन्त्र का सहारा लिया जाता है। सामना करने के लिए जो बल यन्त्र में बाहर से लगाया जाता है वह आयास-बज effort कहलाता है। ये दोनो बल यन्त्र में भिन्न-भिन्न बिन्दुओं पर लगते हैं। प्राप. लोड।

बोरन–boron. एक अधातु तत्व। प्रतीक B.; प. क्र. 5; प. भा. 10.82; संयोजकता 3। प्रकृति में बोरिक अम्ल और सुहागा के रूप में प्राप्य। रवाहीन रूप भूरा होता है, जिसका वि. गु. 2.45; गल. 2300° सें. और क्वथ. 2550° सें. है।

बोरिक अम्ल–boric acid. सूत्र H_3BO_3। सुहागे को घुलाने से बना एसिड।

बोर्डा की प्रतिस्थापन विधि–Borda's substitution method. अशुद्ध तुला से शुद्ध भार ज्ञात करने का एक तरीका। इष्ट वस्तु को दायें पलड़े पर रखें, बायें पर बालू या कोई वस्तु डालकर सन्तुलन लाएं; तब इष्ट वस्तु की जगह बाट चढ़ा कर वजन लें, तो शुद्ध भार आएगा।

बॉक्साइट–bauxite. अल्पसिलिक (बेसिक) आग्नेय शैल के रासायनिक अपक्षय से बनी मिट्टी जिसमें मुख्यतः ऐलुमिनियम हाइड्रोक्साइड रहता है।

ब्यूरेट–burette. प्रयोगशाला में अभिक्रिया के लिए अभीष्ट द्रव वांछित मात्रा मे गिराने का एक साधित्र, जिसमें एक अंशांकित नली रहती है, उसका एक सिरा बन्द रहता है और दूसरा सिरा कपाट सहित निकास मुख से युक्त रहता है।

ब्रिटिश ऊष्मामात्रक–British Thermal Unit (B.T.U.) उतनी ऊष्मा जो एक पाउन्ड जल का टेम्परेचर एक डिग्री फा. बढ़ाती है।

मानक–British standard. ब्रिटेन में वैज्ञानिकों द्वारा स्थापित और अंगीकृत एक रूप मानक; जैसे ब्रि. मा. पाइप, ब्रि. मा. कैन्डिल आदि। असके लिए वहां एक संस्था है जो ब्रिटिश स्टैन्र्डड इन्स्टीट्यूशन कहलाती हैं

ब्रिन विधि–Brin's process. बेरियम ऑक्साइड से आक्सीजन प्राप्त करने की एक विधि।

ब्रिमस्टोन–brimstone. 'आसानी से जलने वाला पत्थर', गन्धक (द्र.) का एक प्राचीन नाम।

ब्रेक–brake. गाड़ी आदि की गति को रोकने की यान्त्रिक युक्ति।

अश्वशक्ति–brake horse power (B.H.P.) मूल प्रवर्तक (प्राइम मूवर) की वह अश्वशक्ति (द्र.) जो ब्रेक लगाने से अवधारित की जाती हे।

ब्रोमाइड–bromide. हाइड्रोब्रोमिक अम्ल का लवण। उत्पा-धातु, उसके आक्साइड या हाइड्रोक्साइड पर या कार्बोनेट पर हाइड्रोब्रोमिक अम्ल की अभिक्रिया से। जल में विलेय। उपयोग-रजट ब्रोमाइड फोटोग्राफी में काम आता है, दवा में।

ब्रोमीन–bromine. एक अधातु तत्व। प्रतीक Br. प. क्र. 35; प. भा. 79.916; संयो. 1, 3, 5, और 7; द्विपरमाण्विक; गल. -70° सें.; क्वथ. 58.78°. सें.; वि. गु. 3. 12। बादामी रंग, वाष्पशील, तीव्र गन्ध, जल में विलेय, विष, त्वचा के लिए घातक। उत्पा-पोटासियम ब्रोमाइड और मैंगनीज डायक्साइड के मिश्रण को सान्द्र गन्धकाम्ल में गर्म करके। उपयोग-कई यौगिक रंग बनाने में।

ब्लैक लेड–black lead. ग्रेफाइट (द.) का नामान्तर।

भंगुरता–brittleness. पदार्थ का वह गुण जिससे वह आसानी से टूट सकता है, जैसे ढलवां लोहा। इसका परीक्षण तनन प्रतिबल द्वारा किया जाता है।

भंजक आसवन–destructive destillation. या dry distillation. आसवन की वह विधि जिसमें उपकरण के भीतर वायु की अनुपस्थिति में वस्तु को तापित किया जाता है। फलतः वह विच्छिन्न हो जाती है और वाष्पशील पदार्थ ग्राहक में जमा हो जाता है। प्रप. शुष्क आसवन।

भंवर–whirlpool.

भट्टी–oven (i) किसी वस्तु को ऊष्मा द्वारा गर्म करने या सुखाने का साधित्र। प्राप. आवा; अप्रा. ऊष्मक। (ii) furnace. अत्युच्च टेम्परेचर प्राप्त करने के लिए बना विशिष्ट चूल्हा, जो बिजली, कोयला, तेल या परमाणुशक्ति से जलता है।

भभका–retort. वाष्पीकरण आदि के साधित्र का वह पात्र जिसमें बगला की गरदन सी नली लगी रहती है। प्रप. बकयन्त्र; प्राप. रिटार्ट।

भस्म–ash. राख।

भाग–part (i) हिस्सा, अंश। (ii) devision. गणित में किसी राशि को कई बराबर हिस्सों में बांटने की क्रिया। इसमें जो राशि बांटी जाती है वह भाज्य devidend. जितने हिस्सों में बांटी जाती है वह भाजक deviser. और जितनी राशि हर हिस्से में पड़ती है वह भागफल quotient. कहलाता

है।

देना—devide. गणित में भाग की विधि द्वारा बांटना।

फल—quotient. दे. भाग में प्राप. लब्धि।

भाजक—deviser. दे. भाग में।

भाज्य—devidend.दे. भाग में।

भाज्यता—divisibility. हरेक पदार्थ का यह गुण कि वह अनेक टुकड़ों में तोड़कर बांटा जा सकता है।

भाप—steam. वाष्प की अवस्था में पहुंचाया हुआ जल।

अंगार गैस—water gas. लाल तप्त कोयले पर जलवाष्प प्रवाहित करने से उत्पन्न गैस, जो मुख्यतः हाइड्रोजन और कार्बन मोनोक्साइड का मिश्रण होता है उद्योग में ऊष्मा के लिए तथा अपचायक के रूप में अप्रा. जल गैस।

भाप इंजन—steam engine. भाप के दाब की शक्ति से चलने वाला इंजन, जैसे रेल इंजन आदि।

ऊष्मक—steam over. भीगी वस्तु को भाप की ऊष्मा से सुखाने का एक साधित्र।

तापक—steam bath.= भाप-ऊष्मक।

बिन्दु—steam point. = ऊपरी स्थिर बिन्दु upper fixed point.

भार—weight. किसी वस्तु पर लगने वाला पृथ्वी का गुरुत्वाकर्षण बल। यह निरपेक्ष इकाइयो में व्यक्त किया जा सकता है, जैसे डाइन या पाउन्डल भार, ग्राम-भार इत्यादि। प्राप. वजन, तौल।

भुजा—arm of resistance.लीवर (द्र.) का वह सिरा या हिस्सा जिस पर आयास के विरुद्ध भार या प्रतिरोध बल डाला जाता है। अप्रा. रोध बाहु, प्रतिरोध-बाहु।

भिन्न—fraction. गणित मे किसी इकाई का टुकड़ा, जो किए गए टुकड़ों और कल्पित इकाई को एक पड़ी लकीर के क्रमशः ऊपर और नीचे लिख कर व्यक्त किया जाता है, या इकाई को नियमतः दस-दस टुकड़ों में बंटा मानकर केवल लिए गए टुकड़ों की संख्या एक बिन्दु के दाहिने लिखकर व्यक्त किया जाता है, इनमें पहला सामान्य भिन्न कहलाता है और दूसरा दशमलव भिन्न।

भीतरी पेंच—female screw. वह पेंच जिसमें चूडियां भीतर में रहती हैं।

भुज—abscissa. निर्देशाक्ष (द्र.) में मूल बिन्दु से कोटि तक की लम्बात्मक दूरी। अप्रा. भुजा, एक्स नियामकं दे. आरेख सं.।

भुजा—arm.रेखागणित में वे सरल रेखाएं जिनके परस्पर मिलने से कोण और क्षेत्र बनते हैं। प्राप. बाहु। भुज abscissa के अर्थ में इसका प्रयोग गलत और भ्रामक है।

भुजाक्ष—axis of abscissa दे निर्देशाक्ष axis of reference में।

भूकम्प विज्ञान—secsmography. वह विज्ञान जिसमें भूकम्प के कारणों और पूर्वानुमान के उपायों का विवेचन किया जाता है।

भूविज्ञान—दे. भौमिकी।

भूसम्पर्कन-earthing विद्युत् तंत्र का धरती के साथ वाहक तार द्वारा या सीधे सम्पर्क। भूसम्पर्कित earthed. अ. प्रा. भूयोजित।

भौतिक परिवर्तन—physical change. ऐसा परिवर्तन जिसमें पदार्थ के कुछ भौतिक

गुण कुछ काल के लिए बदल जाते हैं, किन्तु उस पदार्थ के अणुओं की बनावट में कोई परिवर्तन नहीं हैं अतः नया पदार्थ नहीं बनता है।

शास्त्र–दे. भौतिकी।

भौतिकी–physics ऊष्मा, प्रकाश, विद्युत्, चुम्बक ध्वनि आदि ऊर्जाओं की कृति और प्रकृति का अध्ययन। प्रायः भौतिक शास्त्र, भौतिक विज्ञान।

भौमिकी–geology पृथ्वी के अवयवों (पत्थर, खनिज आदि) के अध्ययन का शास्त्र। प्राप. भूविज्ञान।

मध्यसार–(अप्रा.) दे ऐल्कोहल alcohol

मध्यपद–means दे समानुपात proportion में।

मध्यम–medium दो स्तरों (उत्तम और अधम आदि) के बीच में पड़ने वाला।

-तरंग medium wave रेडियो में 200 से 1000 मीटर तक दीर्घतावाली तरंगें।

मध्यानुपाती–mean proportional दे. समानुपात में।

मन्दन–retardation वेग का ह्रास। इसे ऋणात्मक त्वरण कह सकते हैं।

मरीचिका–mirage जब वायुमंडल के भिन्न-भिन्न स्तरों का तापक्रम भिन्न-भिन्न हो जाता है। और फलतः उनके वर्तनांक द्र.) भी भिन्न-भिन्न होते हैं, तब उनसे गुजरनेवाली किरणों का सम्पूर्ण परावर्तन हो जाता है कि पानी में प्रतिबिम्ब बना हो। यही घटना म. है। अप्रा. मृगतृष्णा।

माइक = माइक्रोफोन।

माइक्रोकास्मिक लवण–microcosmic salt. सूत्र $NA(NH_4)HPO_4 4H_2O$। यह मनुष्य के मूत्र में पाया जाता है। इसका उपयोग लवण-परीक्षण में होता है।

माइक्रॉन–micron लम्बाई का एक सूक्ष्म मात्रक जो मिलीमीटर के हजार वें भाग के बराबर होता है। लगभग 0.000039 इंच। इसका प्रतीक ग्रीक अक्षर m म्यू है। इसका भी हजारवां भाग मिली माइक्रॉन होता है।

माइक्रोफोन–ध्वनितरंग को विद्युत् ऊर्जा के रूप में परिणत करनेवाला यन्त्रविशेष, जो हर ध्वनि-प्रत्युत्पादन यन्त्र अपेक्षित होता है।

मातृद्रव–mother liquor. रवे बन जाने के बाद बचा घोल।

मात्रक–unit of measurement. लम्बाई, भार आदि की वह व्यावहारिक राशि जिससे तुलना करके अन्य राशियों का परिमाण आंका जाता है। जैसे, मीटर, ग्राम, पाउन्ड आदि बल का मात्रक डाइन, पाउन्डल, टेम्परेचर का मात्रक फा. डिग्री सेंटीग्रेट, O, कार्य का मा. अर्ग आदि।

मात्रा–quantitative. केवल मात्रा यानी परिमाण को देखने वाला, गुण या तत्व को न छूने वाला। विप. गुणात्मक, तात्विक। प्राप. परिमाणात्मक।

माध्य–mean. अनेक राशियों के सम्बन्ध में वह राशि जो न्यूनतम और महत्तम राशियों के बीच में पड़ती हो। जैसे 4, 10, 15, और 20 का माध्य 8 हुआ।

माध्यक–medium. वह वस्तु जिसमें या जिससे होकर कोई क्रिया सम्पन्न होती है, जैसे प्रकाश के गमन में वायु, जल आदि।

माध्यिका–median किसी त्रिभुज के

कोण-बिन्दु को सामने की भुजा के मध्यबिन्दु से मिलाने वाली सरल रेखा। त्रिभुज की तीनों माध्यिकाएं एक-दूसरी को एक ही बिन्दु पर काटती हैं।

मान–value. मूल्य, कीमत, तादाद, परिमाण।

मानक–standard. एक रूप में ऐकमत्य से सबों द्वारा स्वीकृत आदर्श या स्वरूप, अथवा ऐसे स्वरूप वाला। प्राप. प्रामाणिक

कैन्डिल–standard candle. प्रदीपन-क्षमता की माप के लिए सर्वमान्य एक मोमबत्ती, जो 1/6 पाउन्ड स्पर्मासीटिक (spermacetic) मोम की 7/8 इंच व्यासवाली और प्रति घंटा 120 ग्रेन की दर से जलनेवाली हो। इससे होने वाला प्रकाश अन्य प्रकाशें का मात्रक माना जाता है। जिसका नाम कैन्डिल-शक्ति candle power है।

मानक ताप–दाब (मा.ता.दा.) normal temperature and pressure (N.T.P.). प्रयोगशाला में प्रयोग के लिए तथा सूत्रनिर्धारण के लिए समान रूप से सबों द्वारा अपनाया गया तापक्रम (अर्थात् 0° सें.) और दाब अर्थात् 76 सेमी।

विलयन–standard solution. वैसा विलयन जिसकी सान्द्रता (अर्थात् विलेय और विलायक का अनुपात) ज्ञात हो। अप्रा. प्रमाणघोल।

मानवविज्ञान–authropology. मानवजाति, प्रकृति में उसके स्थान और उसकी रीतिरिवाज व रहन-सहन का विवेचन करने वाला शास्त्र।

मापन–measure. लम्बाई आदि मान निकालने की क्रिया।

मापनी–scale. लम्बाई मापने की पटरी जिस पर लम्बाई के मात्रक मिलीमीटर आदि के दाग ओंकित रहते हैं। प्राप. पैमाना, स्केल।

मिलि–milli हजारवां भाग, जैसे मिलिग्राम = ग्राम का हजारवां भाग, 1/1000 ग्राम; मि.ली.; मि. माइक्रोन इत्यादि। 10^{-3}।

मिश्रण–(i) mixture. अनेक पदार्थो के अनिश्चित अनुपात में मिलने से बना पदार्थ जिसमें घटकों के गुण पूर्ववत् बने रहते हैं और उन्हें सरल यान्त्रिक विधि से पुनः पृथक् कर सकते हैं (ii) blending. कई रंगों, रसों आदि का संयोजन।

मिश्रधन–amount. अंकगणित में ब्याज-व-लाभ सहित मूलधन।

मिश्रधातु–alloy. कई धातुओं को एक साथ पिघलाने से बना धातुमिश्रण, जिसके गुण घटक धातुओं के गुणों से अक्सर भिन्न होते हैं जैसे ताम्र + यसद = पीतल, ताम्र + रांगा + यसद = फूल आदि।

मिश्रणीय–miscible. आसानी से परस्पर घुल-मिल जाने वाला, जैसे जल और ऐल्कोहल।

मिट्टी–metre. (i) लम्बाई का एक विश्वमान्य मात्रक जो लगभग 39.37 इंच के बराबर होता है। (ii) meter. ताप, ऊर्जा आदि मापने के लिए बना यन्त्र। जैसे बैरोमीटर, थर्मामीटर आदि।

कैन्डिल–प्रदीपन-तीव्रता का एक मात्रक जो मानक कैन्डिल से एक मीटर दूरी पर उसके प्रकाश की तीव्रता के बराबर होती है।

मीटरी टन–tonne एक हजार किलोग्राम,

या 2204.6 पाउन्ड, या 0.98 टन।

मीनार–tower.

मुक्त–free. जो किसी दूसरे से आबद्ध या जकड़ा न हो; जैसे हवा में आक्सीजन। प्राय अलग्न।

तल–free surpace. किसी वस्तु का वह पृष्ठ या सतह जो किसी अन्य वस्तु से ढकी या अवरुद्ध न हो; जैसे पोखरे के जल का ऊपरी पृष्ठ। अप्रा. स्वतन्त्र तल, मुक्त तल।

मुख्य अक्ष–principal axis (i) गोलीय दर्पण में ध्रुव को वक्रता-केन्द्र से मिलाने वाली रेखा; (ii) लेन्स में उसकी दोनों सतहों के केन्द्र को मिलाने वाली सरल रेखा।

तार–mains. विद्युत्-तन्त्र में वह चालक तार जहां से सर्विस लाइनें निकाली जाती हैं। साधारणतः इसमें फीडर और डिस्ट्रिब्यूटर दोनों आते हैं।

नल–mains. जलापूर्ति में वह नल जिससे शाखाओं के रूप में उपभोक्ता-नलिकाएं जुड़ी रहती हैं।

फोकस–principal focus. गोलीय दर्पण में वह बिन्दु जहां मुख्य अक्ष के समान्तर किरणें परावर्तित होकर मुख्य अक्ष को काटती हैं। यहां से ध्रुब तक की दूरी नाभ्यन्तर focul length कहलाती है।

मुद्रा-धातु–coinage metal. एक मिश्रधातु जो सिक्का ढालने के लिए उपयुक्त मानी जाती थी; अर्थात् ताम्र लगभग 95 प्रतिशत + टीन उ.प्र. + जस्ता + 1 प्र मुलम्मा करना, बिजली से–दे. विद्युत्-लेपन electroplating।

मूल–(i) parent जनक। (ii) root. जड़,

वनस्पति का वह अंग जो धरती की ओर बढ़ता और धरती से रस ग्रहण करता है।

धन–principal. ऋण के रूप में दी गई मूल रकम जिसपर ब्याज देय होता है।

बिन्दु–origin. दे. निर्देशाक्ष में।

मात्रक–primary units. लम्बाई, वजन और समय के मापन की वे तीन इकाइयां जो अन्य सभी इकाइयों के मूल हैं; ब्रिटिश पद्धति में फुट-पाउन्ड-सेकेण्ड और मेट्रिक पद्धति में मीटर-ग्रास-सेंकेण्ड।

स्वरक–fundamental note. जब कोई तार इस प्रकार छेड़ा जाए कि उसकी समूची लम्बाई में एक ही पाश (लूप) बने तब उससे उत्पन्न स्वरक। अप्रा. मौलिक तान, मौ. स्वर।

मूलक–radical. रसायन शास्त्र में परमाणुओं को ऐसा समूह जो कोई रासायनिक अभिक्रियाएं होने पर भी अपरिवर्तित रहता है, किन्तु स्वयं कोई स्तवन्त्र सत्ता नहीं रखता है। जैसे NH_4, SO_4, NO_2 इत्यादि।

मूलानुपाती सूत्र–emperical formula. वह संकेतावली जिससे मालूम होता है कि किसी यौगिक के एक अणु में घटक तत्वों के परमाणु किस सरलतम अनुपात में विद्यमान हैं। अप्रा. सरल सूत्र।

मृत्तिका–clay. पानी में घुलनशील सूक्ष्म कणों वाली मिट्टी, जिससे ईंट, बरतन आदि बनाए जाते हैं। इसमें अन्य कई अपद्रव्यों

के साथ ऐलुमीनियम का हाइड्रेटेड सिलिकेट रहता है। प्राप. मृदा, चिकनी मिट्टी।

शिल्प—ceramics. पोर्सलेन या चीनी मिट्टी से पात्र बनाने की कला।

मृदु—soft. नर्म, कोमल, मुलायम।

जल—soft water. ऐसा जल जिसमें मैग्नीसियम और/या कैल्शियम का लवण नहीं घुला हो। इसकी पहचान है साबुन लगाने से फेन उत्पन्न करना, दाल गलना आदि। विप. कठोर जल। प्राप. मीठा जल।

मेगा—mega. एक ग्रीक उपपद जिसका अर्थ होता है (i) बड़ा या विशाल, (ii) दस लाख गुना : जैसे मेगाग्राम mg. मेगा MW इत्यादि।

मेघ-cloud. जब जलवाष्प ऊपर उठते हुए ओसांक से कम तापक्रम वाले वायुमंडलीय

स्तर में पहुंच जाता है। तब अतिरिक्त वाष्प सूक्ष्म जलकण बनकर वहीं लटका रह जाता है। ऐसे ही सूक्ष्म जलकणों का समूह मेघ कहलाता है। प्राप. बादल, अभ्र।

गर्जन—thunder. मेघ में विद्युत्-संचार के साथ होने वाली गर्जन ध्वनि, जो प्रचंड ताप परिवर्तन के कारण अस्तव्यस्त तरंगों के विक्षोभ से उत्पन्न होती है।

मेटाफास्फोरिक अम्ल—metaphophoric acid. फास्फोरस पेन्टाक्साइड को बर्फीले पानी में डालने से बना घोल; HPO_3।

मैगनीज—manganese. एक मूल धातु। प्रतीक Mn: प.भा. 54.93 ; प. क्र. 25 ; संयोजकता 2, 3, 4, या 7 ; वि.गु. 20° सें पर 7.2 ; गल 1245° सें ; 1900°; कड़ा, भंगुर। उप-लोहा बनाने में विआक्सीकरक और बिगन्धकीकारक के रूप में।

मैग्नीशियम—magnesium. एक मूल धातु। प्रतीक Mg : प.क्र. 12; प.भा 24. 32; गल. 649° सें; क्व. 1220° घनत्व 1. 15 ग्राम प्रति घनसेमी। प्रकृति में यौगिक रूप में प्राप्य। जैसे मैग्नेसाइट में इसका कार्बोनेट। कार्नालाइट क्लोराइड तथा काइसेराइट में सल्फेट मिलता है। श्वेत, चमकदार। हवा में तप्त करने पर, तीव्र प्रकाश के साथ चलता है। तनु अम्लों में विलेय। उप-फ्लैश बल्ब बनाने में, लाइट्रोजन के शोषण में, मिश्रधातु बनाने में।

आक्साइड—m. oxide. सूत्र Mgo। प्रकृति में पेरिक्लेसा (periclase) नामक खनिज में प्राप्य। उत्पा-मै. को हवा में जलाने से, या उसके कार्बोनेट के तापीय अपघटना से। श्वेत, रवादार, ठोस; जल में विलय। उप-आसानी से नहीं पिघलने के कारण ऊष्मा सह ईंटों के निर्माण में, तथा मैग्नीशियम का सल्फेट, क्लोराइड और नाइट्रेट बनाने में। प्रचलित नाम मैग्नीशियम।

कार्बोनेट—m. carbonate. सूत्र $Mg.\ CO_2$. मैग्नेसाइट नामक खनिज में प्राप्य। उत्पा-मै. सल्फेट के घोल में सोडियम बाइकोर्बोनेट का सान्द्र घोल मिलाने से। श्वेत, रवादार, ठोस। जल में विलेय। ऊष्मा से अपघटित होता है। उप-दवा बनाने में तथा रासायनिक उत्पादन में।

मैग्नीशियम क्लोराइड—m. chlonde. सूत्र

Mgcl$_2$. कार्नेलाइट खनिज में प्राप्य। श्वेत रवादार, ठोस। जल में विलेय; जलशोषण और पसीजने वाला। उत्पा—मैं को क्लोरीन, हाइड्रोजन क्लोराइड आदि में गर्म करने से। उप-वस्त्र उद्योग में धागे को नम रखने में, जल शोषक के रूप में, सीमेंट के उत्पादन में।

नाइट्रेट—m. nitrate. सूत्र Mg $(NO_3)_2$, $6H_2O$। श्वेत, रवादार, ठोस, जल में विलेय, पसीजनेवाला, ताप के प्रभाव से अपघटित होने वाला। उत्पा—मैं. आक्साइड या कार्बोनेट को तनु गन्धकाम्ल में घुलाकर घोल के रवाकरण से।

पेरोक्साइड—m. peroxide. सूत्र MgO_2। मैं. सल्फेट के घोल और हाइड्रोजन पेरोक्साइड के मिश्रण में सोडियम हाइड्रोक्साइड मिलाने से बनता है। दन्तमंजन में कीटाणुनाशक के रूप में दिया जाता है।

सल्फेट—m. sulphate. सूत्र $MgS0_4$, $7H_2O$। व्यापारिक नाम एप्सम साल्ट। काइसेराइट खनिज में प्राप्य। रंगहीन, रवादार, ठोस, जल में विलेय। उप-कपड़े की रंगाई, कलफकारी, पेट साफ करने की दवा।

हाइड्रोक्साइड—m. hydraoxide. सूत्र $Mg(OH)_2$। (प्रकृति में ब्रूसाइट नामक खनिज के रूप में) प्राप्य। श्वेत, ठोस, जल में अल्प विलेय। उत्पा-मैं. क्लोराइड में चूने का घोल मिलाने से। उप-चीनी बनाने में।

मैग्नीशिया—magnesia. मैग्नीशियम आक्साइड का नामालट। अल्बा लेविस - m. alba levis. मैग्नीशियम कार्बोनेट का एक अपर रूप।

मैग्नेटाइट—magnetite. एक प्रकार का लौह आक्साइड अर्थात् फेरसोफेरिक आ. (Fe_3O_4)। सह चुम्बक से आकृष्ट होता है, किन्तु स्वंय लौह-कण को आकृष्ट नहीं करता है।

मैग्नेसाइट—magnesite. मैग्नीशियम कार्बोनेट वाला एक खनिज जिससे मैग्नीशियम निकाला जाता है।

मैट्रिक्स—matrix. अयस्कों में मिश्रित अवांछित द्रव्य। इसे दूर कर अयस्क से शुद्ध धातु निकाली जाती है।

मैलेकाइट—malachite. ताम्र का एक अयस्क जिसमें ताम्र कार्बोनेट के रूप में रहता है; $CuCo_3$, $Cu(OH)_2$।

मोटर—moter. गति देने या यान्त्रिक ऊर्जा उत्पन्न करने वाला कोई यन्त्र, जो मोटरकार, आटे की चक्की, जल-पम्प आदि चलाने की मशीन में लगा रहता है।

मोनाक्साइड—monoxide. आक्सीजन के एक परमाणु वाला आक्साइड; जैसे कार्बन मो. Co।

मोम—wax. वह पदार्थ जिससे मधुमक्खी का छत्ता बना होता है। यह बहुत आसानी से पिघलता और ठोस होता है।

मौसम—weather. वायुमंडल की तात्कालिक स्थिति; अर्थात् धूप, हवा, मेघ, ताप आदि का सामूहिक प्रभाव। (ऋतु season इससे भिन्न है।)

यथार्थ—accurate. न्यूनता और आधिक्य दोष से यथासम्भव रहित। यथार्थता-acceracy.

यंत्र—machine. ऐसी युक्ति जिसमें एक बिन्दु पर लगाया हुआ बाहरी बल दूसरे

बिन्दु पर अधिक प्रतिरोधी बल का सामना करने में समर्थ होता है।

यसदपुष्प—philosophers wool. हवा में जस्ता को जलाने से गर्म अवस्था में बना एक हल्का पीला ठोस जो ऊन-सा दीखता है और जिंक आक्साइड होता है।

यान्त्रिक—machanical. यन्त्र द्वारा सम्पादित या यन्त्र से सम्बन्ध रखने वाला।

तुल्यांक, ऊष्मा का—equivalent of heat. जब कार्य ऊष्मा के रूप में परिणत होता है तब कार्य की एक निश्चित मात्रा से ऊष्मा की एक निश्चित मात्रा उत्पन्न होती है। यही स्थिर सम्बन्ध या. तु. कहलाता है। 4. 18 जूल कार्य से 1 कैलोरी ऊष्मा उत्पन्न होती है, और 778 फुट-पाउन्डल कार्य से 1 ब्रिटिश थर्मल यूनिट (B.Th.U.)। यह सम्पादित कार्य/उत्पन्न ऊष्मा के बराबर होता है। इसे जूल का तुल्यांक भी कहते हैं।

दक्षता—m. efficiency. यह ब्रेक हार्स पावर को सूचित हार्स पावर से भाग देने पर निकलती है। या = B.H.P./I.H.P.।

यान्त्रिक लाभ—mechanical advantage. सरल यन्त्र द्वारा उठाए गए भार (या किए गए प्रतिरोध-सामना) और उस यंत्र को चलाने में लगे बल का भाग फल। संक्षेप में या.ला.=भार/आधार (M.A. = W/E)।

युक्ति—appliance. तरकीब।

यूनिट—unit charge. विद्युत् का वह बिन्दु-आवेश जिससे, हवा में 1 सेमी, दूरी पर सदृश और समान परिमाण का बिन्दु-आवेश रखने पर परस्पर एक डाइन का प्रतिकर्ष-बल लगता है। विद्युत्-ऊर्जा का वह व्यावहारिक मात्रक जो 1 किलोवाट घंटा के बराबर होता है।

यूरिया—urea. एक यौगिक रसायन $H_2N/CO.NH_2$, जो मुख्यतः स्तनपायी जीवों के मूत्र में पाया जाता है।

यूरेनियम—uranium. एक बहुमूल्य मूल धातु। प्रतीक U: प.क्र. 92 ; वि.गु. 18.7; गल. 1690° सें। यह नितान्त विकिरण धर्मी (रेडियोएक्टिव होता है। इसका अर्धजीवन काल 4.5×10^9 वर्ष है। उप—परमाणु ऊर्जा के उत्पादन में।

योग—(i) total. अनेक सजातीय राशियों को मिलाकर बनाई हुई एक राशि प्राप. जोड़। (ii) addition. दे. जोड़।

चिह्न—addition-sign, plus sign. गणित में + चिह्न जो राशि की धनात्मकता का सूचक है।

फल—sums. अनेक सजातीय राशियों को मिलाने से निकली राशि।

योगात्मक अभिक्रिया—additive reaction. दो प्रकार के अणुओं के योग से दोनों मिलकर एक प्रकार का अणु बनना ; जैसे $CaO + CO_2 = CaCO_3$ इत्यादि।

योगान्तरानुपात—componendo. चार समानुपाती राशियों में पहली व दूसरी के योगफल का दूसरी के साथ वही अनुपात होगा जो तीसरी और चौथी के योगफल का चौथी के साथ; जैसे क:ख::ग:घ में क + ख: ख ::: ग + घ : घ। प्रप. योगानुपात।

योज्य—addend. गणित में वह राशि जो अन्य राशि में जोड़ती है।

योगिक—copmpound. ऐसा पदार्थ जो अनेक तत्वों के भारानुसार निश्चित अनुपात

में मिलने से बनता है। चाहे बनने की विधि जो भी हो। इसके घटकों का गुण बदल जाता हैं और वे आसानी से पुनः पृथक नहीं किए जा सकते हैं। दे. मिश्रण भी।

मूलक—compound radical. विभिन्न तत्वों के परमाणुओं का ऐसा समूह जो कई यौगिकों में घटक रूप में पाया जाता है। किन्तु पृथक् अस्तित्व नहीं रखता है। दे. मूलक भी।

रंजक—dge. वह द्रव्य जिसमें अपने सम्पर्क में आए वस्त्र आदि को रंगीन कर देने का गुण होता है।

रकबा—दे. क्षेत्रफल area।

रक्ताभ—reddish. लहू (लाल) रंग की आभा (झाई) वाला, हल्का लाल, जैसे कमल का फूल।

रचना—formation. (i) किसी वस्तु का यह विवरण कि वह किन-किन उपादानों के किस तरह के मेल से बनी है। (ii) किसी वस्तु का कई उपादानों के विशिष्ट मेल से संगठित होना। (iii) construction. रेखागणित में, दी हुई शर्तों के अनुसार आकृतियों की बनावट। (iv) constitution. घटक अवयवों का विश्लेषण जैसे जल की रचना H_2O इत्यादि।

जल—Water of constitution. रवाजल (द्र.) का ऐसा भाग जिसे बहुत अधिक ताप पर ही रवा से पृथक् कर सकते हैं। प्राप. संघटन-जल।

रजत—silver. Argentum. एक मूल धातु प्रतीक Ag; प.क्र. 47 : प.भा. 107.88: वि. गु. 20° सें पर 10.5; गल. 960° सें; क्व. 1955° सें। उप-सिक्का बनाना, भूषण बनाना। प्राप. चांदी।

रन्ध्र—pore. सूक्ष्म छिद्र। प्राप. छिद्र।

रवा—दे. क्रिस्टल ई. crystal.

दार—दे क्रिस्टलीय इ.।

हीन—amorphous. ऐसा पदार्थ जिसके परमाणु क्रिस्टल की किसी नियमित आकृति में सजे नहीं होते हैं। प्राप अक्रिस्टलीय ; विप. क्रिस्टलीय, रवादार।

रसायन—chemical या chemical substance. वैसा पदार्थ जिसमें कोई द्रव्यगत अभिलक्षणात्मक गुण हो, जैसे आक्साइड, सल्फेट, कार्बोनेट आदि। प्राप. रासायनिक द्रव्य।

रासायनिक विज्ञान—chemistry. पदार्थों की बनावट, उनमें होने वाले परिवर्तन, और उनके एक दूसरे पर प्रभाव आदि का अध्ययन।

रांगा—tin. एक मूल धातु। प्रतीक Sn (लैटिन नाम stanium से)। प.भा. 118÷7; प.क्र. 50 ; वि.गु. 20° सें, पर 7.3 ; गल. 232° सें.। उप-लोहे पर कलई चढ़ाना, कई मिश्रधातु बनाना। प्राप. वंग, टिन।

राख—ash. भस्म।

राजजल—(अप्रा.) दे. ऐक्वा रेजिया eqva regia।

राल—resin. कई पेड़-पौधों के रस के स्तवण से निकला एक पदार्थ, जो कड़ा, गलनशीली, भंगुर, जल में अविलेय होता है। प्राप. रेजिन।

राशि—quantity, sum. परिमाण, मात्रा, रकम।

रासायनिक—chemical. रासायन सम्बन्धी; अर्थात् पदार्थों के गुणधर्म और उनकी

पारस्परिक अभिक्रिया से सम्बद्ध।

अभिक्रिया—c. reaction. पदार्थों के पारस्परिक संयोग से उनके अणुओं के टूटने और घटक परमाणुओं के नए ढांचे में पुनर्विन्यस्त होने से नए पदार्थ के बनने की क्रिया।

ऊर्जा—c. energy. रा. अभिक्रिया के फलस्वरूप निकलने वाली ऊर्जा। जैसे संचायक सेल या बैटरी में।

परिवर्तन—ऐसा परिवर्तन जिसमें पदार्थ सदा के लिए बदल जाता है और उससे नए पदार्थ बन जाते हैं। जिनके गुण मूल पदार्थ के गुण से भिन्न होते हैं

प्रतीक—c. symbol. रसायन शास्त्र में हरेक तत्व के लिए प्रचलित प्रतीक जो रोमन अक्षरों में हैं। जैसे कार्बन के लिए c. आक्सीजन के लिए O इत्यादि।

रासायनिक बन्धुता—c. affinity. किसी द्रव्य को रासायनिक विधि से उसके घटक भागों या तत्वों में विभाजित करना ताकि उसकी रचना मालूम हो।

संयोग के नियम—law of c. combination. यह नियम कि रासायनिक अभिक्रिया से किसी तत्व का कोई परिमाण न तो नष्ट होता है और न उत्पन्न; संयोग निश्चित अनुपात में, अपवर्त्य अनुपात में और सरल अनुपात में ही होता है; तथा गैसों के संयोग में घटक गैसों और परिणामी गैसों के आयतन परस्पर लघु पूर्णांकों के अनुपात में होते हैं।

रिओमूर डिग्री—reaumur degree. ताप नापने का एक मात्रक जो कम प्रचलित है। इसमें गलनांक O° और क्वथनांक 80° है। फा. डिग्री के साथ इसका सम्बन्ध इस प्रकार है। F-32/9 = R/4।

रिले—relay. एक वैद्युत यन्त्र जिससे छोटी विद्युत्-धारा के प्रयोग से बड़ी विद्युत्-धारा का नियंत्रण किया जाता है; विशेषतः वह उपकरण जो टेलीफोन, टेलीग्राफ या रेडियो द्वारा मन्द ध्वनि में संवाद लेकर उसे अधिक तीव्रता के साथ प्रसारित करता है।

रुधिर—blood. प्राणिशरीर में ऊतियों में निरंतर परिसंचरण करने वाला एक द्रव जो ऊतियों को आक्सीजन और पोषण पदार्थ पहुंचाता और दूषित पदार्थो को उत्सर्गी अंगों में लाता है। इसमें 77 प्रतिशत जल तथा प्रोटीन आदि अन्य पदार्थ रहते हैं। **प्रप.** रक्त।

कोयला—blood charcoal. रुधिर के भंजक आसवन से बना कोयला जो कार्बन का एक अपररूप है। अप्रा. रक्त-कोयला।

रूज—rouge. जलयोजित और आक्साइड जो घटन पर पालिश करने में काम आता हैं

रूपान्तरण—(i) tronsformation. किसी वस्तु को एक रूप से बदल कर दूसरे रूप में परिणत करना; जैसे त्रिकोणमिति में sin को cos के रूप में लाना (sin θ = × 1-cos²θ)। **प्राप.** परिणमन। (ii) conversion. एक पद्धति के मात्रक को बदलकर दूसरी पद्धति के मात्रक पर लाना; जैसे इंच कों सेमी, पाउन्ड को ग्राम बनाना। अथवा एक ही पद्धति के एक मात्रक को दूसरे मात्रक के रूप में परिणत करना; जैसे ग्राम को मिलीग्राम के रूप में लाना इत्यादि।

रेखनी—suler. लकीर डालने का बेलन;

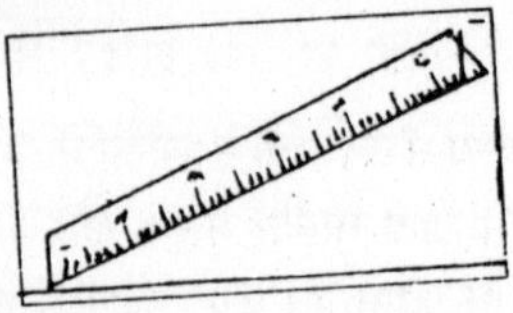

रूल, रूलर।

रेखा - line. ज्यामिति में एक बिन्दू से दूसरे बिन्दू तक जाने का मार्ग चिह्न जो दूरी, दिशा और सीमा का सूचक होता है। इसमें लम्बाई होती है, किन्तु मुटाई या चौड़ाई नहीं। प्राप. लकीर।

कूर्चिका–pencil. एक बिन्दु से खींची गई कई रेखाओं का समूह। इनके संगमन-बिन्दू को कूर्चिका-शीर्ष (vertex of p.) कहते हैं। अप्रा. किरण-सूची।

रेखांश–longitude. मानचित्रों में ध्रुव से ध्रुव तक खींची गई रेखाएं जो यह सूचति करती हैं कि कोई स्थान ग्रीनविच से कितनी दूर पूरब या पश्चिम पड़ता है। प्राप. देशान्तर।

रेखीय प्रसार–linear expansion. ताप के प्रभाव से किसी वस्तु की लम्बई का बढ़ना। यह भिन्न-भिन्न पदार्थो में भिन्न-भिन्न दर से होता है जो उसका प्रसारगुणंक (द्र.) कहलाता है।

रेचक पम्प–exhauest pump. यह सम्पीड़न-पम्प का उल्टा है, क्योंकि इससे पात्र में हवा भरने की बजाय निकाली जाती है। प्राप. निर्वातक पम्प, शून्यक पम्प।

रेडार–radar. इसका पूर्ण रूप है radio-disecting and ranging. सूदूर आकाश में चल रही वस्तुओं की दूरी और दिशा जानने का एक यन्त्र। रेडियो-स्पन्द उस वायु पर छोड़े जाते हैं और वहा से परावर्तित होते हैं, और परावर्तित स्पन्द टेलीविजन-जैसे एक परदे पर देखे जाते हैं।

रेडियन माप–radion measure. त्रिज्या के बराबर चाप से केन्द्र पर अन्तरित कोण को इकाई मानकर कोण का माप (1 रे. = 57.3°; 1° = 0.017 रेडियन; 180°=π (3.14) रे.।

रेडियम–radium. एक विघटनाभिक (रेडियोऐक्टिव) धातु। प्रतीक Ra ; प.क्र. 88; प.भा. 226.05; गल. 700° सें.। श्वेत रासायनिक गुण बेरियम के सदृश। यह अत्यन्त स्वतः अपघटनशील होता है।

रेडिय–(i) radio. किरण सम्बन्धी या किरण द्वारा, जैसे रे. चिकित्साविज्ञान r. therapy; (ii) रेडियोऐक्टिव या विघटनाभिक (द्र.); (iii) एक्सकिरण सम्बन्धी, जैसे रेडियोग्राम (द्र.); (iv) रेडियोरिसीविंग सेट, बेतार यन्त्र से भेजा गया ध्वनि संकेत सुनने का यन्त्र।

ऐक्टिव–radioactive. दे. विघटनाभिक।

वीक्षण–television. तार या रेडियो के माध्यम से दृश्यों और प्रतिबिम्बों का वैद्युत संचारण करने की एक युक्ति जिससे संचारण इतनी तेजी से और यथार्थ क्रम से होता है कि अभिग्रहण-बिन्दु पर वे प्रतिबिम्ब तत्क्षण बन जाते हैं। प्राप. टेलीविजन।

रेतन–filings. लोहे आदि को रेतने से निकला बुरादा। अप्रा. बुरादा।

रेल इंजन–locomotive. रेलगाड़ी को खींचने वाला इंजन।

रेशा–filre. प्राप. तन्तु, सूत्र।

रेशेदार–fibrous. रेशोंवाला।

रोधबाहु (अप्रा.)—दे. भार-भुजा arm of resistance.

रोधिका—bar रोकने के लिए लगाई गई छड़, सिल या कोई अवरोधकारी वस्तु।

लकड़ी का कोयला—charcoal. लकड़ी के भंजक आसवन के बाद बचा भाग। यह अत्यन्त रन्धमय, उत्तम अवशोषक, अपचायक और हवा में जलनेवाला होता है। घनत्व 1.6 ; आभासी (apparent) घनत्व 0.2। यह कार्बन का एक अपररूप है। प्राप. चारकोल, काष्ठकोयला।

लक्षण—character. बरताव करने की प्रकृति।

लगिष्णुता— tenacity. चरम तनन-प्रतिबल; धातु का वह बल जो तनन-परीक्षण में डाले गये चरम भार और इष्ट धातु के मूल अनुप्रस्थ काट-क्षेत्र के अनुपात के रूप में व्यक्त किया जाता है। इसी बल के कारण लोहे का तार भारी बोझ पड़ने पर भी नहीं टूटता है। अप्रा. चिमड़ापन।

लघु--small; minor.

कोष्ठक—s. bracket.

खंड—minor segment. दे. खंड segment में। अप्रा. ह्रस्व खंड।

गणक—logarithm या log. घातांकों के सहारे गुना, भाग आदि करने की एक विधि। यह एक सारणी के आधार पर किया जाता है जो ल.ग. सारणी कहलाती है।

चाप—minor arc. दे. जीवा chord में।

तरंग—short wave. 50 मी. या उससे कम तरंग दैर्ध्य वाली चुम्बकीय तरंग।

लघुतम समापवर्त्य—least common multiply (L.C.M.) कई संख्याओं के सम्बन्ध में उन सभी संख्याओं से बननेवाली सबसे छोटी संख्या; जैसे 5 और 3 का ल. स. 15 होता है। प्राप. संक्षेप में लघुतम।

लपेटना—winding.

लम्ब—perpendicular. किसी सरल रेखा पर एक समकोण बनाती हुई खींची गई सरल रेखा।

केन्द्र, त्रिभुज का—orthocentre of a triangle. त्रिभुज में शीर्षों से सम्मुख भुजाओं पर खींचे गए लम्बों का प्रतिच्छेद-बिन्दु।

कोणीय वृत्त—orthogonal circle. दो वृत्त जब एक बिन्दु पर एक दूसरे को इस तरह काटते हैं कि उस बिन्दु पर खींची गई दो स्पर्श-रेखाएं एक-दूसरी पर लम्ब होती है, तब वे आपस में ल. वृत्त कहलाते हैं।

लम्बाई—length.

लवण—salt. अम्ल में हाइड्रोजन-परमाणु को धातु या धातुसंदृश तत्वों द्वारा प्रतिस्थापित करने से बचा यौगिक; जैसे H_2SO_4 (सल्फ्यूरिक एसिड) से Na, So_4 (सोडियम सल्फेट)। यह जल में घुलता है और ऋण एवं धन आयन बनाता है। उदर, क्लोराइड, नाइट्रेट, कार्बोनेट, सल्फेट इत्यादि।

लाइमलाइट—lime-light. चूना-पत्थर को ऊचे तापक्रम पर जलाने से निकलने वाला प्रकाश।

लाइमोनाइट—limonite. एक खनिज जिसमें रवाहीन सजल लौह आक्साइड (Fe_3O_3, $3H_2O$) रहता है। यह लोहे का मुख्य अयस्क है।

लिंक—link. खेत नापने के चेन की एक कड़ी जिसकी लम्बाई 7.92 इंच होती है।

ऐसे 100 लिंकों का एक चेन होता है। प्रप. कड़ी।

लिचेन–lichen. पत्थर से चिपकर फैलने वाला एक पौधा जो भूरा, पीला या नीला होता है। इसी का रस लिटमस है।

लिटमस–litmus. लिचेन नामक पौधे से निकला रस, जो अम्ल के सम्पर्क से लाल और क्षारक के सम्पर्क से नीला हो जाता है।

पत्र–l. paper. लिटमस से लिया कागज जो रसायन में डालकर जांचा जाता है कि वह क्षारीय है या अम्लीय।

लीटर–litre. द्रव का आयतन नापने का एक मात्रक, जो एक घन सेंमी में समाने वाले जल के आयतन के बराबर अथवा 4° सें. तापक्रम पर एक किलोग्राम शुद्ध जल के आयतन के बराबर होता है प्रेरण से उत्पादित विद्युत-ऊर्जा को संचित करने का एक प्रकार का संधारित्र (द्र.) जिसका नाम आविष्कर्ता के नाम पर है।

लीबिग का द्रवणित्र–leebig's condenser. वाष्प को द्रव बनाने के लिए लीबिग नामक वैज्ञानिक द्वारा आविष्कृत एक उपकरण। इसमें वाष्प जाने के लिए एक पतली नली को एक दूसरी मोटी नली के पेट में बैठाया रहता है और दूसरी ओर से बहता रहता है ताकि तापक्रम निम्न रहे।

लेन्स–lens. दो उत्तल या अवतल सतहों वाला किसी पारदर्शक समांग माध्यम का पिण्ड। अप्रा. ताल, वीक्ष।

लेक्लांशे-सेल–Leclanche's cell. वोल्टा के सरल सेल के दोषों को सुधारकर लेक्लांशे द्वारा आविष्कृत सेल। इसमें मैंगनीज डायक्साइड रहता है जो हाइड्रोजन को पानी बना देता हैं

लैक्टोमीटर–lactometer. दूध की शुद्धता जांचने के लिए बना उत्प्लवघनत्वमापी (द्र)।

लोनी मिट्टी–saline soil. लवण से युक्त मिट्टी। प्राप. लवण-मिट्टी।

लोलक–pendulum. अवलम्ब से इस तरह लटकती हुई कोई गोली या चकरी जो उस लटकन पर आसानी से झुलाई जा सके।

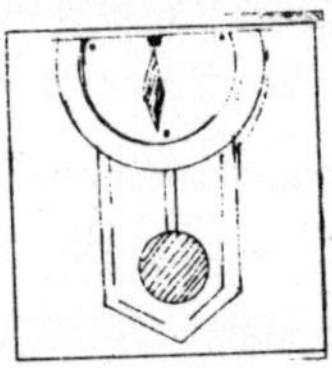

इसका व्यवहार समय का मान साधने में तथा बल सम्बन्धी कई भौतिक परीक्षणों में किया जाता है। विशेष विवरण सरल लोलक में देखें। अप्रा. दोलक।

की प्रभावी लम्बाई–effective length of pendulum. दे. प्रभावी लम्बाई।

लोहा–iron. एक मूल धातु। प्रतीक Fe (लैटिन नाम Ferrum के आधार पर)। प. भा. 55.84; प.सं. 26; वि.गु. 20° सें. पर 7.87; गल. 15.35° सें.। कई अयस्कों में, मुख्यतः मैग्नेटाइट, हेमाटाइट, लिमोनाइट आदि में आक्साइड, हाइड्राक्साइड, कोर्बोनेट और सल्फाइड के रूप में प्राप्य। चुम्बकत्वग्राही। प्राप. लौह,, लोहा, फरेस। इसके यौगिक फेरम शब्द के आगे देखें।

रेतन–iron filings. लोहे को रेती से रेतने पर निकली धूल। प्राप. लोहचूर्ण, चोहचूरा।

लौह–ferrous, ferrie, ferro. लोह

सम्बन्धी।

वक्र–curve. ग्राफ की वह तिर्यक् रेखा जो अपनी दिशा और लम्बाई से किसी गुण का बढ़ना-घटना सूचित करती है।

रेखा–curved line. रेखागणित में दिशा बदल-बदल कर एक बिन्दु से दूसरे बिन्दु तक जाने वाली रेखा।

वक्रता-केन्द्र–centre of curvature. गोलीय दर्पण के सम्बन्ध में वह बिन्दु जहां से उस दर्पण की सतह के हरेक बिन्दु की दूरी समान होती है। अप्रा. वक्रीय केन्द्र।

की त्रिज्या–radius of curvature. गोलीय दर्पण में ध्रुव (द्र.) से वक्रता-केन्द्र तक की दूरी। सामान्यतः वक्र के किसी बिन्दु पर उस वक्र को आच्छादित करते हुए खींचे गए वृत्त की त्रिज्या उस बिन्दु पर उस वक्र की व.त्रि. है। अप्रा. वक्रीय त्रिज्या।

वनस्पति विज्ञान–botany . पेड़-पौधों का विवेचन करनेवाला शास्त्र जो मूलतः जीवविज्ञान की एक शाखा है। प्राप. बोटानी।

वर्ग–(i) class. किसी सामान्य लक्षणवाली सदृश वस्तुओं का समूह। प्राप. क्लास, संवर्ग। जीवविज्ञान में संघ (फाइलम) का उपभाग। (ii) square. ऐसा आयत जिसकी सभी भुजाएं और सभी कोण आपस में बराबर होते हैं। (iii) square measure. वर्गमात्रक क्षेत्रमिति का मात्रक जो लम्बाई × चौड़ाई के रूप में व्यक्त किया जाता है।

मूल–square-root. किसी संख्या के सम्बन्ध में वह संख्या जो जिसे उसी से गुणनफल प्रथमोक्त संख्या के बराबर होती है। जैसे 16 का 4, क्योंकि 4 x 4 = 16।

वर्गांकित कागज–graph paper. ग्राफ बनाने का वह कागज जिस पर समान्तर खड़ी और पड़ी रेखाएं समान दूरी पर खींचकर निश्चित मान के वर्ग अंकित रहते हैं ताकि ग्राफ बनाने में दूरी और क्षेत्रफल, नापे बिना ही वर्गों की गणना से मालूम हो जाए। प्राप. ग्राफ पेपर, ग्राफ पत्र, प्रप. खानेदार कागज।

वर्गीकरण–classification. किन्हीं सामान्य लक्षणों के आधार पर एक जातीय वस्तुओं को उपयुक्त समूहों में बांटना या ऐसे विभाजन के अनुसार किसी वस्तु का परिचय देना।

वर्ण–colour. विभिन्न तरंग दैर्ध्य वाली किरणों को सोखने या परावर्तित करने का पदार्थ का गुण विशेष जो उससे परावर्तित किरण के संवेदन से नेत्र द्वारा ज्ञात होता है।

चक्र–c. disc. एक चक्र जिसके विभिन्न छैत्रिज्य अनेक रंगों से रंगे रहते हैं। इसके नचाने से एक ही सफेद रंग दिखाई देता है।

क्रम (अप्रा.) दे. स्पेक्ट्रम।

क्रमदर्शक (अप्रा.) दे. स्पेक्ट्रमदर्शी।

वर्धक–promotor. रसायन में ऐसा पदार्थ जो अपनी उपस्थिति से उत्प्रेरक (द्र.) का सामर्थ्य बढ़ाता है। जैसे अमोनिया के उत्पादन में लोहे की उत्प्रेरकता मोबिलडेनम मिलाकर बढ़ाई जाती है।

वर्षण–precipitation. मौसमविज्ञान में बादल से धरती पर जलांश का गिरना, जैसे वृष्टि, ओले, हिम या हिम का। प्राप. अवक्षेपण।

वर्षा–rain. जब आर्द्रवायु ओसांक

(द्र.) से नीचे तापक्रम पर आ जाती है तब फाजिल जलवाष्प घनीभूत होकर 0.2 सेंमी. से बड़े व्यास वाले कणों के रूप में परिणत हो जाता है। इन्हीं कणों का गुरुत्ववश गिरना वर्षा है।

वलय—ring. छल्ला, वृत्ताकार मोड़ी हुई छड़।

वस्तु—object. दे. द्रव्य matter में।

वाई-अक्ष—Y-axis. दे, ऐक्स-अक्ष में।

वाक्तन्तु—vocal chord. श्वासनली के अग्रभाग में कण्ठ के भीतर लगी झिल्ली की पट्टियां जिनके बीच से श्वास के निकलने से उनमें कम्पन होता है और फलस्वरूप ध्वनि सुनाई देती है।

वाच-ग्लास—कलाई घड़ी के आच्छादक सीसे की आकृति का कांचपात्र।

वाट—watt. विद्युत्-शक्ति का एक मात्रक जो विभवान्तर × धारा (वोल्ट × ऐम्पियर) के बराबर होता है। दूसरे शब्दों में उतनी वैद्युत शक्ति जो प्रति सेकेन्ड 1 जूल कार्य करती है।

घंटा—watt-hour. विद्युत्-ऊर्जा का एकमात्रक जो वाटों की संख्या × घंटों की संख्या के बराबर होता है।

वात दे. वायु air।

वातावर्त—whirl-wind. प्राकृतिक कारणों से वायु का नर्तन का घूर्णन जो कई सौ फुटों से अधिक ऊपर जानेवाला न हो। यह बवंडर cyclone का लघु रूप है।

वात्या—blast. हवा का झोंका।

भट्टी—blast furnace. वैसी भट्टी जिसमें वस्तुएं गर्म हवा का झोंका देकर तपाई जाती हैं। प्राप. झोंका-भट्टी; प्रप. धमन-भट्टी।

वायव—aerial. वायुसम्बन्धी।

वायु—air. गैसों का एक मिश्रण जो पृथ्वी की चारों ओर लगभग दो सौ मीलों तक फैला रहता है। इसमें भारानुसार 75.5 प्रतिशत नाइट्रोजन, 23.2 प्र. आक्सीजन, 1.3 प्र. आर्गन, 0.05 प्र. कार्बन डायक्साइड, 0.028 प्र. क्रिप्टन तथा 0.005 प्र. जीनान रहते हैं। आयतानुसार नाइट्रोजन 84 प्र., आक्सीजन 16 प्र. रहते हैं। दे. पवन और समीर भी। अप्रा. हवा, वात।

वायु अंगार गैस—producer gas. श्वेततप्त कोक पर हवा प्रवाहित करने से प्राप्य गैस, जो मुख्यतः नाइट्रोजन और कार्बन मोनोक्साइड का मिश्रण है। हवा की उपस्थिति में co जलकर CO_2 बनाता है और इस अभिक्रिया में उष्मा का उत्सर्जन होता है। उद्योग में इस विधि से ऊष्मा पैदा की जाती है, इसीलिए यह उत्पादकों की गैस कहलाती है। प्राप प्रॉड्यूसर गैस।

ऊष्मक—air bath. ऊष्म वायु के जरिए सुखाने का एक साधित्र।

कोष्ठ—air chamber. वायु-सम्पीड़न के लिए किसी यन्त्र में लगा कोष्ठ

दाब—pressure. (i) वायुमंडलीय दाब (द्र), (ii) वायु के सम्पीड़न से उत्पन्न दाब।

दाबमापी—barometer. वायुमंडलीय दाब मापने का एक साधित्र; एक कटोरे में पारा भरा रहता है जिस पर दाब पड़ने से वह सीसे की नली के छिद्र से आरम्भ होता है जो वायुमंडल का समुद्रतल पर मानक दाब माना जाता है। प्राप. बैरोमीटर।

पम्प—air pump. किसी अवरुद्ध बरतन में हवा भरने का या उससे हवा निकालाने का

यन्त्र। भरनेवाला सम्पीड़न पम्प और निकालने वाला रेचक या निर्वातक पम्प कहलाता है।

मंडल—atmosphere. धरती की सतह से लगभग 200 मील ऊपर तक फैला गैसीय पदार्थ पुंज जो मोटे तौर पर वायु कहलाता है।

मंडलीय दाब—atmosphere pressure. वायुमंडलीय गैस के भार से वस्तु पर पड़नेवाला दाब, जो साधारणतः पृथ्वी तल पर 14.7 पाउन्ड-भार प्रतिवर्ग-इंच या 10 लाख (सूक्ष्मतः 1.013×106) जिसके भीतर हवा घुस नहीं सकती है।

शुष्ककारी आवां—air drying oven.

संपीड़क—air compressur. वह यन्त्र जो अल्प दाब की वायु लेकर उसे सम्पीड़ित करके भारी बल के साथ छोड़ता है, जिससे कई तरह का ताक़त का काम लिया जाता है।

वायुमण्डलीय—air-compression. हवा को बन्द जगह में घेर कर दाब द्वारा उसका आयतन घटाना।

वाष्प—vapour. ऐसी गैस जो क्रान्तिक तापमान (द्र.) से कम तापमान वाली हो

और इसलिए दाब बढ़ाकर पुनः द्रव अवस्था में लाई जा सकती हो। सावधान वाष्प भाप steam से भिन्न है।

घनत्व—v. density. दे. आपेक्षिक घनत्व, गैस का relative density of gas.

दाब—v. pressure. किसी दिए हुए ताप पर किसी गैसीय मिश्रण में किसी घटक द्रव के वाष्प का महत्तम दाव उस ताप पर उस द्रव का वा. कहलाता है। जिस ताप पर यह दाब वायुमंडलीय दाब के बराबर हो जाता है वही उस द्रव का क्वथनांक होता है।

शील—volatile. तेजी से वाष्प बनकर स्वतः उड़ते रहने वाला, जैसे ईथर, कपूर आदि। अप्रा. उड़नशील।

वाष्पन—evaporation. ताप के प्रभाव से द्रव का वाष्प बन-बनकर उड़ते रहने की प्रक्रिया। यह ताप, पृष्ठतल, वायु की आर्दता, द्रव का प्रकार आदि पर निर्भर करता है। प्राप. वाष्पीभवन, वाष्पीकरण। अप्रा. उद्वाष्पन।

वाष्पित्र—boiler. वाष्पशक्ति से यन्त्र चलाने के लिए भाप बनाने का कोष्ठ, जिसमें नीचे भट्टी रहती है और एक पाइप द्वारा वाष्प पिस्टन तक पहुंचाया जाता है। प्राप बॉयलर।

वाष्पीकरण—evaporation, vaporisation, volatiogation. दे. ऊपर वाष्पन।

वास्तविक—(i) real; जैसा वस्तुतः है वैसा। विप. आभासी apperant। (ii) actual. व्यवहारतः यथार्थ।

प्रतिबिम्ब—real image. प्रतिबिम्ब-युक्ति (लेन्स, दर्पण आदि) से होकर प्रक्षिप्त किरणों के अभिसरण से बना प्रतिबिम्ब जो अक्सर उल्टा होता है और फोटो-कैमरा आदि के पर्दे पर देखा जा सकता है। यह उत्तल लेन्स के जरिए तब बनता है जब वस्तु मुख्य फोकस के बाहर रहती है। अवतल लेन्स के जरिए यह नहीं बनता है, किन्तु इसके विपरीत आभासी प्रतिबिम्ब

(द्र.) बनता है।

विकर्ण—diagonal. रेखागणित में किसी बहुभुज क्षेत्र में दो असंलग्न कोणों को मिलानेवाली सरल रेखा। ध्यान रहे कि कर्ण इससे भिन्न है।

विकार्बनन—decarbonation. किसी यौगिक से कार्बन को अलग करने की प्रक्रिया।

विकिरक—radiator. ऊष्मा को वायु में छोड़ने वाला एक यन्त्र जो इंजन को ठंडा रखने के लिए मोटर कार में लगा रहता है। प्राप. रेडियेटर।

विकिरण—radiation. किसी भौतिक माध्यम के बिना अर्थात् शून्यक होकर एक वस्तु से दूसरी वस्तु में ऊष्मा का संचरण। जैसे सूर्य से पृथ्वी पर ऊष्मा का आना।

ऊर्जा—r. energy. विकिरण-विधि से फैलाई गई ऊर्जा।

विकिरणी—radiant. किरण की तरह फैलने वाला।

विकृत प्रतिबिम्ब—distorted image. सतह की विषमता के कारण परावर्तन की दिशा विचलित होने से बिगड़ा हुआ प्रतिबिम्ब।

विक्षेपण—dispersion. प्रिज्म आदि के माध्यम से प्रकाश की किरणों को वर्तित करके प्रकाश के रंगों को बांटना। इस क्रिया से वर्णपट (स्पेक्ट्रम) बनता है।

विक्षोभ—disturbance. अवांछित ध्वनि या गतिविधि का होना।

विक्टर मायर विधि—Victor Meyer Method. वाष्पशील द्रव को वाष्प रूप में परिणत करने से विस्थापित वायु का आयतन मापकर परमाणु-भार निकालने की विधि जो आविष्कारक के नाम से प्रसिद्ध है।

विघटनाभिक—radioactive. ऐसा पदार्थ जिसके परमाणु किसी वाह्य कारण के बिना ही स्वतः अपघटित (उन्मुक्त) होते और विद्युत्-आविष्ट कण बिखेरते रहते हैं। प्राप. रेडियोऐक्टिव।

विचलन-कोण—angle of deviation. वह कोण जो वर्तित किरण आयतन-रेखा के साथ बनाती है। यह आयतन-कोण और वर्तन-कोण के अन्तर के बराबर होता है। Q=i–r विच्छेदन—issect. वृक्ष या पशु के शरीर को इस प्रकार काटना कि उसके अवयवों का विन्यास और स्वरूप मालूम हो।

विचुम्बकन — demagnatisation. चुम्बकत्व नष्ट होने की क्रिया। मुक्त ध्रुवों के प्रभाव से चुम्बक के घटक अणुओं (या अणु-चुम्बकों) की अवस्थिति में धीरे-धीरे परिवर्तन होता रहता है, अतः कुछ समय के बाद अणुओं के अस्तव्यस्त हो जाने पर उस चुम्बक का चुम्बकत्व स्वतः समाप्त हो जाता है। झकझोरने से भी विचुम्बकन किया जा सकता है।

विजातीय—unlike. असदृश विप. सजातीय।

विज्ञान—science. किसी विषय का क्रमबद्ध सूक्ष्म ज्ञान।

विद्युत्—electricity. एक ऊर्जा जो कई वस्तुओं में भौतिक कारणों से उत्पन्न होती है जिसे ऊष्मा, प्रकाश, यान्त्रिक ऊर्जा आदि के रूप में परिणत किया जाता है।

अपघटन—electrolysis. रासायनिक अभिक्रिया की एक विधि जिसमें किसी

पदार्थ पर विद्युत्-धारा प्रवाहित करने से उसके परमाणु उन्मुक्त हो-होकर दूसरी जगह चले जाते हैं। अप्रा. विद्युत्-विच्छेदन।

अपघट्य—ऐसा पदार्थ जिसका विद्युत-अपघटन किया जा सकता है।

आर्क भट्टी—electric are furnace. उच्च वोल्टता पर आविष्ट कार्बन की दो छड़ों को परस्पर स्पर्श कराकर सहसा हटाने से जो भीषण ताप निकलता है उससे चलनेवाली भट्टी। यह बहुत शक्तिशाली होती है।

ऊर्जा—e. energy. कार्यक्षमता की दृष्टि से विद्युत् का परिमाण, जो वाट × समय के बराबर होती है। यह साधारणतः किलोवाट/घंटा (KWh) में व्यक्त की जाती है।

क्षेत्र—e. field. किसी आविष्ट वस्तु के चारों ओर का उतना क्षेत्र जहां उस आवेश के किसी बल का अनुभव किया जा सकता है।

घंटी—e. bell. अस्थायी विद्युत चुम्बक के सहारे बजने वाली घंटी जिसका हथौड़ा आविष्ट होने पर घंटी के कटोरे पर चोट करते हुए स्वयं विद्युत् वियोजित हो जाता है फिर चुम्बकीय बल हटने पर एक स्प्रिंग के बल से विद्युत् संयोजित हो जाता है और इस प्रकार संयोजित वियोजित होता चोट करता है।

विद्युत्-चुम्बकीय प्रेरण—electromagnatic induction. चुम्बकीय शक्ति के प्रभाव से चालक में धारा उत्पन्न करना। इस विधि का आविष्कार 1825 ई० में अरेगो ने किया। इसी विधि से विद्युत् उत्पादन भारी मात्रा में संभव हुआ।

चुम्बकीय मात्रक—e. unit. वह धारा जो एक सेमी की त्रिज्या के वृत्त के एक सेमी लंबे चाप में मुड़े हुए तार में बहती हुई उस वृत्त के केंद्र पर इकाई-तीव्रता का चुम्बकीय क्षेत्र उत्पन्न करती है। किंतु विद्युत् धारा का व्यावहारिक मात्रक ऐम्पियर है, जो इसके दशांश के बराबर होता है।

—धारा—electric current. (i) विद्युत् का उच्च विभव वाले छोर से निम्न विभववाले छोर की ओर प्रवाहित होना जो सामान्यतः किसी चालक माध्यम के जरिए ही होता है। (ii) चालक के किसी अनुप्रस्थ काट से विद्युत आवेश के बहने की दर जिसका व्यावहारिक मात्रक ऐम्पियर (द्र) है।

—भट्ठी—electric furnace. दे. विद्युत् आर्क भट्ठी।

मोटर—e. motor विद्युत्-ऊर्जा को यांत्रिक ऊर्जा में परिणत करने का यंत्र। इसमें नाल-चुम्बक के विसदृश ध्रुवों के बीच तार की कुंडली घूमने की स्थिति में लगी रहती है जो विद्युत् चुम्बकीय बल से घूमती रहती है। कुंडली की धुरी में चक्की आदि लगाकर यांत्रिक काम लिया जाता है।

रसायनिक तुल्यांक—electrochemical equivalent. धातु आदि का उतना परिमाण जितना एक कूलाम आवेश के प्रवाह से (विद्युत्-अपघटन द्वारा) मुक्त हो सकता है। संकेत रोमन अक्षर है। $z = m/_{ct}$ जहां m= मुक्त पदार्थ की मात्रा, C=धारा t =समय।

रसायनिक श्रेणी—e. series. या electro-motive series. इलेक्ट्रोड विभव के क्रमानुसार विन्यस्त तत्वों की सूची।

रोधी–insulator. ऐसा पदार्थ जो विद्युत को अपने भीतर से गजरने नहीं देता है अर्थात विद्युत संचरण में रोधक का काम करता है। जैसे रबर, लकड़ी आदि। अप्रा. विसंवाहक, अचालक।

लेपन–electroplating. एक धातु पर किसी दूसरी धातु की परत (मुलम्मा, कलई) चढ़ाना, जो विद्युत-अपघटन विधि से किया जाता है। सिल्वर सायनाइड के घोल से भरे एक हौज में इष्ट बरतन डुबा दिया जाता है और चांदी की कई छडें उस घोल में डाल दी जाती हैं। घोल में विद्युत् धारा प्रवाहित करने पर रजत कण इष्ट बरतन पर बैठते जाते हैं। प्रप. कलई या मुलम्मा करना।

विद्युत्-वाहक बल–electromotive force (e.m.f.) सेल में रासायनिक अभिक्रिया से उत्पन्न वैद्युत् बल, जो सेल के दोनों प्लेटों को भिन्न-भिन्न विभवों पर रखता है। इस बल का मापन अनाविष्ट अवस्था में दोनों ध्रुवों के विभवांतर से होता है। यह बहुत छोटा होने के कारण व्यावहारिक मात्रक नहीं है। एक वोल्ट इसका 10^8 गुना होता है।

विभव–electrical potential विद्युत् का वह गुण जिसके प्रभाव से प्रवाह की दिशा निर्धारित होती है। इसके मापन के लिए पृथ्वी का विद्युत्-विभव शून्य माना गया है। जब किसी वस्तु का विभव पृथ्वी के विभव से ऊंचा रहता है तब वह धन-विभव कहलाता है, अन्यथा ऋण-विभव। विद्युत् की धारा स्वभावतः उच्च विभव से निम्न विभव की ओर जाती है।

शक्ति–electrical power. बिजली के जरिए प्राप्त होने वाली ताकत। यह विभवांतर (द्र.) और धारा (द्र.) के गुणनफल के बराबर होती है। शक्ति = वोल्ट x ऐम्पियर। इसका मात्रक वाट (watt) है।

संधारित्र–e. condenser दे. संधारित्र में।

विद्युतीकरण–electrification. बिजली लगाना।

विधि–method. कार्य का तरीका

विपथन–aberration. अपनी सामान्य दिशा या पथ से विचलित होकर चलना, जैसे लेन्स आदि माध्यम के दोष से प्रकाश का। ऐसी स्थिति में सारा प्रकाश एक बिंदु पर नहीं आता, उसका कुछ भाग इधर-उधर भटक जाता है।

विपथी–aberant. पथ से विचलित होकर चलने वाला।

विपरीत–opposite.

विभव-potential. (i) सम्भाव्य क्षमता की हद। (ii) विद्युत् के विषय में किसी बिंदु या पिंड का विभव उतना कहा जाता है जितना उसके और धरती के बीच विभवांतर (द्र.) हो।

विभवान्तर–potential difference. दो बिंदुओं (ध्रुवों) के बीच विद्युत् स्थिति का अंतर। इसी अंतर के कारण विद्युत धारा एक बिंदु से दूसरे बिंदु की ओर प्रवाहित होती है। यही विद्युतवाहक बल है। यह वोल्ट में मापा जाता है।

विभजन–devide. दो या कई हिस्सों में बांटना।

विभाजनी–deviders. चिमटे की आकृति का एक रेखागणितीय औजार।

विमा–dimensions. माप के विभिन्न

पहलू। आयत में दो विमाएं होती है, लंबाई और चौड़ाई, ठोस में तीन, लंबाई, चौड़ाई और मुटाई।

सिद्धांत—theory of dimensions. यह सिद्धांत कि मान केवल तीन हैं लंबमान, द्रव्यमान और कालमान, अन्य मभी मान इन्हीं तीनों से उद्युत हैं।

विमान—aeroplane. हवाई जहाज।

वियोग विधि—proof by exhaustion. परिकल्पित विकल्पों में अन्य सभी विकल्पों के खंडन (निरसन) से शेष एक की सत्यता सिद्ध करने की विधि। उदा. मान लिया कि क, ख, ग और घ चोर नहीं है, अतः विवि से प्रमाणित हुआ कि ख चोर है।

वियोजन—(i) resolution. अलग करना, हटाना। दे. बल वियोजन, वेग-वि. आदि। अप्रा. विघटन। (ii) dissociation. किसी अणु का अस्थायी रूप से टूटकर सरलता अणुओं या परमाणुओं के रूप में परिणत होना; जैसे कैल्सियम कार्नोनेट-कै. आक्साइड कार्बन डायक्साइड।

विरंजक—bleaching. वैसा पदार्थ जो किसी वस्तु में मिलाने से उसके रंग को उड़ा देता है।

—चूर्ण—b. powder. रंग उड़ानेवाला एक चूर्ण ca (oce) ce. । महक क्लोरीन जैसी, रंग सफेद, आक्सीकारक। उलर-भखरा चूना $(cacOh)_2$ पर क्लोरीन प्रवाहित करने से उपयोग कपड़े और कागज का विरंजन, कीटाणुनाशन आदि।

विरंजन—decolorisation. रंग-रहित करना।

विराम—rest. किसी वस्तु का एक ही स्थान में बना रहना। विप. गति motion।

घड़ी—stop clock. प्रयोगशाला में काम आनेवाली वह घड़ी जो स्विच दबाते ही चलाई और बंद की जा सकती है।

विराम—जड़त्व-inrtia of rest. हर वस्तु की अपनी विरामावस्था में ही बनी रहने की प्रवृत्ति। इसी प्रवृत्ति के कारण तेज चलते हुए घोड़े पर सवार व्यक्ति के शरीर का ऊपरी हिस्सा पीछे की ओर झुक जाता है,क्योंकि शरीर का ऊपरी भाग विराम की अवस्था में ही रहने की कोशिश करता है।

विलयन—solution. विभिन्न पदार्थों का ऐसा समांग तरल मिश्रण जो विलायक और विलेय की सीमित मात्रा से बना हो। जिस द्रव में कोई पदार्थ घुलाया जाता है वह विलायक या घोल क solvent कहलाता है, और जो वस्तु घुलाई जाती है वह विलेय solute प्राप. घोल।

—की नार्मलता—normality solution. किसी घोल के संबंध में वह संख्या जो बताती है कि प्रति लीटर घोल में विलेय के कितने ग्राम-तुल्यांक घुले हैं।

विलायक—solvent. दे. विलयन में।

विलीन—dessolved. घुला हुआ।

विलुप्त करना—etiminate. त्रिकोणमिति में, मान में अंतर लाए बिना ही किसी घटक पद को तुल्य मान वाले पद से प्रतिस्थापित करके हटा देना।

विलेय—coat. ऊपर से चढ़ा एक पतला आस्तरण।

विलेय—solute. दे. विलयन में। अप्रा. घुलित, घुल्य, घुलेय।

विलेयता—solubility. किसी पदार्थ के

संबंध में वह संख्या जो सूचित करती है कि वह पदार्थ 100 ग्राम विलायक में कितना ग्राम घुलकर किसी निश्चित तापक्रम में उस घोल को संतृप्त कर सकता है। प्राप. घुलनशीलता।

वक्र–s. curve. आरेख की वह रेखा जो इष्ट पदार्थ की विलेयता पर तापक्रम का प्रभाव प्रदर्शन करती है।

विलोड़ित करना–agilate. किसी द्रव को इस तरह चलाना कि उसमें विभिन्न भागों में विभिन्न दिशाओं में गति आ जाए।

विलोम–converse. विपरीत क्रमवाला।

विशिष्ट ऊष्मा–specific heat. जल की इकाई मात्रा की ऊष्माधारिता (द्र.) के साथ किसी पदार्थ की उतनी ही मात्रा की ऊष्माधारिता का अनुपात उस पदार्थ की वि.ऊ. है।

गुरुत्व–specific gravity. किसी पदार्थ के संबंध में वह संख्या जो बताती है कि इकाई आयतन वाले उस पदार्थ के द्रव्यमान का 4° सें. पर उतने ही आयतन वाले पानी के द्रव्यमान के साथ क्या अनुपात है। तदनुसार वि.गु पदार्थ का जल का द्रव्यमान दूसरी विधि से हवा में ठोस का भार पानी में ठोस के भार में कमी।

गुरुत्व बोतल–s.g. botle. एक घिसे मुंहवाली बोतल जिसमें द्रव को भरकर तौलने से उसका विशिष्ट गुरुत्व ज्ञात होता है।

प्रतिरोधाकता–s.resistivity. किसी पदार्थ के संबंध में उतना विद्युत्-प्रतिरोध जितना उस के इकाई आयतन में पाया जाता है।

विश्लेषण–analysis. किसी वस्तु या प्रश्न को उसके मूल उपादान तक फुटा-फुटाकर रखना। विप. संश्लेषण synthesis। विश्लेषक–analyst. analyser. विश्लेषिक analytical. विश्लेषित- analysed.

धारामापी–voltameter. विद्युत्-अपघटक सेल के जरिए धारा मापने का एक यंत्र। इसे इष्ट परिपथ में लगा दिया जाता है और नियत समय में इलेक्ट्रोड पर एकत्र पदार्थ की मात्रा ज्ञात करके गणना से धारा का मान निकाला जाता है। c=mzt, जहां m= मात्रा, z= विद्युत्-रासायनिक तुल्यांक, t = समय। प्राप. वोल्टामीटर।

विषम–uneven, odd. जो सम न हो।

–जातीय–heterogeneous. परस्पर विरुद्ध या भिन्न गुणधर्मोंवाले अवयवों से युक्त। प्राप. विजातीय। विप. सजातीय-homogeneous.

बाहु त्रिभुज–salene trianle. वह त्रिभुज जिसकी हर भुजा भिन्न-भिन्न लंबाई की होती है।

विषमभुज तुला–steel yard. एक प्रकार की तुला जिसमें लटकते बाट को विभिन्न स्थानों में खिसकाने से लीवर के सिद्धांत के अनुसार भार ज्ञात होता है। यदि वास्तविक भार = p, बाट = w कील से बाट की दूरी = BC, और कील से वस्तु की दूरी = AC हो तो P = Wxbc; AC या w/AC x BC।

लम्बाक्ष–shombic, या orthorhombic. क्रिस्टल की एक आकृति जिसमें समकोण बनाते हुए तीन असमान अक्ष रहते हैं। अप्रा. अठपहल।

संख्या–odd number. वह संख्या जो दो

पूर्णांकी भागों में बांट नहीं सकते हैं।

विषमांग—heterogenerous. किसी पिंडके सभी अंगों या भागों में समान अनुपात में न मिला हुआ। विप. समांग homogereous.

विसरण—diffusion. दे. विसारिता।

विसारिता—विसा दो द्रवों या गैसों का कभी-कभी गुरुत्व के विपरीत एक-दूसरे में घुस कर फैलना।

विस्तार—(i) extension. पदार्थ मात्र का वह गुण जिससे वह किसी-न-किसी स्थान या अवकाश (स्पेस) को आच्छन्न किए रहता है। (ii) dimensions. माप के आंकड़े जैसे लंबाई, चौड़ाई, ऊंचाई इ.। प्राप. विमा। विस्तृत, विस्तारित extended.

विस्थापन—displacement. (i) किसी यौगिक के अणु में एक परमाणु को हटाकर उसके स्थान में दूसरे परमाणु का आना। जैसे fe + Cu So_4 = $FeOs_4$ cu यहां ताम्र परमाणु के स्थान में लौह-परमाणु आ गया। (ii) भौतिकी में किसी गतिमान वस्तु का एक स्थान से हटकर दूसरे स्थान में जाना, जिसके पूर्ण बोध के लिए दूरी और दिशा ज्ञात रहना अपेक्षित होता है। अप्रा. स्थानांतरण, स्थान-परिवर्तन।

विस्फोट—blast. रासायनिक अभिक्रिया से किसी पदार्थ का टुकड़े-टुकड़े होना और उन टुकड़ों को तेज से चारों ओर फेंका जाना।

प्रेरित करना—detonate किसी विस्फोट-शील पदार्थ में ऐसा पदार्थ या ऊष्मा डालना जिससे विस्फोट की प्रक्रिया शुरू हो जाए। ऐसा पदार्थ वि. प्रेरक detonator कहलाता है।

वृत्त—circle. वह वक्ररेखा जिसका हर बिंदु किसी एक बिंदु से समान दूरी पर हो।

वृत्तपाद—quadrant. एक प्रारंभकि रेखा के आर-पार एक उदग्र रेखा खींचने से बने चार भागों में कोई। इसमें 0° से 90° तक प्रथम पाद, 90° से 180° तक द्वितीय पाद, 180° से 270° तक तृतीय पाद और 270° से 360° तक चतुर्थ पाद कहलाता है। कोण ऋणात्मक हो तो क्रम उलट जाता है अर्थात 0° से 90° तक चतुर्थ पाद इत्यादि।

वृत्तीय पद्धति—circular system. रेडियनों में कोण मापने की पद्धति। वृत्त की त्रिज्या के बराबर परिधि-खंड से केंद्र पर प्रक्षिप्त कोण एक रेडियन कहलाता है। एक पूरा चक्कर 2 π रे. अर्थात 6.283 रे. के लगभग होता है। दे. रेडियन भी।

वेग—velocity. समय के साथ किसी वस्तु के विस्थान की दर, जबकि गति की दूरी और दिशा ज्ञात हो।

वर्धन—(अप्रा.) दे. त्वरण।

वियोजन—resolution of v. वेग का भी वि. उसी प्रकार होता है जिस प्रकार बल का और वियोजन के बाद बचा वेग परिणामी वेग कहलाता है। दे. बल वियोजन।

संयोजन—वेग का भी संयोजन उसी प्रकार होता है जिस प्रकार बल का। दे. बल संयोजन।

वेदी—platform. किसी कार्य या वस्तु के आधार के लिए बनाई गई ऊंची सतह।

वेधशाला—observatory. ग्रह-नक्षत्रों की गतिविधि का प्रेक्षण करने की प्रयोगशाला।

वेल्डन—welding. लोहे या इस्पात के दो टुकड़ों को जोड़ने की एक विधि जिसमें ऊष्मा के प्रभाव से टुकड़ों के छोरों को सुघट्य दिया जाता है। **प्रप.** झालना, झलाई।

वैज्ञानिक—(i) scientific. विज्ञान संबंधी। (ii) scientist विज्ञान का ज्ञाता।

वैद्युत्—electric. विद्युत्-संबंधी।

अपघट्न—दे. विद्युत्-अपघट्न।

आकर्षण—प्रतिकर्षण नियम-law of attraction and repulsion. दो बिंदु-आवेशों के बीच पारस्परिक आकर्षण और प्रतिकर्षण बल उनकी दूरी के व्युत्क्रम वर्ग का अनुपाती होता है।

वैमानिकी—aeronautics. हवाई जहाज चलाने का विज्ञान।

वोल्ट—volt. विद्युत्वाहक बल (द्र.) का व्यावहारिक मात्रक, जो सैद्धांतिक मात्रक का 10^8 गुना होता है।

मापी—voltmeter. सीधे विभवांतर (द्र) मापने का एक उपकरण जो दाब का मान वोल्टों में सूचित करता है। इसकी रचना आम्मीटर जैसी होती है। प्राप. वोल्टमीटर।

वोल्टता—voltage. वोल्ट के रूप में व्यक्त विद्युत्वाहक बल या विभवांतर का मान। यह घरेलू बिजली की वोल्टता साधारणतया 230 होती , मोटर-कार की संचायक बैटरी की 2।

वोल्टा का ढेर—voltas pile. क्रमशः ताम्र-पत्तर, जस्ता-पत्तर और तेजाब में भींगा कागज एक के ऊपर एक रखकर बनाया हुआ ढेर, जिससे वोल्टा ने सर्वप्रथम 1800 ई. में विद्युत् का उत्पादन प्रदर्शित किया था।

का सेल—voltas cell. वोल्टा द्वारा आविष्कृत विद्युत् उत्पादक सेल। इसमें एक पात्र में तनु गंधकाम्ल भरा रहता है; उसमें एक ताम्र की और एक जस्ते की छड़ डाली रहती है। ताम्र से धन-विद्युत् और जस्ते से ऋण-विद्युत् पैदा होती है।

व्यवहार गणित—practice. गणना करने की एक व्यावहारिक विधि जिसमें वस्तु को कई सुविधानक इकाइयों में बांटकर मूल्य निकाला जाता है।

व्यापारिक—commercial. व्यावसायिक खरीद बिक्री संबंधी।

व्यावहारिक—practical appied. प्रयोगात्मक, क्रियात्मक, व्यवहारोपयोगी।

व्यास—diameter. वृत्त के एक बिंदु से केंद्र को छूते हुए दूसरे बिंदु तक जानेवाली सरल रेखा की लंबाई।

व्युत्क्रम—reciprocal. ऐसी दो राशियां एक दूसरी का व्युत्क्रम कहलाती हैं जिनका गुणनफल 1 होता है। जैसे sin a x cosee a = 1, अतः sin a को cosec a का व्युत्क्रम (उल्टा) कहते हैं।

ज्या—cosecant. ज्या (sin) का व्युत्क्रम (उल्टा) जैसे ज्या = लंबकर्ण, किंतु व्यु = कर्णलंब। प्राप. व्युज्या, कोसेक, कोसीकेंट।

—वर्ग नियम—law of inverse square. प्रदीपन तीव्रता के ह्रास का यह नियम कि दीप से पर्दे की दूरी जितनी बढ़ती जाएगी, प्रदीपन-तीव्रता उसके वर्गक्रम से घटती जाएगी, किंतु प्रदीपित क्षेत्र वर्गक्रम से बढ़ता जाएगा। यथा, प्रकाश की तीव्रता यदि 1 मी. दूरी पर 1 हो तो 3 मी= की दूरी पर $1^2/3 = 1/9$ होगी।

शंकु—cone. ऐसा पिंड जिसका आधार वृत्ताकार हो और पूरी ऊपरी सतह सरल रेखा में एक शीर्ष-बिंदु पर मिलती हो। इसका वक्रतल = π rl; आयतन उच्चता $\sqrt{l^2 + r^2}$ तिर्यक् उच्चता . यहां L. तिर्यक् उच्चता $\sqrt{h_2 + r_2}$ यहां l = तिर्यक उच्चता। प्राप. कोन।

फ्लास्क—conical flask. शंकु जैसी आकृति वाला फ्लास्क। शंक्वाकार-conical शंकु जैसी आकृति वाला।

शक्ति (विलयन की)—दे. सान्द्रता।

शाली जल (अप्रा.)—दे. ऐक्वा फोर्टिस aqva fortis।

शतिक पद्धति—centesimal system. कोण मापने की वह पद्धति जिसमें 1 समकोण = 100 ग्रेड, 1 ग्रेड = 100 मिनट और 1 मि. = 100 सेकेंड होता है।

शरीर क्रिया विज्ञान—physiology. प्राणि शरीर के भीतर होनेवाली भौतिक और रासायनिक क्रियाओं का अध्ययन।

रचना विज्ञान—anatomy. दे. शरीर।

शर्करा—कोयला-sugar chorcoal. चीनी ($C_{12}H_{22}O_{11}$) में से रासायनिक अभिक्रिया द्वारा पानी (H_20) निकाल लेने पर बचा काला ठोस जो शुद्ध कार्बन होता है।

शलाका—rod. छड़, दंड।

शांकव—conllical. शंकु संबंधी, शंकु जैसी आकृति वाला।

शाखा—branch. मूल शरीर से विभिन्न दिशाओं में निकला लंबाकार अवयव।

शरीर विज्ञान—anatomy. प्राणिशरीर के अवयवों के विन्यास और रचना संबंधी विज्ञान।

शिकंजा—clamp. एक प्रकार का गहुआ जो कार्य प्रक्रिया चालू रहते समय किसी सामग्री या उपकरण को कसकर पकड़े रहता है ताकि वह उसी अवस्था में स्थिर रहे प्राप. क्लैम्प।

शिखर—apex. चोटी, शीर्ष

शिखाग्र—apex. चोटी, शीर्ष।

शीत—cold. छूने वाले व्यक्ति के शरीर के तपा से कम ताप वाला। प्राप. ठंडा।

शीतल—cool. मानव रुधिर के सामान्य तापक्रम से कम तापवाला।

शीतलन—cooling. किसी वस्तु के तपापक्रम को भौतिक या रासायनिक विधि से घटाने की प्रक्रिया।

नियम, न्यूटन का—Newton's coooling law. तापहानि की दर पदार्थ और उसके वातावरण के बीच तापक्रम के मध्यमान अंतर की समानुपाती होती है।

वक्र—cooling curve. वह ग्राफ जिससे सूचित होता है कि कोई वस्तु समयानुसार किस गति से उच्च तापक्रम से निम्न तापक्रम पर आती है।

शीर्ष—(i) apex. शिखर, चोटी । (ii) vertex. वह बिंदु जिस पर दो भुजाएं मिलकर कोई कोण बनाती हैं।

कोण—vertical angle, apex angle. किसी त्रिभुज में आधार के सामने का कोण।

लंब—attitude. गणित में आधार से शीर्ष तक की लम्बात्मक दूरी।

शीर्षाभिमुख कोण—vertically opposite angle. एक सरल रेखा को दूसरी सरलरेखा से काटने पर बने ऐसे दो कोण जिनमें

शीर्ष-बिंदु से गुजरने वाली कोई सरल रेखा प्रवेश कर सके।

शुष्क आसवन—dry distillation. वस्तुओं को गर्म करके वाष्पशील वस्तुओं को उसमें से निकालने की एक विधि।

सेल—dry cell, टार्च ट्रांजिस्टर आदि में लगाया जानेवाला प्रचलित सेल जो सिद्धांततः लेक लांशे के सेल के समान होता है। फर्क इतना ही है कि इसमें मसाला (चूर कार्बन, नौसादार, जिंक क्लोराइड आदि लेई के रूप में रहता है और चारों ओर से कपड़ा लपेटकर प्लास्टर आफ पेरिस का लेप किया रहता है। प्राप. सूखा सेल।

शुष्कक—drying agent. किसी आर्द्र पदार्थ की नमी अपने में सोखकर उसे सुखाने वाला पदार्थ। प्राप. जलशोषक।

शुष्कन—desiceation. किसी आर्द्र पदार्थ को सुखाने की क्रिया। शून्य-zero-किसी वस्तु के मान में ऋण और धन के बीच की स्थिति। प्राप. सिफर।

शुन्यदिक्पाती रेखा—agonic line. धरती पर जहां-जहां चुम्बकीय दिक्पात (द्र.) शून्य है उन-उन बिंदुओं को मिलाने वाला वक्र।

शृंग—crest. ध्वनितरंग में ऊपर की ओर अक्ष से अधिकतम दूरी वाला विस्थापन-बिंदु। अप्रा. तरंगशीर्ष, शिखा, शीर्ष।

शैल—rock. धरती की परत के रूप में फैला खनिज कणों का जमाव। प्राप. चट्टान।

शोधन—purification, refinement, अपद्रव्यों या अवांछित घटकों को रासायनिक या भौतिक विधि से हटाकर किसी पदार्थ को साफ करना।

शोर—noise अनियमित या अस्तव्यस्त कंपनों से उत्पन्न ध्वनि। प्राप. रब; कोलाहल। विप. राग।

शोरा—(i) altpeter. पोटैशियम नाइट्रेट (द्र.) का प्रसिद्ध नाम। (ii) soda nitre. सोडियम नाइट्रेट (द्र.), $NaNo_3$। खाद के रूप में काम आता है। बजारू नाम चीली साल्टपीटर।

श्यान—viscous. लसीला, जैसे मधु। प्राप. विस्कासी।

श्यानता—viscousity. लसीलापन। अप्रा. सान्द्रता। श्रव्य—audible. सुनाई पड़ने योग्य, अर्थात ऐसी ध्वनि जिसमें प्रति सेकंड कंपन 20 और 15000 के बीच हो।

श्रावण—acoustic. श्रवण या ध्वनि से संबंध रखने वाला। दे. ध्वनिक भी।

श्रेढ़ी—progression. दे. समान्तर श्रे. arithmetical p., गुणोत्तर श्रे. geometricalp, और हरात्मक श्रे. harmonic p. में।

श्रेणी संबंध—series connection. कई अलग-अलग चालकों के बीच जुड़ा पारस्परिक संबंध।

श्वासनली—wind pipe. कई प्राणियों के शरीर की वह नली जिससे वे बाहरी हवा को भीतर खींचते और भीतरी को बहार फेंकते हैं। यह कंठ से फेंफड़े तक लगी रहती है।

श्वेत गंधक—white sulphur. गंधक का एक अपररूप दे. गंधक में।

षट्संयोजक—hexavalent. छह संयुज्यता वाला तत्व जैसे क्रोमियम, गंधक, आक्सीजन आदि। अप्रा. षड्बंधक।

षष्टिक पद्धति—sexagesimal system. कोण मापने की वह पद्धति जिसमें पूरा

चक्कर 360 डिग्री या अंश माना जाता है; 1 डिग्री = 60 मिनट या कला और 1 मिनट = 60 सेकेंड या विकला। इन मात्रकों के चिह्न क्रमशः 0°,0°,0° हैं। दे. रेडियन और शतिक भी।

षड्भुज–hoexagon. छह भुजाओं वाला क्षेत्र।

संकट–hybrid. विजातीय जनकों से उत्पन्न प्रजाति या प्रकार।

आयन–complex ion. रसायनशास्त्र में ऐसा आयन जो सरल आयन बनाने के लिए अपघटित किया जा सकता है। विप. सरल, संयुक्त।

संकेंद्रित–concentrated. किसी केंद्रीय बिंदु या क्षेत्र पर सिमट कर लाया गया। (किरणपुंज आदि)

संकेंद्री–concentric. एक ही केंद्र पर बने छोटे-बड़े कई वृत्त आपस में सं. कहलाते हैं। प्रप. एक केंद्रीय, समकेंद्रीय।

संकेत–signal. संकेत signalling.

संकेतक–किसी मापनयंत्र में सुई, अंकुश आदि ऐसा अंग जिसकी स्थिति से मान सूचित होता है। प्राप. सूचक।

संक्षरण–corrosion. परिवेश की रासायनिक अभिक्रिया से क्रमशः क्षीण होते जाना।

संखिया–white arsenic. आर्सेनिक ट्रायाक्साइ, As_2O_3। आर्सेनिक वाले अयस्कों को भूनने से प्राप्य। प्राप. श्वेत आर्सेनिक।

संख्या–number. संख्यात्मक-numeral.

संगत कोण–corrsponding angle. जब किन्ही दो कोणों की एक भुजा उभयनिष्ठ हो तो वे दोनों परस्पर संगत कहलाते हैं। पद–corresponding term. गतिण में समानुपात के अंतर्गत पूर्व पद और पर पद अलग-अलग सं.प. कहलाते हैं।

संगमरमर–marble. शुद्ध अर्थ में रवादार चूना पत्थर। कैल्सियम कार्बोनेट $CaCo_3$। आम तौर से कोई पत्थर जो इतना कड़ा हो कि चिकना किया जा के।

संगलन–fusion. ताप से धातु आदि का गलना। संगलनीय-fusible. ताप से गलनेवाला।

संगामी–concurrent-(i) किसी एक बिंदु पर आकर मिलने वाली रेखाएं, जैसे त्रिभुज में सभी भुजाओं के मध्य बिंदु से खींचे गए लंब आपस में सं. होते हैं। (ii) विभिन्न दिशाओं से आकर एक बिंदु पर सम्मिलित रूप से लगने वाला (बल)।

संघनन–condensation. द्रव्यमान घटाए बिना आयतन घटाना। विशेष रूप से दो या बहुत से अणुओं को परस्पर जोड़-जोड़ कर शृंखला यौगिक बनाना।

संघटन–composition. किसी वस्तु में विद्यमान घटक उपादानों (परमाणुओं और अणुओं) के स्वरूप और अनुपात का विवरण।

संचय–accumulation. क्रमशः जमा होना या जमा हुई वस्तु।

संचरण–transmission. विद्युत् आदि का एक बिंदु से दूसरे बिंदु पर गमन या प्रेषण।

संचलन–movement. स्थान-परिवर्तन।

संचायक सेल–accumulator. विद्युत् उत्पन्न करना वह वोल्टीय सेल या बैटरी जिसमें डायनेमो द्वारा विपरीत दिशा में विद्युत्धारा प्रवाहित करने से विपरीत

रासायनिक क्रिया होती है और सेल पुनः सक्रिय हो जाता है।

संचित–accumulcted. क्रमशः जमा होता गया।

संयुक्त कोण–compound angle. एक साथ मिले एकाधिक कोण, जैसे A + B कोण, A-B कोण, A+B+C कोण इत्यादि।

सूक्ष्मदर्शी–c. microscope. ऐसा सूक्ष. जिसमें अल्प नाभ्यांतर वाले दो उत्तल लेंस हों भिन्न-भिन्न सिरों पर लगे रहते हैं, पहला अभिदृश्यक (द्र.) और दूसरा नेत्रिका (द्र.) होते हैं।

संयुग्मी–conjugate. दे. जीवा chord में।

संयोग–combination. अलग-अलग वस्तुओं का एक दूसरे से सटना।

संयोजकता–valeneया velency ।. किसी तत्व की अन्य तत्व के साथ रासायनिक संयोग करने की क्षमता। यह उसके साथ संयोग करने वाले हाइड्रोजन-परमाणु की संख्या पर निर्भर करती है। उदाहरणार्थ, यदि किसी तत्व का एक परमाणु हाइड्रोजन के एक परमाणु के साथ रासायनिक संयोग करत ो या हाइड्रोजन के एक परमाणु को प्रति र करत हो तो उस तत्व की सं एक होगी। तत्वों की संयोजकता आरेख... में देखें।

संयोजन–combination. सामान्यतः दो अलग-अलग वस्तुओं को परस्पर जोड़ना। assembling. यंत्र के विषय में विभिन्न पुर्जों को जोंड़कर पूर्ण यंत्र का रूप देना।

संयोजी इलेक्ट्रान–valency electrons- वे इ. जो परमाणु संरचना के सबसे बाहरी शेल (कक्षा) में रहते हैं। ये ही मुख्यतः तत्व के गुणों के नियामक होते हैं।

संसंजन–cohesion. द्रव के अणुओं में एक दूसरे को अपनी ओर खींचने का गुण। इसी गुण के कारण पानी बूंद का रूप धारण करता है। गैस में यह गुण बहुत कम होता है। अप्रा. संलाग।

संसंजक–cohesive संसंजन (द्र.) गुणवाला।

संस्तरण–bedding, आधार और आधेय (उस पर रखी जाने वाली वस्तु) के बीच प्रत्यक्ष संपर्क बचाने के लिए गद्दी के रूप में बिछाई जाने वाली वस्तु।

संस्पर्श–contact. दो वस्तुओं का आपस में सटना, जो बहुधा रासायनिक अभिक्रिया का कारण होता है।

संहति–compaction. किसी वस्तु के कणों या अवयवों के बीच में रिक्तियों की अल्पता।

संहनन–compaction. संहति लाने की क्रिया। संहत compaction।

सक्रिय–action. क्रियाशील।

करना–activate. (i) किसी पदार्थ में विभिन्न घटकों के बीच समाप्त हो चुकी अभिक्रिया को पुनः चालू करना। उत्तेजित क., क्रियाशील क.। सक्रियण activation।

कार्बन–activatid carbon. वायु की अनुपस्थिति में वनस्पति के कार्बनीकरण से प्राप्त कार्बन जो गैस का उत्तम अवशोषक होता है। गैस-नकाब बनाने में यह काम आता है।

सजल–hydrate. जिसमें रवाजल विद्यमान रहता है (ऐसा पदार्थ) प्राप. हाइड्रेट।

सतह—susface. किसी वस्तु का बहिस्तल जिसमें लंबाई और चौड़ाई होती है। पर मुटाई नहीं। प्राप. पृष्ठ, बहिस्तल।

सदृश—analogos. अनुरूप, तुल्यरूप।

सधूम गंधकाम्ल—fuming sulfuric acid. सान्द्र गंधकाम्ल में सल्फर ट्रायक्साइड मिलाने से बना एक यौगिक।

संतुलन—balancing. किसी वस्तु के दो बिंदुओं पर पड़ने वाले वास्तविक विषम भारों को गुरुत्व केंद्र पर आलम्ब के समायोजन द्वारा बराबर कर देना।

सन्तर्पण-saturation-घोल आदि का सन्तृप्त (द्र.) होना।

सन्तृप्त—saturated. अपने में मिलाने या धारण करने की क्षमता की हद पर पहुंचा।

संरक्षण—conservation. क्षय या वृद्धि के बिना यथास्थिति में बनाए रखना या बना रहना।

—का सिद्धांत—law of c. न्यूटन का यह सिद्धांत कि कोई ऊर्जा या द्रव्यमान (mass) न तो नष्ट किया जा सकता है और न उत्पादि, बिल्क सदा यथावत् बना ही रहता है, भले ही उसका रूपांतरण या स्थानातंरण होता रहे।

संरचना—structure. किसी वस्तु के घटकों या अवयवों के संयोजन का ढांचा। प्राप. बनावट।

सूत्र—structural formula. रसायन शास्त्र में, यौगिक का वह आरेखात्मक चित्र जिसमें अणु के भीतर प्रत्येक परमाणु के पारस्परिक संयोजन का ढांचा प्रदर्शित रहता है। उदाहरणार्थ, गंधकाम्ल (H_2So_4) का सं.सू. आरेख सं... में देखें।

संरस—(अप्रा.)-दे. अमलगम amalgam.

संलग्न—adjoining, adjacent. निकट में लगा किंतु अपने अंग के बाहर का। जैसे संलग्न कोण आदि।

संवहन—conveetion. किसी वस्तु में उसके कणों के संचरण के फलस्वरूप किसी गुण का एक भाग से दूसरे भाग में प्रवेश। जैसे, खौलते पानी में नीचे के जल के ऊपर आने से पानी कीऊपरी सतह में ऊष्मा का पहुंचना। अप्रा. वहन, वाहन।

संवेग—momentiem. गति से वस्तु में उत्पन्न होने वाली एक शक्ति जो वेग के तथा द्रव्यमान के भी बढ़ने से बढ़ती है। अतः किसी वस्तु का संवेग = वेग x द्रव्यमान (m + mv)। अप्रा. गतिमात्रा, आवेग, गमता।

संवेद—sense. इन्द्रियजन्य प्रत्यक्ष बोध।

संवेदन—sensation. वस्तु के साथ ज्ञानेन्द्रिय के संपर्क से बोध की उत्पत्ति।

संवेदी—sensitive. ऊष्मादि से अधिक प्रभावित होने वाला, संवेदनशील।

संवेद्यऊष्मा—sensible heat. ऐसी ऊष्मा जो वस्तु में लगकर उसका तापक्रम बढ़ाने में समर्थ होती है। विप. गुप्त ऊष्मा talent heat । अप्रा. प्रकट ताप।

संश्लेषण—synthesis. विभिन्न पदार्थों (वस्तुओं) को समांग रूप से एक में मिलाना। विप. विश्लेषण analysis.

सन्तृप्त घोल—s, solution. ऐसा घोल जिसमें विलेय इतनी मात्रा में घुल चुका हो कि उस तापक्रम पर और नहीं घुल सकता है।

वाष्प—s. vapour. जब किसी तापक्रम पर

किसी गैसीय मिश्रण में समाविष्ट किसी द्रव के वाष्प का आंशिक दाब उस तापक्रम पर उस द्रव के वाष्प-दाब के बराबर होता है तब कहा जाता है कि वह गैसीय मिश्रण उस तापक्रम पर उस द्रव के वाष्प से सन्तृप्त है और ऐसा मिश्रण सन्तृप्त वाष्प कहलाता है।

सन्तृप्ति—saturation. सन्तृप्त होने की स्थिति।

सन्धारित्र—condenser. विद्युत की क्षमता घटाने-बढ़ाने का एक उपकरण जिसमें धातु के दो प्लेट अलग-अलग या बीच में अचालक वस्तु देकर लगे रहते हैं।

सन्धि—joint. छड़ आदि के दो खंड़ों का जोड़।

सपाट—plain. समतल सतह।

सप्त संयोजक—heptavalent. ऐसा तत्व जिसकी संयोजकता सात है, जैसे मैंगनीज, आयोडीन, ब्रोमीन, क्लोरीन, फ्लुओमीन आदि।

—भुज—heptagon. सात भुजाओं वाला क्षेत्र।

सप्तक—octave. संगीत के सात स्वरों का (व्यवहारतः बारह स्वरों का) समूह; जैसे षड्ज, ऋषभ, गान्धार, मध्यम, पंचम, धैवत और निषाद जो संक्षेप में क्रमशः स रि ग म प ध नि कहलाते हैं।

सबल पम्प—force pump. अधिक ऊंचाई तक पानी चढ़ाने में समर्थ जल-पम्प। इसके नाल में एक पार्श्वनली लगी रहती है; इसी से पानी ऊपर ठेलाता है।

समंजन—(अप्रा.)-adjustment. दे. समायोजन।

सम—regular (i) रेखा गणित में निर्यामित आकृतिवाला, जैसे सम दशभुज regular decagon, आदि। (ii) equaliso समान, तुल्यमान वाला, बराबर। (iii) similar-सदृश सजातीय, एकजातीय, मान गुणवाला।

—हर—common denominator अनेक भिन्नांकों के स्वतः समान या गणनार्थ समान बना दिए गए हर।

समकोण—right angle. सरल रेखा पर लंब डालने से बना कोई कोण या उसके बराबर कोई कण, जो षष्टिक प्रणाली में 90° का होता है।

समकोणिक—rectangular. दे. आयताकार।

समकोणीय—rectangular. दे. आयताकार।

समचतुर्भुज—rhomb. या rhombus ऐसा चतुर्भुज जिसकी चारों भुजाएं समान हों, कोण चाहे समान हों या नहीं।

समचतुर्भुजी—orthorhombic. क्रिस्टल की एक प्रसिद्ध आकृति जिसमें तीनों क्रिस्टलीय अक्ष भिन्न-भिन्न लंबाई के होते हैं,और एक दूसरे को समकोण बनाते हुए काटते हैं। प्राप. विषम लंबाक्ष।

समतल—(i) plane रेखागणित में ऐसी सतह जिस पर किसी एक बिंदु से किसी दूसरी बिंदु को मिलाने वाली सरल रेखा उस दिशा में पड़ने वाले हर बिंदु का स्पर्श करती जाए। (ii) level सम तल वालां; क्षैतिज, जैसे स.दर्पण

समत्रिभाजन—trisection. किसी कोण को तीन समान भागों में बांटना।

समदाब-रेखा—isobar. भूगोल में किसी

एक समय में वायुमंडल के समान दाब वाले स्थानों को बतानेवाली मानचित्रीय रेखा।

समदिक्पाती रेखा—isogonal line. मानचित्र में उन स्थानों को सूचित करने वाली रेखा जहां-जहां चुम्बकीय दिक्पात (द्र.) समान है।

समबहुभुज—regular polygon. वह बहुभुज जिसकी सब भुजाएं और सब कोण बराबर-बराबर हों।

समदूरस्थ—equidistant. परस्पर समान दूरी पर अवस्थित।

समबाहु—equlateral. सभी समान भुजाओं वाला (ऋजुरेखीय चित्र)

समद्विबाहु त्रिभुज—isosceles. वह त्रिभुज जिसकी कोई दो भुजाएं आपस में समान हों।

समभारिक—isobar. भिन्न-भिन्न तत्वों के किंतु परस्पर समान भारवाले परमाणु; जैसे आर्गनऔर पोटेशियम दोनों आपस में स. हैं क्योंकि दोनों का परमाणु भार 40 है।

सममित—symmetrical. ऐसा चित्र जिसे किसी रेखा पर मोड़ने से उस रेखा के दोनों ओर के भगा एक दूसरे पर पूर्णतः अध्यारोपित हो जाते हैं। अध्यारोपणार्थ मोड़ने की रेखा सममिति अक्ष axis of symmetry कहलाती है।

—रूप से सम्मुख—symmetrically opposite. जब सममिति-अक्ष की एक ओर का कोई बिंदु उस अक्ष से मोड़ने पर दूसरी ओर के किसी बिंदु पर पड़ता है तब वे दोनों परस्पर स.स. कहलाते हैं।

सममिति—symmetry. किसी वस्तु के दो अर्द्धकों का प्रतिच्छवितः समान होना।

—अक्ष—axis of symmetry. दे. सममित में।

समरूप—(i) similar. रेखागणित में आपस में ऐसे दो समानकोणीय ऋजुरेखीय चित्र, जिनमें से एक की क्रमशः सभी भुजाएं दूसरे की सभी भुजाओं के समानुपाती हों।

(ii)identical. सर्वसम, अभिन्न, अपस में ऐसी दो वस्तुएं जिनके सभी गुण समान हों।

समरेख समान्तर बल—collinear parallel force. आपस में, ऐसे दो समान्तर बल जिनकी दिशा एक हो। विप. असमरेख स. ब.। अप्रा. सदिश समानान्तर बल।

समलंब चतुर्भुज—trapegeum. दो समान्तर भुजाओं वाला चतुर्भुज।

समस्थानिक—isotope. आपस में एक ही तत्व के किंतु भिन्न-भिन्न भार वाले परमाणु एक दूसरे के साथ हैं। प्राप. समप्रोटॉनिक, आइसोटोप।

समांग—homogeneous. (ऐसा मिश्रणादि) जिस में सभी घटक सभी भाग में समान अनुपात में फैले हैं। प्राप. समांगी। विप. विषमांग, विषमांगी।

समांगी-समांग

समाकलन-चिह्न—integral sign. जोड़ का निशान (+)।

समाकृतिक—isomorphous. परस्पर, सदृश या सजातीय रवे बनानेवाले खनिज, जैसे पोटैशियम सल्फेट और पोटैशियम सलीनेट।

समाक्ष वृत्त—co-axial eircle. एक दिए हुए समुदाय में वृत्तों के परस्पर ऐसे जोड़े जिनका मूलाक्ष एक ही सरल रेखा पर हो।

समानकोणिक–equiangular. दो ऋजुरेखीय चित्रों में यदि एक के सभी कोण दूसरे के सभी अनुसारी कोणों के बराबर होते हैं तो वे परस्पर स. कहलाते हैं। प्राप. समकोणी।

समानयन–दे. अंशाकन और अंशशोधन।

समानीत–reduced. चार परिमाणों में पहले का दूसरे के साथ जो अनुपात है वही यदि तीसरे का चौथे के साथ रहे यह संबंध स. है। जैसे क : ख :: ग : घ (अर्थात् क अनुपात ख समानुपाती है ग अनुपात घ का) इन चारों में प्रथम और चतुर्थ पद (जैसे क और घ) बाह्यपद extremes कहलाते हैं, द्वितीय और तृतीय (जैसे ख और ग) मध्य पद means कहलाते हैं और अंतिम पद (जैसे घ) चतुर्थानुपाती fourth proportional कहलाता है। जब तीन परिमाणों में पहले का दूसरे के साथ और दूसरे का तीसरे के साथ अनुपात रहता है तब वह समानुपात कहलाता है। यहां दूसरे पद को मध्यानुपाती mean proportional और तीसरे को तृतीयानुपाती third proportional कहते हैं।

समान्तर–parallel. आपस में सभी बिंदुओं पर सम अन्तर (बराबर दूरी) वाला। ऐसी दो रेखाएं जो एक दूसरी की सदा समान लंबे दूरी पर रहें या एक दूसरी से कहीं न मिलने वाली हों, आपस में स. कहलाती हैं। प्रप. समानान्तर।

–असम चतुर्भुज–rhomboid. ऐसा समान्तर चतुर्भुज जिसमें सब भुजाएं बराबर हों, किंतु कोई समकोण न हो। अप्रा. विषमकोण समचतुर्भुज।

चतुर्भुज–parallelogram. ऐसा चतुर्भुज जिसकी सभी सम्मुख भुजाएं आपस में समान्तर हो।

दर्पण–parallel mirror. ऐसे दो दर्पण जिनकी परावर्तक सतहें आपस में समान्तर हों। इसमें असंख्य प्रतिबिम्ब बनते हैं।

समान्तर पट्टिका सन्धारित्र–paralled plate. एक प्रकार का विद्युत-संधारित्र (द्र) जिसमें आमने सामने दो थालें रखकर विद्युत्-धारिता बढ़ाई जाती है।

–बल–parallel force. परस्पर समान्तर दिशाओं में लगने वाले बल।

माध्य–arithmatic mean. साधारण औसत, जैसे 6, 3 और 9 का 6।

श्रेढ़ी–arithmetical progression. संख्याओं की ऐसी शृंखला जिसमें उत्तरोत्तर संख्या अपनी पूर्व-पूर्व संख्या की अपेक्षा किसी नियत दर से बड़ी होती जाती है; जैसे 5, 8, 11, 14, 17 इत्यादि, जहां संख्या 8 अपनी पूर्व संख्या 5 से तीन अधिक है। पुनः 11 पूर्व संध्या से तीन अधिक है।

सरल रेखा–parallel streight lines. ऐसी सरल रेखाएं जो एक ही सतह में हों और कितनी भी बढ़ाई जाने पर एक दूसरी से न मिलें।

समायोजन–adjustment. यंत्रोपकरण आदि के स्थिति-परिवर्तन-योग्य अंगों को अभीष्ट स्थिति में लाना।

समायोजित–adjusted.

समीकरण–equation- (i) रसायनशास्त्र में, अभिकारकों के समूहों को उनके फलों के साथ, बीच में बराबर का चिह्न देकर दिखाना। जैसे $fe + 4 H_20 = F_2O_4 + 4H_2$,

अर्थात लौह और जल वाष्प के मिलने से फेरिक आक्साइड और हाइड्रोजन गैस बनते हैं। (ii) गणित में दो राशियों या राशि समूहों की पारस्परिक समानता दिखाने वाला विवरण। जैसे 4x2=4+4।

—के मूल—roots of equation. दे. त्रिकोणमितीय समीकरण में।

समीर—breeze. मंद-मंद बहनेवाली हवा। दे. वायु air और पवन wind भी।

समुच्चय—set. परस्पर सम्बद्ध कई अवयवों या एककों का समुदाय जो मिलकर किसी एक प्रयोजन को सिद्ध करते हैं।

सम्पर्क—contact. दे. संस्पर्श।

सम्पात—coincedence. एक साथ आ पड़ना।

सम्पिंडन—consolidation-कई टुकड़ों को मिलाकर एक अखंड पिंड बनाना।

सम्पीडन—(i) किसी वस्तु को अवरुद्ध जगह में रखकर उस पर सभी ओर से दाब देना। जिससे उसका आयतन संकुचित होता जाए। (ii) उपर्युक्त क्रिया से होनेवाला संकुचन।

सम्पीड्यता—compresibility. किसी पदार्थ का यह गुण कि वह किस हद तक सम्पीड़ित किया जा सकता है।

—पंप—compression pump. किसी आवृत पात्र में हवा भरने का एक प्रकार का पंप। इसके मुख्य पुरजे हैं नाल, कपाट और पिस्टन। जब नाल में पिस्टन से हवा को ठेलते हैं तब पात्र का कपाट उस ठेल से खुल जाता है और हवा भीतर चली जाती है। किंतु बाहरी ठेल समाप्त होते ही भीतरी हवा के दाब से कपाट स्वयं बंद हो जाता है। अतः हवा घुसती तो है किंतु निकल नहीं पाती। साइकिल का प्रसिद्ध पंप इसका उदाहरण है।

संपुट—capsule. किसी वस्तु की रक्षाकारक बाहरी खोली। खास कर आम तौर से

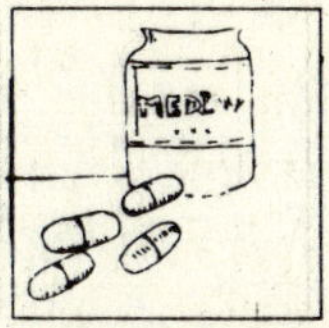

जिलेटिन की बनी वह घुलनशील खोली जिसमें बंदकर कड़वी दवा खिलाई जाती है। प्राप. कैप्सूल।

सम्पूरक कोण—supplementary angle. किसी कोण से मिलकर 180° पूरा करने वाला कोण; जैसे 14[8] का कोण 40° के कोण का स. होगा।

सम्पूर्ण—complete. हर तरह से पूरा।

सम्प्रयोग—(अप्रा.)-दे. अनुप्रयोग application।

सम्भरण—supply. बाहर से लाकर डालना या भरना।

सम्मिश्रण—complex. दो से अधिक प्रकार की वस्तुओं के मिश्रण से बना।

सम्मुख—opposite. सामने या विपरीत दिशा में पड़नेवाला।

—कोण—angle. सामने पड़नेवाला कोण।

सम्मेय—commensurable. (ऐसा मान) जो गणना द्वारा निकाला जा सकता है।

सरन्ध्र—porous. अनगिनत सूक्ष्म छिद्रों से युक्त। प्राप. रन्ध्री, अप्रा. झांझर। सरध्रता—porosity।

सरल—plain, simple. विप. जटिल, मिश्र,

यौगिक, वक्र।

आवर्त्त गति—simple harmonic motion. जब किसी गतिशील कण पर ऐसा बल लग रहा हो जो उसे विराम की स्थिति की ओर प्रेरित करता हो और उसमें विरामस्थिति से हुए विस्थापन की अनुपाती हो तब उस कण की गति स.आ.ग. कहलाती है। जैसे सरल लोलक की गति।

—लोलक—simple penduleum. दोलन संबंधी नियम प्रदर्शित करने का एक झूला, जिसमें स्थिर बिंदु से बंधे धागे के निचले सिरे से बंधी एक गोली लटकी रहती है। जो झुलाने से देर तक झूलती रहती है। इसका दोलन-काल=T= 2π , जहां $\sqrt{l/_g}$ = धागे की लंबाई, g = गुरुत्वाकर्षण।

सर्पिल—spiral. पेंच की चूड़ी या सर्प के चक्र के सदृश गति या आकृतिवाला; जैसे लोहे का स्प्रिंग।

सर्वथा सम—identically equal. सभी पहलुओं में समान।

सर्वनिष्ठ—common. सबों में समान रूप से रहने वाला; जैसे सर्व. अक्ष, स. कोण। दे. उभयनिष्ठ भी।

सर्वसम—identical. सभी पहलुओं में समान होने के कारण अभिन्न।

सवांगसम—congruent. ऐसे दो त्रिभुज आपस में स. होते हैं जिनके सातों अंग (तीन भुजाएं, तीन कोण और क्षेत्रफल) परस्पर समान हों।

ट्रायक्साइड—sulphur trioxide. एक यौगिक पदार्थ : सूत्र So_3; अणुभार 80। उत्पा. फेरिक सल्फेट के शुष्क आसवन से, सान्द्र गंधकाम्ल पर फास्फोरस पेन्टाक्साइड की अभिक्रिया से। इसके तीन भेद हैं अल्फा, बीटा, गामा। अल्फा द्रव है अन्य ठोस। ठोस उजला, द्रव रंगहीन होता है। जल के साथ घुलकर गंधकाम्ल बनाता है।

—डायक्साइड—sulphur dioxide. एक यौगिक, सूत्र SO_2; अणुभार 64। उत्पा-तांबे के छीलन पर गंधकाम्ल की अभिक्रिया से। रंगहीन, दमघुटाऊ गंध। हवा से भारी जल में विलेय, अदाह्य और दहलन का अपोषक, अपचायक विरंजक।

सल्फा ड्रग—sulpha drug. दवा का एक वर्ग जिसमें सल्फोनामाइड नामक रसायन रहता है। सल्फाइट-sulphite, सल्फ्यूरस अम्ल का लवण, H_2S0।

सल्फाइड—sulphide. गंधक और किसी धातु से बना एक यौगिक; जैसे फेरस सं. FeS, हाइड्रोजन सल्फाइड H_2s इत्यादि।

सल्फेट—sulphate. गंधकाम्ल का लवण। जैसे ताम्र सल्फेट $CuSo^4$। उत्पा-धातु, उसके आक्साइड या कार्बोनेट पर अम्ल की अभिक्रिया से। गंधकाम्ल द्विक्षार की है, अतः इससे दो प्रकार के लवण बनते हैं, नार्मल लवण और अम्ललवण।

सल्फ्यूरस अम्ल—sulphurous acid. सूत्र H_2So_3। सल्फर डायक्साइड का जलीय घोल। इससे दो प्रकार के लवण बनते हैं, सल्फाइट और बाइसल्फाईट। यह हवा में छोड़ने से आक्सीजन होकर सल्फ्यूरिक अम्ल बन जाता है ($2H_2S0_4 + O_2 = 2H_2So_4$)।

सल्फ्यूरिक अम्ल—sulphuric acid. दे. गंधकाम्ल।

सवार्ट का चक्का—sovarts wheel.

विभिन्न कम्पनावृत्ति की ध्वनि उत्पन्न करने का एक यंत्र जिसमें एक ही धुरी पर विन्यस्त छोटे-बड़े आकार के दांतदार चक्के लगे रहते हैं। इसको नचाकर विभिन्न चक्के पर कागज रखने से विभिन्न तारता वाली ध्वनियां उत्पन्न होती हैं। जिनकी कम्पनावृत्ति दांतों की संख्या और चक्के के प्रति सेकेंड घूर्णन के गुणनफल के बराबर होती है। n=mn : m =- दांतों की संख्या, N= घूर्णन संख्या और n= कम्पनावृत्ति।

सस्यविज्ञान—agronomy. कृषि की उपज संबंधी लाभालाभ का विवेचन करने वाला शास्त्र।

सहचारी—associatate. साथ लगा रहने वाला।

सहायक—auxiliary, accessary. उपकारक, साधक।

सहावसानी कोण—coterminal angles. आपस में, ऐसे कोण जिनकी परिभ्रामी रेखा का परिभ्रमणारम्भ तो किसी भी बिंदु पर हुआ हो किंतु परिभ्रमण का अंत एक ही बिंदु पर हो।

सहिम वृष्टि—sleet. हिम (स्नो) और पानी की एक साथ वृष्टि।

साइट्रस इत्यादि—दे. सिट्रस इत्यादि नीचे।

साइन—sene. त्रिकोणमिति में लंब और कर्ण का अनुपात ज्या। दे. त्रिकोणमितीय अनुपात में।

साइफन—siphon. एक ऐसा वक्र नल जिसका एक सिरा ऊंचे तल वाले जल में और दूसरा सिरा नीचे तल में रखकर और उसे जल से भर देनेपर निचले सिरे से , वायुमंडलीय दाव के फलस्वरूप, स्वतः गिरने लगता है। अप्रा. निनान।

सादृश्य केंद्र—centre of similitude. दो वृत्तों की केंद्र रेखा को उनके व्यासार्धों के अनुपात में आन्तरिकतः या वाह्यतः विभाजित करने वाले दो बिंदु। अप्रा. अनुरूपता-केंद्र, समरूपता-केंद्र।

साधन—appliance.

साधारण—common, general. किसी विशेषता से रहित।

साधित्र—appliance- apparatus. औजार, उपकरण।

साध्य—proporition. वह प्रस्तावित तथ्य जिसे तर्क द्वारा प्रमाणित करना है।

सान्द्र—strong, concentrated, विलयन के विषय में अधिक शक्ति (विलेय की मात्रा) वाला। प्राप. गाढ़ा, प्रप. समाहृत। सामान्यतः विलेय की मात्रा 10 प्रतिशेत से अधिक रहने पर विलयन सान्द्र माना जाता है।

सान्द्रता—concertration. विलेयन में विलेय और विलायक का अनुपात, जो प्रति सौ ग्राम घोल में विलेय की मात्रा के रूप में व्यक्त किया जाता है। प्राप. गाढ़ापन, अप्रा. शक्ति।

सामर्थ्य—stremgth. (i) विलयन के विषय में, विलायक के साथ विलये का अनुपात। प्राप. सान्द्रता। (ii) power. यान्त्रिकी में कार्य की दर जो प्रति सेंकंड निष्पादित कार्य से अवधारित होती है। इसकी छोटी इकाई अर्ग erg (द्र.) है और व्यावहारिक इकाई वाट watt.। ब्रिटिश पद्धति में इसकी इकाई अश्वशक्ति horse power प्राप. शक्ति।

सामान्य—common. समान रूप से या

दुहरी भूमिका द्वारा दो या अनेक में रहनेवाला (गुण, वैशिष्ट्य, आदि)। जैसे भारी पदार्थ मात्र का सामान्य गुण है।

साम्य–similarity. सादृश्य, बराबरी, संतुलन।

साम्यावस्था–equilibrium. किसी वस्तु की वह अवस्था जब उस पर लगने वाले परस्पर विरुद्ध बलों का परिणाम शून्य हो जाता है और वस्तु यों ही टिकी रह जाती है। प्राप. संतुलन, साम्य।

सायरन–siren. तीव्र ध्वनि करने का एक यंत्र जो युद्धादि के समय आसन्न संकट की सूचना देने के लिए बजाया जाता है। इसमें सम्पीड़ित वायु नाचते हुए ढक्कन के छिद्रों से निकलता है।

सारणी–table. आड़ी और खड़ी पांतों में विभिन्न आंकड़ों या प्रतीकों की उनके पारस्परिक संबंध के अनुसार सजावट। प्राप. तालिका।

सार्व–common. दे. सर्वनिष्ठ।

साहचर्य–association.

साहुल–plumb. एक धागे में लटका हुआ कोई भारी गोलकाकार पिंड। इसे उन्मुक्त अवस्था में लटकाने पर धागे की दिशा क्षैतिज तल पर लंब बनाती है। इसके सहारे दीवार आदि का झुकाव जाँचा जाता है।

सूत्र–plumb-line. भौतिक तुला में लगी वह सुई जिससे यह सूचित होता है कि तुला ठीक क्षैतिज तल में है या नहीं।

सिन्दूरी–searlat. सिन्दूर-सदृश लाल रंग का।

सिट्रस–eitrus. निम्बुवंशीय, अर्थात नींबू की जाति का या मोटे तौर पर खट्टे रस वाला।

सिट्रिक अम्ल–cirtic acid. नींबू आदि के रस में मिलने वाला एक जटिल यौगिक HOOC- CH_2- C (oh) (cooh)- CH_2 COOh। खादार; गल. 153° सें.। प्राप नींबू का अम्ल।

सिट्रेट–citrate. सिट्रिक अम्ल का लवण।

सिद्धांत–(i) Low तर्कों और प्रयोगों द्वारा स्थापित नियम। (ii) theory. विवेचनार्थ प्रस्तुत कोई वैज्ञानिक तथ्य जो अंतिम रूप से निर्णीत या सर्वमान्य न हो गया हो। ऐसे सिद्धांत के आधार पर किया गया विवेचन वाद कहलाता है, जैसे प्रकाश का विद्युत्-चुम्बकीय सिद्धांत।

सिलिकन–silican. एक अधातु तत्व। प्रतीक Si प.क्र. 14; प.भा. 28.06; संयोजकता 4 गल. 142° सें; क्व. 2600° सें.। रवाहीन सिं। बादामी रंग का चूर्ण होता है जिसका वि.गु. 2.35 है। रवादार सि. भूरा होता है जिसका वि.गु. 2.42 है। यही शिला और मिट्टी का बहुलांश होता है।

सिलिका–silica. सिलिकन का डायक्साइड sio_2, जो क्वाट्र्ज आदि खनिज के रूप में मिलता है। इससे कांच बनता है।

सिसिली–विधि-sicilian process. गंधक-उत्पादन की एक विधि जिसमें सिसिली और जमान में प्राप्य अयस्कों को ढालवीं सतह वाली भट्टी में गर्म करने से गंधक पिघलकर नीचे जमा हो जाता है।

सींक–paker. किसी वस्तु को आग में ले जाने या चलाने की लोहे की छड़। प्राप. अंगार-शलाका।

सीजीएस मात्रक–c.g.s. units. वे मात्रक

जो मेट्रिक पद्धति में सेंटीमीटर, ग्राम और सेकेंड के रूप में वैज्ञानिक व्यवहारार्थ गृहीत हैं। विप. एफ.पी. एस. मात्रक अर्थात फुट-पाउंड-सेकेंड मात्रक या ब्रिटिश मात्रक।

—पद्धति—c.g.s. system. मापन की मेट्रिक याफ्रांसीसी पद्धति जिसमें सेंटीमीटर, ग्राम और सेकेंड व्यावहारिक मात्रक हैं।

सीमेंट—cement. वास्तु रचना का एक परम प्रसिद्ध मसाला जो मुख्यतः कैल्सियम सिलिकेट और कैल्सियम ऐलुमिनेट का मिश्रण है, और 5 प्रतिशत मृदा युक्त चूना पत्थर को भूनकर चूर्ण के रूप में तैयार किया जाता है।

—गारा—c. mortar. सीमेंट, बालू और जल का गाढ़ा मिश्रण जो रासायनिक अभिक्रिया से कुछ देर में जम जाता है।

सुग्राही—sensitives. मानसूचक उपकरणों के संबंध में सूक्ष्म मान प्रकट करनेवाला; जैसे जो तुला मिलीग्राम के शतांश तक का विभेदन कर सकती है। वह 0.01 मिलीग्राम तक सु. कहलाती है।

सुघट्य—plastic. सुघट्यता (द्र.) गुणवाला जैसे आटे का लौंदा। सानी हुई मिट्टी आदि। प्राप. प्लास्टिक, प्लैस्टिक। अप्रा. नमनीय।

—गंधक—p. sulphur. दे. गंधक का अप रूप।

सुघट्यता—plasticity. कई पदार्थों में पाया जानेवाला वह गुण जिससे उसको ताप या नमी की विशेष स्थिति में किसी भी अभीष्ट आकृति में ढाला जा सकता है, जैसे पेरिस-प्लास्ट, चिकनी मिट्टी, सीमेंट आदि। प्राप. प्लैस्टिकता।

सुचालक—good conductor. जिसमें तापीय या वैद्युत चालकता (द्र.) अच्छी हो; जैसे सोना, तांबा इत्यादि।

सुरक्षा वाल्व—safety walve. वाष्पित्र या अन्य दाबवाले यंत्रों में वह वाल्व (कंपाट) जो खतरे के बिंदु से अधिक दाव होने पर स्वंय खुल जाता है, फलतः अधिक दाब के कारण यंत्र के फटने का खतरा नहीं रहता है।

सुरासार—(अप्रा.)-दे. ऐल्कोहल alcohal।

सुषिर वाद्य—wind instrument. संकरे छेद या दरार से वायु के निकलने से बजने

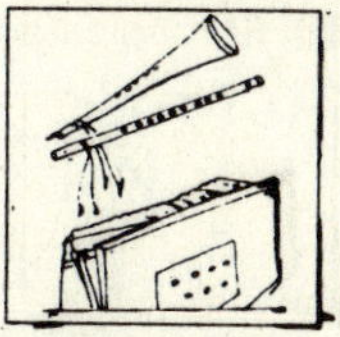

वाला वाद्य, जैसे बांसुरी, हार्मोनियम, शहनाई आदि।

सुस्वर ध्वनि—musical sound. नियमित और सुयोजित कंपन से उत्पन्न ध्वनि। अप्रा. सुरीली ध्वनि।

सुहागा—borax. एक खनिज लवण जो खारे झील के उद्वाष्पन से जमा होता है। यह सजल सोडियम बोरेट Nab_2o_3 है। उप-सोना गलाना, धातु जोड़ना, दवा बनाना।

सूक्ष्म—fine. महीन, बारीक।

सूक्ष्मग्राही—sensitive. सूक्ष्म इकाइयों में मान व्यक्त करने वाला (मीटर, तुला आदि)। दे. सुग्राही भी।

सूक्ष्मदर्शी—miroscope. सूक्ष्म कणों को लेन्स के सहारे आवर्धित रूप में दिखाने वाला एक यंत्र, जिसका सरलतम रूप

आतिशी शीशा है।

सूचक—indicator. रसायन विज्ञान में, ऐसा रासायनिक पदार्थ जो आयतन-अनुमापन में रंग-परिवर्तन द्वारा अभिक्रिया के अंत बिंदु (द्र.) को सूचित करता है। जैसे लिटमस। मीटर आदि में वह सुई या नोक जिसकी स्थिति से सूचकांक (द्र.) ज्ञात होता है।

सूचकांक—index. किसी गुण आदि की तीव्रता या मात्रा बतानेवाली संख्या या प्रतीक। जैसे निर्वाह'व्यय सूचकांक cost of living index।

सूचित अश्वशक्ति—indicated horse power (I.H.P.). इंजन या दहन से उत्पन्न यथार्थ बल जो अश्वशक्ति के रूप में मीटर पर सूचित होता है। यह शक्ति पूर्णतः काम में नहीं आती है, क्योंकि इसका भारी अंश यंत्र के चालन में समाप्त हो जात है। अतः कार्यदायक शक्ति इससे कम होती है, जो ब्रेक हार्सपावर (द्र.) कहलाती है।

सूची—needle. सुई।

छिद्र कैमरा—pin-hole camera. सुई के बराबर छेदवाली एक पेटी जिसमें उस छेद से प्रकाश घुसकर उसकी भीतरी दीवार पर उल्टा प्रतिबिंब बनाता है।

सूत्र—formula. सामान्य नियमों या विधियों को संक्षेपतम रूप में सूचित करनेवाली प्रतीकावली जैसे $(a+b^2) = a^2+2ab+b^2$।

(ii) रसायनशास्त्र में, किसी यौगिक के घटकों का विवरण जैसे गंधकाम्ल का H_2S0_4 इत्यादि।

सूर्यग्रहण—solar eclipse. जब चंद्र की स्थिति सूर्य और पृथ्वी के बीच में होती है और वह सूर्य की किरणों का अवरोध करता है तब पृथ्वी पर उसकी छाया (प्रच्छाया और उपच्छाया) पड़ती है। प्रच्छाया के क्षेत्र से सूर्य पूर्णतः अदृश्य हो जाता है, किंतु उपच्छाया के क्षेत्र से खंडित दिखाई देता है। यही घटना सू. है।

सेन्टिग्रेड—centigrade. तापमापी के अंशांकन की सर्वाधिक प्रचलित पद्धति में टेम्परेचर का मात्रक, जिसके अनुसार पानी का गलनांक शून्य डिग्री और क्वथनांक 100 डिग्री होता है। इसे फारेनहाइट में बदलने के लिए $^9/_5$ से गुनाकर 32 जोड़ें।

सेक—sec=secant. त्रिकोणमिति में, कर्ण और आधार का अनुपात, व्युत्क्रम कोटिज्या। दे. त्रिकोणमिति अनुपात।

सेकंड—second. षष्टिक मान में अंश (डिग्री) के साठवें भाग का (अर्थात कला) का साठवां भाग; से. = $^1/_{60 \times 60}$ डिग्री। काल गणना में मिनट का साठवां भाग। प्राप. विकला।

सेट स्क्वेयर—set square. लकड़ी का एक त्रिकोणात्मक ढांचा जिसमें एक कोण 90° का रहता है। यह यांत्रिक आरेख का एक परमावश्यक साधित्र है।

सेतु—bridge. पुल के आकार का एक प्रयोगशाला उपकरण।

सेंटी—centi. मेट्रिक पद्धति के मूल मात्रकों के साथ लगनेवाला एक उपपद जो सौंवे भाग का वाचक है। जैसे सेंटीमीटर = मीटर का सौवां भाग।

सेल—cell. ऐसी युक्ति जिसमें दो इलेक्ट्रोडों के बीच रासायनिक क्रिया होती रहती है और उससे विद्युत ऊर्जा उत्पन्न होती है।

इसके बहुत से भेद हैं। ऐसे सेलों के समूह को बैटरी कहते हैं।

सेलुलॉइड—celluloid. एक प्रसिद्ध प्लास्टिक्स (द्र.) जिसके मुख्य घटक नाइट्रोसलुलोज, कपूर और ऐल्कोहल हैं। वि.गु. 1.5 के लगभग। यह लचीला और बहुत मजबूत होता है और बहुत ही पतला ढाला जा सकता है।

सेलुलोज—cellulose. एक यौगिक पदार्थ सूत्र $(C_6H_{10}O_5)$ x। यह कार्बोहाइड्रेट का एक परम जटिल समूह है जिससे वनस्पति-कोशिका की दीवार बनी रहती है। उत्पा. रेशेदार पदार्थों के शोधन से। इससे कागज, नकली रेशम, फिल्म आदि बनते हैं।

सैकैरीन—sacharin. एक श्वेत खादार चूर्ण जो चीनी से सौ गुना मीठा होता है और जिन रोगों में चीन्नी वर्जित है उनके मरीजों को चीनी के बदले खिलाया जाता है।

सैकैरोज—saccharose. दे. कार्बोहाइड्रेट में।

सैद्धांतिक—theoritical. दे. सिद्धांत में।

सोडा—soda. दे. सोडियम कार्बोनेट और सोडियम बाइकार्बोनेट।

सोडियम—sodium. एक क्षारकीय धातु। प्रतीक Na; प.क्र. 11; प.भा. 22.98; गल. 97° सें.; क्व. 880° सें.। क्लोराइड, नाइट्रेट आदि यौगिक रूपों में प्राप्य। उत्पा. कास्टिक सोडा के विद्युत्-अपघटन से। श्वेत, चमकीला, जल से हल्का, परम मुलायम, ऊष्मा और विद्युत् का सुचालक, परम अभिक्रियाशील, हवा में सुनहली पीली लौ के साथ जलता है। उप-सोडियम सायनाइड आदि के उत्पादन में; उच्च तापक्रम वाले थर्मामीटर में, टेलीविजन में।

कार्बोनेट—sodium carbonate. धोने का सोड : सत्र Na_2CO_3, $10H_20$। उत्पा. सोडियम बाइकार्बोनेट के तापीय अपघटन से। श्वेत, रवादार, जल में विलेय, अम्लीय, किंतु जल में बना घोल क्षार की है। उप-कांच, साबुन, कास्टिक सोडा आदि बनाने में, कपड़ा धोने में जल की कठोरता दूर करने में।

क्लोराइड—s - chloride. खाने का प्रचलित नमक; सूत्र nacl। खान, समुद्र और झील में प्राप्य। उत्पा. खारा जल के वाष्पीकरण से, क्लोरीन में सोडियम जलाने से। उप-रसोई में, मछली संरक्षण में, सोडियम और उसके यौगिकों के उत्पादन में, हिम-मिश्रण बनाने में।

पेरोक्साकइड—sodium peroxide. सूत्र Na_2o_2। असीमित हवा में सोडियम को जलाने से प्राप्य पीला चूर्ण। आक्सीकारक।

बाईकार्बोनेट—s. bicarbonate. खाने का सोडा। सूत्र $NaHcO_3$। सो. कार्बोनेट के आर्द्र रवों को कार्बन डायक्साइड से संतृप्त करके निकाला जाता है। श्वेत, रवादार, जल में अल्पविलेय। उप-खाना पकाने में, अभिकर्मक के रूप में, दवा में। इसे baking soda भी कहते हैं।

ब्रोमाइड—s. bromide। सूत्र Nabr; गल. 766° सें.; क्व. 1396° सें.। समुद्र जल में अल्प मात्रा में प्राप्य। उत्पा. सा. हाइड्राक्साइड के घोल में सांद्र काष्टिक सोडा का घोल बूंद-बूंद डालने से। श्वेत, रवादार, जल में अतिविलेय, हवा में पसीजनेवाला। उप-रजत

ब्रोमाइड बनाने में ब्रोमीन निकालने में, दवा में।

मोनोक्साइड–s. monoxide. सूत्र Na_20। श्वेत, रवादार। उत्पा-सो को 180° सें. पर आक्सीजन की सीमित उपस्थिति में जलाने से।

सोडियम सल्फाइड–sodium sulphide. सूत्र (Na_2S)। तप्त सो. सल्फेट पर हाइड्रोजन प्रवाहित करने से प्राप्य। श्वेत, जल में विलेय, ठोस।

सल्फेट–s.sulphate. सूत्र Na_2so_4. प्रसद्धि नाम ग्लौबर्स साल्ट। उत्पा. सो. क्लोराइड को सांद्र गंधकाम्ल के साथ गर्क करने से जल में विलेय। उप-कपड़ा-उद्योग और दवा में।

हाइड्राक्साइड–s. hydroxide. प्रसिद्ध नाम कास्टिक सोड caustic soda। उत्पा. सो. कार्बोनेट के घोल को चूने के साथ गर्म करने से। श्वेत, रवादार, जल

शोषक, पसीजनेवाला, जल में विलये, त्वचा को जलाना, घोल कांच को गलाता। उप-कागज, कृत्रिम रेशम, साबुन और रंग बनाने में, पेट्रोल साफ करने में, अभिकारक के रूप में।

सौर मास–solar month. सूर्य के साथ पृथ्वी की बदलती स्थिति के अनुसार निर्धारित वर्ष का बारहवां भाग। यह 30. 4368 दिनों का होता है।

परिवार–s. system. अपने चारों ओर परिक्रमा करने वाले ज्योतिष्पिंडों सहित सूर्य। इसमें नौ मुख्य ग्रह हैं, जैसे पृथ्वी, मंगल आदि।

वर्ष–s. year-ज़ एक वासंतिक समरात्र से दूसरे वा.स. तक का समय। सूक्ष्मतया यह वर्ष 365 दिन 5 घ. 48 मि. 49.7 सें का होता है।

स्थानान्तरणीय गति–translatory motion. किसी वस्तु का इस तरह गमन करना कि उसके किन्हीं दो बिंदुओं को जोड़ने वाली रेखा सदा अपने समान्तर चले। अप्रा. सरल रैखिक गति।

स्थानीय–local. किसी स्थानविशेष तक ही सीमित। विप. सर्वव्यापी, सार्वत्रिक।

–माध्य समय–l. mean time. दे. स्थानीय समय ।

–मान–l. value. गणित की दाशमिक पद्धति में एक ही अंक का मान भिन्न-भिन्न स्थानों में भिन्न-भिन्न होता है, जैसे 4 यदि दाहिने से द्वितीय स्थान में रखा जाए तो उसका मान 40 होगा, यदि तृतीय स्थान में रखा जाए तो 400 इत्यादि। यही स्था. मा. कहलाता है।

समय–l. time. इष्ट स्थान की वास्तविक मध्यरात्रि को शून्य बिंदु मानकर विभाजित दैनिक समय। इसमें घंटे का विभाजन सूर्य के संबंध से वास्तविक नहीं, बल्कि औसत है। इसलिए यह वैज्ञानिक भाषा में स्थानीय माध्य समय (l.m.t.) कहलाता है।

स्थायी–stable. टिकने वाला, परिवर्तित न होने वाला।

कठोरता–जल की - permanent hardnen. जल में कैल्शियम या मैग्नीशियम सल्फेट या क्लोराइड के घुले रहने से उत्पन्न कठोरता, जो जल को उबालने से दूर नहीं होती, इसलिए स्थायी कहलाती है, किन्तु यह रासायनिक विधि से दूर की जाती है।

स्थितिज ऊर्जा—potential energy. किसी वस्तु में उस की विशेष स्थान में अवस्थिति की बदौलत हासिल ऊर्जा। उदाहरणार्थ, यदि वस्तु m ऊंचाई h पर रखी है। तो उसकी स्थि. mgh होगी क्योंकि वह वहां से धरती पर गिरने में उतना कार्य सम्पादित करेगी।

स्थिर अनुपात का नियम—law of constant (or difinite) proportion. यह नियम कि कोई तत्व अपने भार के अनुसार किसी निश्चित अनुपात में ही किसी अन्य तत्व के साथ यौगिक बना सकता है। अप्रा. निश्चित अ.का.नि.।

स्थिरांक—constant. भिन्न-भिन्न स्थितियों में भी सदा स्थिर रहने वाला मान, जैसे त्रिकोणमिति में लम्ब और आधार के छोटे-बड़े होने पर भी ज्या (साइन) सदा एक ही होती है, अतः ज्या स्थिरांक है। प्राय. नियतांक; अप्रा. अचर राशि।

स्थैतिक—static. विरामावस्था वाले पिंड से सम्बन्धित।

स्थैतिकी—statics. वह विज्ञान जिसमें वस्तु के विरामावस्था के बल का अध्ययन किया जाता है। प्राय. स्थितिविज्ञान।

स्प—tan. स्पर्शज्या। दे. त्रिकोणमितीय अनुपात।

स्पर्शज्या—tangent. दे. त्रिकोणमितीयय अनुपात।

- galvonometer. एक धारामापक यन्त्र जिसमें चुम्बकीय सुई के विचलन-कोण से धारा मापी जाती है, क्योंकि इस कोण की स्पर्शज्या (tan) उस यन्त्र से बहती धारा के अनुपाती होती है। प्राप. टैन्जेंट गैल्वेनोमीटर।

स्पर्शबिन्दु—point of contact. दे. स्पर्श रेखा में।

स्पशरिखा—tangent. किसी वृत्त के सम्बन्ध में, ऐसी सरल रेखा जो उसे एक ही बिन्दु पर स्पर्श कर सकती है चाहे वह रेखा कितनी ही बढ़ाई जाए। वह जिस बिन्दु का स्पर्श करती है वह स्पर्श-बिन्दु point of contact कहलाता है।

स्पिरिट—spirit. आसवन द्वारा प्राप्त एथिल ऐल्कोहल।

ज्वालक—spirit lamp. स्पिरिट पर जलनेवाला चिरागनुमा चूल्हा जो प्रयोगशाला में काम आता है।

स्पेक्ट्रम—spectrum. प्रकाश का रंग के अनुसार विभाजित करके दिखाया जाने वाला स्वरूप। सूर्य के प्रकाश में सात रंग की किरणें होती हैं और हरेक का अपवर्तनांक अलग-अलग है। अतः प्रिज्म होकर प्रक्षिप्त किरणें अपने-अपने अपवर्तनांक के अनुसार विभिन्न दिशाओं में बढ़ती हैं और पर्दे पर क्रमशः सातों रंग दिखाई देते हैं। प्रप. वर्णपट।

दर्शी—spectroscope. प्रकाश की किरणों का शुद्ध-शुद्ध वर्णक्रम दिखाने वाला एक साधित्र, जिसमें प्रिज्म होकर प्रक्षिप्त किरणों को लेन्सों के जरिए अनुकूल रूप में लाया जाता है। प्रप. वर्णक्रमदर्शी।

स्फटिक—quartz. सिलिका का रवादार रूप जो अधिकतर शैलों में पाया जाता है। प्राप. क्वाट्र्ज।

स्फुलिंग—spark. किसी रासायनिक अभिक्रियावश मुख्य पिंड से टूटकर निकला जलता हुआ कण। प्राप. चिनगारी।

स्रवण–secreton. किसी ठोस के सूक्ष्म रन्ध्रों से तरल पदार्थ का धीरे-धीरे निकलना।

स्व.–self, auto. खुद, आप ही आप; जैसे स्वोत्प्रेरण self-catalyses.

उत्प्रेरण–auto-catalysis. किसी रासायनिक अभिक्रिया का उससे उत्पन्न फल द्वारा स्वतः उत्प्रेरण।

चालित–automatic. प्रचालन में शारीरिक बल की अपेक्षा न रखने वाला (विद्युत् आदि की शक्ति से चलने वाला यन्त्रादि)। अप्रा. स्वचल, स्वग।

संयुग्मी–self-conjugate. यदि एक त्रिभुज का एक वृत्त के साथ ऐसा सम्बन्ध हो कि प्रत्येक भुजा सम्मुख शीर्ष की ध्रुवी हो जाए तो वह त्रिभुज उस वृत्त के सम्बन्ध से स्व. कहलाता है। प्राप. स्वतः संयुग्मी।

स्वतःसंयुग्मी–दे. स्वसंयुग्मी।

स्वयंतथ्य–(अप्रा.) - दे स्वयंसिद्ध।

स्वयंसिद्ध–axiom. वह तथ्य जिस की सत्यता सबों ने तर्क के बिना ही स्वीकार कर ली है। जैसे, बराबर वस्तुओं के बराबर भाग आपस में बराबर होते हैं इत्यादि।

स्वर–note. संगीत में, निश्चित कम्पनावृत्ति वाली कोई ध्वनि; जैसे 256 कम्नावृत्तिवाला स्वर स कहलाता है, 228 त. वाला रि, इत्यादि। दे. स्वरग्राम भी।

ग्राम–musical scale. कम्पनावृत्ति या तारता के निश्चित अनुपात में सजे स्वरों का समूह। इसमें सात स्वर रहते हैं जिनके पूर्ण नाम (और कम्पनावृत्तियां) इस प्रकार हैं–षड्ज (256), ऋषभ (288), गान्धार (320), मध्यम (341.3), पंचम (384), धैवत (426.7) और निषाद (480)। प्रप. सप्तक। इनके संकेत हैं क्रमशः स रि ग म प ध नि।

मापी–sonometer. प्रयोगशाला मे तारों की कम्पनावृत्ति का अध्ययन करने का एक साधित्र जिसमें तार की लम्बाई और टान घटाने बढ़ाने की युक्ति लगी रहती है। प्राप. सोनोमीटर।

स्वारित्र द्विभुज–tuning fork. दो भुजाओं वाला एक लौहदंड जिस पर चोट करने से एक निश्चित कम्पनावृत्ति वाली ध्वनि देर तक होती रहती है।

स्वर्ण–gold. प्राचीन नाम aurum. सोना। एक मूल्यवान् भारी, पीली धातु। प्रतीक Au; प.भा. 197.2. प.क्र. 79; वि.गु. 20° सें पर 19.3; गल. 1063° सें.; विशिष्ट विद्युत-प्रतिरोधकता 2.45 माइक्रोम प्रतिधन सेमी।

स्वर्णपत्र विद्युत्-दर्शी–gold leaf electroscope. वह विद्युत्-दर्शी जिसमें विद्युत्-धारा की प्रतिक्रिया दिखाने के लिए सोने की महीन पत्तियां लगी रहती हैं।

स्वांगीकरण–assimilation. अपने अंग में मिला लेना।

स्विच–switch. विद्युत परिपथ को योजित वियोजित करने की युक्ति; यन्त्र को सक्रिय या निष्क्रिय करने की कुंजी।

हर–denominator. भिन्नांक में पड़ी लकीर से नीचे रखी जाने वाली संख्या। दे. अंश में।

हरात्मक कूर्चिका–harmonic pencil. दे. रेखा-कूर्चिका pencil of lines. में।

परिच्छेद–h. section. किसी सरल रेखा को एक ही अनुपात में आन्तरिकतः और

वाह्यतः विभक्त करना। जैसे क ख ग घ, जहां क ख : ख ग = ख ग : घ ग। यहां ख और घ को क और ग के हरात्मक संयुग्मी कहेंगे।

माध्य—h. mena. दे. हे. श्रेढ़ी में।

माला—h. range. एक सरल रेखा पर पड़ने वाले ऐसे चार बिन्दुओं की श्रृंखला, जिनमें एक जोड़ा दूसरे जोड़े का ह. संयुग्मी हो। अप्रा. बिन्दुमाला।

श्रेढ़ी—h. progression. तीन राशियां तब ह. श्रे. में कही जतापी हैं जब प्रथम का तृतीय के साथ वही अनुपात हो जो प्रथम और द्वितीय के अन्तर का द्वितीय और तृतीय के अन्तर के साथ। जैसे, यदि क/ग= क/ख=ख/ग हों तो क ख ग ह. श्रे. में कहे जाएंगे।

सयुग्मी—h. conjugate. दे. ह. परिच्छेद में।

हवा—(अप्रा.) दे.वायु।

हाइड्रार्जिरम—hydrargyrum. पारा का प्रचीन नाम, जिसके आधार पर इसका प्रतीक Hg रखा गया है।

हाइड्राक्सिल आयन—hydroxyl ion. एक हाइड्रोजन परमाणु और एक आक्सीजन-परमाणु का परस्पर आबद्ध समूह -OH।

हाइड्रो-आयोडिक अम्ल—hydro-iodic acid. हाइड्रोजन आयोडाइड का जलीय घोल।

हाइड्रोक्लोरिक अम्ल—hydrochloric acid. हाइड्रोजन क्लोराइड का जलीय घोल।

हाइड्रोजन—hydrogen. एक अधातु तत्व प्रतीक H; प. क्र. 1; प. भा. 1.008; संयोजकता 1; गल. -259.14° सें.; क्व. -252.70 सें.; घनत्व 0.08988 ग्राम प्रति लीटर। जल में पेट्रोलियम के रूप में खानों में तथा प्राणी शरीर में फैला है। उत्पाधातु पर तनु गन्धकाम्ल की अभिक्रिया से। रंग, गन्ध, स्वाद से रहित। जल में अविलेय। दहन का अपोषक, किन्तु दहनशील। अप्रा. उद्‌जन।

हाइड्रोजन आयन—hydrogen ion. धन आवेशवाला हा. परमाणु।

आयोडाइड—h. iodide. सूत्र h6; अणुभार 127.92 ; आपे. घनत्व 63.96। रंगहीन, तीक्ष्णगन्धी, अदाह्य अदाहक गैस। इसका जलीय घोल हाइक्लोरिक अम्ल कहलाता है। उत्पा-हाइड्रोजन और आयोडीन के वाष्प को उत्प्रेरक (प्लैटिनम) के ऊपर से प्रवाहित करके ($h_2+1_2=2HI$)। उप-औषध और फोटोग्राफी में।

क्लोराइड—hydrogen chloride. सूत्र HCl; अणुभार 36.5 रंगहीन, कटुगन्धी, अदाह्य, अदाहक, अम्लीय। जल में। 1:442 के आयतनिक अनुपात में घुलता है। प्रकृति में लवण के रूप में प्राप्य। उत्पा-NaCl में गन्धकाम्ल मिलाकर, या हाइड्रोजन में क्लोरीन जलाकर।

ब्रोमाइड—h. bromide. सूत्र HBr; अणुभार 80.92। गुण बहुत कुछ हा. क्लोराइड सदृश। उत्पा-उत्प्रेरक (सूर्य की किरण) की उपस्थिति में ब्रोमीन के वाष्प को हा. में मिलाने से, या सजल लाल फोस्फोरस पर ब्रोमीन की अभिक्रिया से।

सल्फाइड—h. sulphide. हा, और गन्धक

का यौगिक। सूत्र H_2S; अणुभार 34; क्व. - 60.7° सें। रंगहीन, दुर्गन्ध, अम्लीय, जहरीला, जल में विलेय।

हाइड्रोब्रोमिक अम्ल—hydrobromic acid. हाइड्रोजन ब्रोमाइड का जलीय घोल।

हाइपो—hypo. ग्रीक भाषा का एक उपसर्ग जो सूचित करता है कि जिसमें यह उपसर्ग लगा है उसके मूलक या परमाणु सामान्य से कुछ कम संख्या में है। जैसे सल्फूरस अम्ल H_2SO_2, किन्तु हाइपोसल्फ्यूरस अम्ल H_2SO_2।

हाथी दांत—ivory. हाथी का बाहरी दांत (प्राप.)। जदन्त।

हिंगुल—cinnabar. पारद सल्फाइड सूत्र HgS। प्राप. सिंगपरफ, सिंवारेफ, सिनाबार।

हिम—(i) snow. वायु मंडल का तापक्रम गलनांक से नीचे उतरने के फलस्वरूप जमकर ठोस हुए जलवाष्पकणों की वृष्टि या वे जलवाष्पकण। मिलाइए वर्फ ice; ice कठोर होता है किन्तु snow कोमल। किन्तु हिम का प्रयोग व्यापक रूप से कभी-कभी ice के अर्थ में भी होता है। (ii) ice. बर्फ; अर्थात् निम्न तापक्रमवश जमा हुआ पानी।

हिमकारी मिश्रण—freezing mixture. 3:1 के अनुपात में बर्फ की बुकनी और नमक का मिश्रण, जिसका तापक्रम -20° सें. होता है। इसका उपयोग कुल्फी बनाने में होता है।

हिमांक—freezing point. किसी वस्तु का वह तापक्रम जहां पहुंचकर वह जमकर ठोस हो जाती है। इसी को ice-point भी कहते हैं। इस बिन्दु को सेन्टिग्रेड पद्धति में 0° मानते हैं और फारेनहाइट पद्धति में 32°। यही थर्मामीटर में निम्न स्थिर बिन्दु lower fixed point कहलाता है।

हीरा—diamond. कार्बन का एक रवादार अपररूप। कठोरतम खनिज, पारदर्शी, भुरभुरा, अत्यधिक वर्तनांक वाला, किसी भी पदार्थ में न घुलने वाला, 900° सें. से ऊपर हवा में गर्म करने पर जलनेवाला। उप-कड़ी वस्तुओं को काटने और छेदने के अलम के रूप में। प्राप. हीरक।

हीलियम—helium. एक निष्क्रिय तत्व। प्रतीक He; प.क्र., 2; प.भा. 4.002; संयोजकता 0; गल. -272.2° सें. ; क्व. -268.9° सें; घनत्व सामान्य ताप व दाब पर 0.17847 ग्राम प्रति लीटर। नितान्त अल्प मात्रा में हवा में प्राप्य। यह सबसे हल्कीगैस है, अतः हवाई जहाज के कई अंगों में भरी जाती है।

हेमाटाइट—haematite. एक अयस्क जिसका मुख्य घटक फेरिक आक्साइड होता है। इसके दो भेद हैं, निर्जल या लाल Fe_2O_3 तथा सजल या भूरा Fe_2O_3, H_2o। प्रप. हेमेटाइट।

हैलोजेन परिवार—halogen family. समान गुणधर्म वाले चार अधातु तत्वों का समूहः फ्लुओरीन, क्लोरीन, ब्रोमीन और आयोडीन।

होफमान बोतल—hofmann bottle. एक छोटी-सी बोतल जो प्रयोगशाला में काम आती है।

हौज—cistern. भवन में बना छोटा-सा कुंड जिसमें पानी नल से जमा होता रहता है और आवश्यकतानुसार नल द्वारा निकाला जाता है; जैसे पेशाब खाने या पैखाने की

सफाई के लिए।

aberrent. विपथी

abnormal.अपसामान्य

abrasion. अपघर्षण

abscissa. भुज

absolute. निरपेक्ष, परम, परिशुद्ध

absorb. अवशोषण

accelerate. त्वरण

accessary. अतिरिक्त, गौण

accretion. अभिवृद्धि

accumulate. संचय

accumulator. संचायक सेल

accurate. यथार्थ

achromatic. अवर्णक

acid. अम्ल, अम्लीय, आम्ल

acorstic. श्रावण

a. wave = sound wave

acorstics. ध्वानिकी

acquire. अर्जन

acre. एकड़

actinium. ऐक्टिनियम

action. कर्म, क्रिया

activate. सक्रिय करना

actual. वास्तविक

acute angle. न्यूनकोण

addend. योज्य

addition. जोड़, योग

adherent. आसंजित

adiathermanous. ताप-अपार्य

adjacent. संलग्न

a. angle. आसन्न कोण

adjoining. संलग्न

adjustment. समायोजन

adsorption. अधिशोषण

advancing wave प्रगामी तरंग

aerial. आकाशी, एरियल, वायव

aeronautics. वैमानिकी

aeroplane. विमान

aether. ईथर

air. वायु

agate. गोमेद

agnet. कारक

agitation. प्रक्षोम, विलोड़न

agonic line. दिक्शून्यपाती रेखा

agriculture. कृषि

agronomy. सस्य विज्ञान

affinity. बन्धुता

aqueous vapour. जलवाष्प

albumin. ऐलबूमिन

alcohol. ऐल्कोहल

algebra. बीजगणित

algebraic. बीजीय

alkali. क्षार, क्षारीय

allotrope. अपररूप

alloy. मिश्रधातु

alluvial. जलोढ़

almanaic. पंचांग

alpha. ऐल्फा

alternate. एकान्तर

alternating current. प्रत्यावर्ती धारा

altimeter. तुंगतामापी

altitude. ऊंचाई, शीर्षलम्ब

alum. फिटकरी
alumina. ऐलुमिना
aluminium. ऐलुमिनियम
amalgam. अमलगम
amber. ऐम्बर
americium. ऐमेरिशियम
ammeter. अमीटर, ऐम्पियरमापी
ammonia. अमोनिया
ammonium. अमोनियम
amorphous. रवाहीन
amount. मिश्रधन, मात्रा, परिमाण
ampere. ऐम्पियर
amphotiriec. उभयधर्मी
amplify. प्रवर्धन
amplifier. प्रवर्धक
amplitude. आयाम
analogue. अनुरूप, तुल्यरूप
analyse. विश्लेषण
anatomy. शारीर
aneroid barometer. निर्द्रव बैरोमीटर
angle. कोण
a. of depression. अवनमन-कोण
a. of deviation. विचलन-कोण
a. of dip. नमन-कोण
a. of elevation, उन्नयन-कोण
a. of incidence. आयतन-कोण
a. of inclination नति-कोण
a. of prism. प्रिज्म-कोण
a. of reflection. परावर्तन-कोण
a. of refraction. अपवर्तन-कोण
anhydrous. निर्जल
anion. ऋणायन
anode. ऐनोड
antecedent. पूर्वपद
anthropology. मानवविज्ञान
anti. प्रति
antimony. ऐन्टिमनी
antinode. प्रस्पन्द
antiseptie. पूतिरोधी
aperture. द्वारक
apex. शीर्ष, शिखाग्र, शिखर
a. angle. शीर्ष-कोण
appliances. साधित्र, युक्ति
application. अनुप्रयोग
apparatus. उपकरण
apperent. आभासी, दृष्ट
approximate. सन्निकट, लगभग
aqua regia. ऐक्वा रेजिया
a. fortis. ऐक्वा फोर्टिस
arc. चाप
a. lamp. आर्क लैम्प
archeology.पुरातत्वविज्ञान
archimedes. आर्किमीडिज
area. क्षेत्रफल, क्षेत्र
argentum. रजत
argon. आर्गान
arithmetic mean. समान्तर माध्य
a. progression. समान्तर श्रेणी
arm. भुजा, बाहु
a. of effort. आयास-भुजा
a.of resistance. भार-भुजा
armature. आर्मेचर

arsenic. आर्सेनिक
artesian well. उत्स्रुतकूप
asbestos. ऐस्बेस्टॉस
ascend. आरोहण
ash. भस्म, राख
asphalt. ऐस्फाल्ट
assemble. संयोजन
assimilate. स्वांगीकरण
associate. सहचरी
astringent. कषाण
astronomy. खगोल विज्ञान
ate. ए'ट
atom. परमाणु
atmosphere. वायुमंडल
attraction. आकर्षण
attribute. गुण
audible. श्रव्य
aurum. स्वर्ण
auto. स्वतः
autocatalysis. स्व-उत्प्रेरण
automatic. स्वतः, स्वचालित
average. औसत
brass. पीतल
breeze. समीर
bridge. सेतु
bright. दीप्त, चटकीला
brimstone. गन्धक
Brin's process. ब्रिन विधि
British standard. ब्रिटिश मानक
B. Thermal Unit. बि. ऊष्मा मात्रक
brittliness. भंगुरता
bromide. ब्रोमाइड
bromine. ब्रोमीन
bronze. कांसा
brown. बादामी
bubble. बुद्बुद
bulb. बल्ब
bulk. आयतन
buoy. उत्पभाव
burette. ब्यूरेट
burner. ज्वालक
burning. जलना
by product. उपजात
cable. केबिल
cadmium. कैडमियम
calamine. कैलामिइन
calcination. निस्तापन
calcite. कैल्साइट
calcium. कैल्सियम
calibrated. अंशशोधित
caliche. चीली शोरा
calorie. कैलोरी
calorific value. ऊष्णीय मान
calorimetry. ऊष्मामिति
calorimeter. ऊष्मापी
camera. कैमरा
camphor. कर्पूर
candle. कैंडिल
c. power. कै. शक्ति
cap. टोपी
capacity. क्षमता, धारिता
capillary tube. केशनली

capsule. सम्पुट
captan. ढोलचर्खी
carat. कैरेट
carbohydrate. कार्बोहाइड्रेट
carbolic acid. कार्बोलिक एसिड
carbon. कार्बन
c. black. काजल
carbonate. कार्बोनेट
carbonic acid. कार्बनिक अम्ल
carbonyl. कार्बनाइल
carburator. कार्बूरेटर
cartesian co-oridinate system. कार्तीय निर्देशांक विधि
c.diver. कार्तीजियन गोताखोर
carnalyte. कार्नालाइट
cast iron.ढलवां लोहा
catalysis. उत्प्रेरण
cathode. कैथोड
cation. धनायन
caustic. दाहक
cell. सेल, कोशिला
celluloid. सेलुलॉइड
cellulose. सेलुलोज
cement. सीमेन्ट
centesinal system. शतिक पद्धति
centre. केंन्द्र
c. of curvature. वक्रता केन्द्र
c. of gravity. गुरुत्वाकेन्द्र
c. of similitude. सादृश्य केन्द्र
centrifugal. अपकेन्द्री
centigrade. सेन्टीग्रेड
centripetal. अभिकेन्द्री
ceramic. चीनी मिट्टी
ceramics. मृत्तिका-शिल्प
ceribrum. प्रमस्तिष्क
ceribral. प्रमस्तिष्कीय
c.g.s. system. सी.जी.एस. पद्धति
avogadro. आवोगाद्रो
axial. अक्षीय
axis. अक्ष
a. of ordinate. कोटि अक्ष
a. of abscissa. भुजाक्ष
a. of reference. निर्देशाक्ष
a. of symmetry. सममिति-अक्ष
axiom. स्वयं सिद्ध
azure. आसमानी
azurite. ऐजुराइट
bacteria. जीवाणु
bad conductor. कुचालक
baking soda. सोडा, खाने का
balance. तुला, सन्तुलन
ball bearing. बॉल बियरिंग
ballastic. प्राक्षेपिक
balloon. गुब्बारा
band. पट्टी
bar. रोधिका, छड़ बार
b. and gauge. छड़-मापी
b. magnet. दंड-चुम्बक
barium. बेरियम
bark. छाल
barlow's wheel. बार्लो का चक्र
barometer. वायुदाब मापी

barrel. नाल

barytes. बेराइटीज

basalt. बेसाल्ट

base. क्षारक, आधार

b. exchange process बेस-विनिमय-विधि

b. of a prism. प्रिज्माधार

basin. कुंडी

basis. आधार

bath. ऊष्मक, कुंड

battery. बैटरी

bauxite. बौक्साइट

beaker. बीकर

beam. किरण पुंज

bearing. दिक्मान

bedding. संस्तरण

bell. घंटा

Beta rays. बीटा किरण

bibasic. द्विक्षारकी

bicarbonate. बाइकार्बोनेट

binocular. द्विनेत्री

bio. जीव, जैव

brikeland eyde process. बर्कलैंड व आइड विधि

bisect. अर्धन

bisector. अर्धक, द्विभाजक

bismuth. बिस्मथ

bisulphate. बाइसल्फेट

bitumen. बिटुमेन

bivalent. द्विसंयोजक

black lead. ब्लैक लेड

bladder. थैली

blast. विस्फोट, वात्या

bleaching. विरंजक

blend. मिश्रण

blister copper. फफोलेदार ताम्र

blood. रुधिर

blow pipe. फुंकनी

blue. नीला

bob. गोलक

body. काय, पिंड

boil. उबालना, क्वथन

boiler. वाष्पित्र

bone. अस्थि

borax. सुहागा

Borda's substitution method. बोर्डा की प्रतिस्थापन विधि

boric. बोरिक

boron. बोरन

botany. वनस्पति विज्ञान

Boyle's law. बॉयल का नियम

brake. ब्रेक

branch. शाखा

chalk. खड़िया

chalcocite. कैल्कोसाइट

chalcopyrite. कैल्कोपाइराइट

chamber process. कक्ष-प्रक्रम

chancel. चान्सेल

change of state. अवस्था-परिवर्तन

channel. प्रणाल

character. गुण, लक्षण

characteristic. पूर्णांश

charcoal. चारकोल, लकड़ी का कोयला
charge. चार्ज, आवेश
Charles Sauria. चार्ल्स सौरिया
Charle's law. चार्ल्स का नियम
chemical. रसायनिक, रसायन
chemistry. रसायन विज्ञान
chimney. चिमनी
china clay. चीनी मिट्टी
chlorate. क्लोरेट
chloramine. क्लोरामीन
chlor apatite. क्लोर ऐपेटाइट
chloric. क्लोरिक
chloride. क्लोराइड
chlorine. क्लोरीन
chloroform. क्लोरोफार्म
chlromycentine. क्लोरोमाइसिटीन
chlorophyll. पर्णहरित
chord. जीवा
chrome. क्रोम, वर्ण
chromium. क्रोमियम
cinnabar. हिंगुल
circle. वृत्त
circuit. परिपथ
circular system. वृत्तीय पद्धति
circulatory system. परि संचरण-तंत्र
circumcentre. परिकेन्द्र
circumcircle. परिवृत्त
circumference. परिधि
circumradius. परित्रिज्या
c. circle. परिवृत्त
cistern. हौज, कुंडिका
citrate. सिट्रेट
citric. सिट्रिक
citrus. सिट्रस
clamp. शिकंजा
clearing agent. निर्मलक
climate. जलवायु
clinical thermometer. डाक्टरी थर्मामीटर
clark's process. क्लार्क विधि
class. वर्ग
classification. वर्गीकरण
clay. मृत्तिका
clock. घड़ी
clock-wise. दक्षिणावर्त
cloud. मेघ
c. chamber. अभ्रकोष्ठ
coal. कोयला
c. tar. अलकतरा
coat. आवरण, विलेय
co axial circles. समाक्ष वृत्त
cobalt. कोबाल्ट
co-efficient. गुणांक
c. of expansion. प्रसार गुणांक
c. of cubical expansion. आयतन प्रसार गुणांक
c. of liner expansion. अनुदैर्ध्य प्रसार-गुणांक
c. of superficial expansion. क्षेत्र-प्रसार-गुणांक
cohesion. संसंजन
coil. कुंडली
coinage metal. मुद्रा-धातु

coincidence. सम्पात

coke. कोक

cold. शीत

collinear parallel force. समरेख समान्तर बल

colloid. कोलॉइड

colliodal sulphure. कोलॉइडल गन्धक

colour. वर्ण

cool. शीतल

combination. संयोजन, संयोग

combustible. दाह्य

combustion. दहन

commensurable. सम्मेय

commercial. व्यापारिक

common. सर्वनिष्ठ, सार्व, सामान्य, साधारण, उभयनिष्ठ

c. denominator. सम हर

commutator. दिक्परिवर्तक

compaction. संहति

compare. तुलना करना

compass. कम्पास, परकार

compensated balance wheel. प्रतिकारित सन्तुलन पहिया

complement. पूरक, पूरक कोण

complete. सम्पूर्ण, पूर्ण

complex. संमिश्र

c. ion. संकर आयन

compendo. योगान्तरानुपात

components. घटक

composition. संघटन

c. of forces. बल-संयोजन

c. of velocity. वेग-संयोजन

compound. यौगिक, संयुक्त

c. angle. संयुक्त कोण

compression. सम्पीडन

compressibility co-efficient. सम्पीड्यता गुणांक

concave. अवतल

concentrated. संकेन्द्रित, सान्द्र

concentration. सान्द्रता, सान्द्रीकरण, शक्ति

concentric. संकेन्द्री

conclusion. निष्कर्ष

concurrent. संगामी

condensation. संघनन, द्रवण

condenser. द्रवाणित्र, संधारित्र

conduction. चालन

conductor. चालक

cone. शंकु

congruent. सर्वांगसम

conical. शंक्वाकार, शांकव

conjugate. संयुग्मी

consequent. उपध्रुव, पर पद

conservation. संरक्षण

consistency. गाढ़ता

consolidation. संपिंडन

constant. स्थिरांक

c. of inversion. प्रतिलोमनांक

constituent. घटक

constilution. रचना

construction. रचना, निर्माण

contact. संस्पर्श

convection. संवहन
convergent. अभिसारी
converse.विलोम
conversion. रूपान्तरण
convex. उत्तल
cooling. शीतलन
coordinate. निर्देशांक
copper. ताम्र, तांबा
corresponding angle. संगत कोण
c. term. संगत पद
cosec. कोछे, कोसेक, व्युज्या
cosecant. कोसेट, व्युत्क्रमज्या
cosin. कोसाइन, कोस, कोज्या
cot. colangent.
cotangent. कोट, कोटिस्पर्श ज्या, कोस्प
co-terminal angle. सहावसानी कोण
coulomb. कूलॉम
couple. बलयुग्म
crest. शृंग
critical angle.क्रांतिक कोण
cross section. अनुप्रस्थ काट
cossing point. कटान-बिन्दु
crucible. घड़िया
crystal. क्रिस्टल
cube. घन
cubical expansion. आयतन प्रसार
cupric. ताम्रिक
cuprite.क्यूप्राइट
cuprous. ताम्रस
cuprum. ताम्र
current. धारा
curve. वक्र
cycle. आवर्तन, चक्र
cyclic. चक्रीय
cyclone. चक्रवात
cylinder. बेलन, सिलिंडर
Dalton's atomic theory. डाल्टन का परमाणु वाद
Daniel cell. डेनियल सेल
D.'s hygrometer. डे का आर्द्रतामापी
data. आंकड़े
D.D.T. डी.डी.टी.
D.C. direct current. दिष्टधारा
deactivate. निष्क्रियण
decagon. दशभुज
decagram. डेकाग्राम
decameter.डेकामीटर
decantation. निथारना
decarbonation. विकार्बनन
decigram. डेसीग्राम
decimal. दशमलव
decimeter. डेसिमीटर
declination. दिक्पात
decolorisation. विरंजन
decomposition. अपघटन
deflagration spoon. उद्दहन चम्मच
degree. मात्रा, अंश
dehydrate. निर्जल करना
demagnatisation. विचुम्बकन
demonstate. निदर्शित करना
denominator. हर
density. घनत्व

deposite. निक्षेप
depression angle. अवनमन कोण
descend. अवरोहण
desiccation. शुष्कन
desiccater. जलशोषित्र
destructive distillation. भंजक आसवन
detonate. विस्फोट प्रेरण
dew. ओस
dial. अंकपट्ट, डायल
diameter. व्यास
diamond. हीरा
diathermanous. ऊष्मापार्य
diatomic. छिपरमाणुक
dibasic acid. छिक्षारकी
dielectric constant. परावैद्युतांक
differential thermameter. तापान्तरमापी
diffusion. विसरण, विसारिता
deliquescence. प्रस्वेदन
dilute. तनु
dimension. विस्तार
dip. नति
direct current. दिष्टधारा
discontinuous spcetrum. असन्ततवर्णपट
dispersion. विक्षेपण
displacement. विस्थापन
dissect. विच्छेदन
dissociatioh. वियोजन
dissolve. विलयन, विलीन होना, घुलना
distance. दूरी
disturbance. विक्षोभ
distil, distilled. आसुत, आसवन
distorte. विकृत
divalent. द्विसंयोजक
divergent. अपसारी
divide. भाग देना, विभाजन
dividend. भाज्य
dividendo. अन्तरानुपात
dividers. विभाजनी
diviser. भाजक
division. भाग
dodecagon. द्वादशभुज
dolomite. डोलोमाइट
double dicomposition. उभय-अपघटन
d. salt. दिक लवण
dry. सूखा, शुष्क
drying agent. शुष्कक
ductile. तन्य
dulong petit method. ड्यूलांग एवं पेटी विधि
dutch metal. उचधातु
dye. रंजक
denamo. डायनामो
dynamometer. बलमापी
dynamics. गतिकी
dyne. डाइन
earthed. भूसम्पर्कित
ebonite. एबोनाइट
ebullition. क्वथन
echo. प्रतिध्वनि
eclipse. ग्रहण
effective lenght (of pendulum) प्रभावी लम्बाई

efflorescent. उत्फुल्ल
effort. आयास
elastic. प्रत्यास्थ
electric. वैद्युत, विद्युत्
electrical. विद्युतीकरण
electrochemical equivalet. विद्युत-रासायनिक तुल्यांक
a. series. वि.र. श्रेणी
electrode. इलेक्ट्रोड
electrolysis. विद्युत्-अपघटन
electromaganatic. विद्युत्-चुम्बकीय
electromotive force. (e.m.f) विद्युत्-वाहक बल
electron. इलेक्ट्रॉन
electronegative. ऋणविद्युती
electronic. इलेक्ट्रोनिक
electronics. इलेक्ट्रोनिक्स
electrophorous. इलेक्ट्रोफोरस
electroplating. विद्युत्-लेपन
electropositive. धन-विद्युती
electroscope. विद्युतदर्शी
element. तत्व
elevation angle. उन्नयन-कोण
eliminate. विलुप्त करना
emergent rays. निर्गत किरणें
emession. उत्सर्जन
emperical formula. मूलानुपाती सूत्र
end-point. अन्त-बिन्दु
endothirmic reaction. ऊष्माशोषी अभिक्रिया
energy. ऊर्जा
energisation. ऊर्जायन
engine. इंजिन
epidiascope. पारापार चित्रदर्शी
epsom salt. एप्सम लवण
equa regia. एक्वा रेजिया
equal. तुल्य, समान, सम, बराबर
equation. समीकरण
equator of magnet. चुम्बकीय निरक्ष
equiangular. समानकोणिक
equidistant. समदूरस्थ
equilateral. समबाहु
equilibrium. साम्यावस्था
equivalent. तुल्यांक
e. weight. तुल्यांकी भार
e. proportion, law of. तुल्य अनुपात का नियम
erg. अर्ग
escribed circle. बहिर्गत वृत्त
ether. ईथर
eudometer. गैस आयतन मापी
evaporation. बाष्पन
ex. centre. बहिष्केन्द्र
exhaust pump. रेचक पम्प
exothirmic. ऊष्मा-उन्मोची
expansion. प्रसार
extension. विस्तारण
external. बहिरर्धक
extraction. निष्कर्षण
extremes. बाह्यपद
eye. आंख
e. lense. नेत्रिका

factor. कारक, गुणनखण्ड, गुणक (घोलकर)
fahrenheit scale. फारेनहाइट स्केल
फैरोड
faraday. रव
female screw. भीतरी पेंच
ferrice. फेरिक
ferrous. फेरस
fertilisers. उर्वरक
filse. रेशा, तन्तु
filament. तन्तु
field. क्षेत्र
figure. अंक, आकृति
filings. रेतन
film. फिल्म
filler. पूरक
filter. निस्यन्दक
fine. पतला, परिष्कृत, सूक्ष्म
fire. अग्नि
f. elay. अग्निसह मिट्टी
f. engine. दमकल
f. proof. अग्निसह
f. works. आतिसबाजी
flash. क्षणदीप्ति
flask. फ्लास्क
fluor apatite. फ्लुओर ऐपेटाइट
fluorescence. प्रतिदीप्ति
fluoride. फ्लुओराइड
fluorine. फ्लुओरीन,
fluorite. फ्लुओराइट
fluorspare. फ्लुओरस्पार
flux. गालक
foam. फेन, झाग
focus. फोकस
f. length. फोकस दूरी
fog. कुहरा
foot. फुट
f. pound. फुट पाउन्ड
f. p. second system. फुट-पाउण्ड सेकण्ड पद्धति
f. poundal. फुट पाउण्डल
force. बल
f. pump. सबल पम्प
forced vibration. प्रणोदित कम्पन
frk. द्विभुज
formation. रचना
formula. सूत्र
fortin's barameter. फोर्टिन का बैरोमीटर
fourth praportinal. चतुर्थानुपाती
froction. भिन्न
fractional distillation. प्रभाजी आसवन
f. erystalisation. प्रभाजी क्रिस्टलन
frosch process. फ्रैश विधि
free. मुक्त
freeze. जमना
freezing mixture. हिमकारी मिश्रण
f. point. हिमांक
frequency. आवर्तित
fresh water. अवलण जल
frost. झाग,
forth. तुषार
frothy. झागदार
friction. घर्षण

fulcrum. आलम्ब
fuel. इन्धन
fume. धूम
funaing sulphuric acid. सधूम गन्धकाम्ल
fundamental note. मूल स्मारक
funnel. कीप
furnace. भट्टी
fuse. फ्यूज, संगलन
fusibh. संगलनीय
galvanise. जस्ता चढ़ाना
galvanised irion. जस्तेदार लोहा
galvanometer. धारामापी, प्रा. गैल्वेनोमीटर
galvanoscape. धारादर्शी
gangue. आधात्री
gas. गैस
g. carbon. गैस-कार्बन
gaus's method. गाउस विधि
gay lussac's law. गेलुसैक का नियम
generator. जनित्र, जेनरेटर
geology. भौतिकी
geometrieal mean. गुणोत्तर माध्यम
geometry. ज्योमिति, रेखागणित
german silver. जर्मन सिल्वर
gill process. गिल विधि
glauber's salt. ग्लौबर लवण
glucose. ग्लूकोस
g.m.t. जी.एम.टी., ग्रीनविचमीन टाइम
gold. स्वर्ण
g. leaf electroscope. स्वर्णपात्र विद्युत्दर्शी
good conductor. सुचालक
graduation. अंशांकन, निशान, समानयन
grain. कण
gram. gramme. ग्राम
g. calore. ग्राम कैलोरी
g. equivalent. ग्राम-तुल्यांक
g. weight. ग्राम-भार
graph. ग्राफ
g. paper. वर्गांकित कागज
graphite. ग्रेफाइट
graverande's ring. ग्रेवसैंड की गोली
gravitation. गुरुत्वाकर्षण
gravity. गुरुत्व
yrays. गामा किरण
gun metal. गन मेटल
g. powder. बारूद
gypsum. जिप्सम
haematite. हेमोटाइट
hailstone. करका, ओल
halogen family. हेलोजेन परिवार
hard. कठोर
h. water. क. जल
harmonic. हरात्मक
head of water. जलदाबी ऊंचाई
heat. ऊष्मा, ताप
h. treatment. ऊष्मा-उपचार
h. proof. ऊष्मासह
hieght. ऊंचाई
helium. हीलियम
hemisphere. गोलार्द्ध

hematite. हेमाटाइट
heptagon. सप्तभुज
heptavalent. सप्तसंयोजक
heterogeneous. विषमजातीय, विषमांग
hexagon. षड्भुज
hexavalent. षट्संयोजक
hoar frost. पाला
hofmann bottle. होफमान बोतल
homogeneous. समांग
horizon. क्षितिज
horizontal. क्षैतिज
horse power. अश्वशक्ति
h. shoe magnet. नाल-चुम्बक
hot. तप्त
hour. घंटा
humidity. आर्द्रता
hydracid. अनाक्सी अम्ल
hydrargyrum. हाइड्रार्जिरम
hydrate. सजल
hydrated. जलयोजित
hydraulic. द्रवचालित, जलीय
hydro. हाइड्रो
hydrozen. हाइड्रोजन
hydrology. जलविज्ञान
hydrolysis. जल-अपघटन
hydrometer. उत्प्लप-घनत्वमापी
hydrastatics. द्रवस्थैतिकी
hydroxyl. हाइड्रॉनिक्सल
hygrometer. आर्द्रतामापी
hydrometery. आर्द्रतामिति
hypo. हाइपो
hypotenuse. कर्ण
hypothesis. परिकल्पना
ic. इक
ice. हिम
i. point. हिमांक
ide. आइड
identical. अभिन्न, सर्वसम, समरूप
identically equal. सर्वथासम
identity. तादात्म्य
ignition. ज्वलन
illuminate. प्रदीपन
image. प्रतिबिम्ब
immerse. निमज्जन
immiscible. अभिश्रणीय
impurities. अपद्रव्य, अशुद्धि
inactivate. निष्क्रिय करना
inactive. निष्क्रिय
incidence. आयतन
incident rays. आपतित किरण
inclined. आनत
incommensurable. असम्मेय
index. घातांक, सूचकांक
indicator. सूचक
indicated. सूचित
induce. प्रेरण
induction. प्रेरण
inert. अक्रिय, जड़
incrtia. जड़त्व
i. of rest. विराम-जड़त्व
i. of motion. गति-जड़त्व
infra red. अवरक्त
initial. प्रारम्भिक
inner. भीतरी

inorganic. अकार्बनिक
input. निवेश
instrument. औजार
inscribed circle. अन्तर्वृत्ति
insoluble. अविलेय
insulator. विद्युत्रोधी, ऊष्मारोधी
integer. पूर्णांक, पूर्णसंख्या
integral sign. समाकलन-चिह्न
intensity. तीव्रता
interior angle. अन्तःकोण
i. opposite angle. अभिमुख, अन्तःकोण
internal. आभ्यन्तर, आन्तरिक द्विभाजक
i. combustion engine. अन्तर्दहन इंजन
intersect. प्रतिच्छेदन
inverse. प्रतिलोम
inversion. प्रतिलोमन
iodide. आयोडाइड
iodine. आयोडिन
ion. आयन
ionisation. आयनन
iridium. इरिडियम
iron. लोह
i. filing. लोह रेतन
irregular. अनियमित
iso. सम
isobar. समभारिक, समदाब-रेखा
isogonal line. समदिक्पाती रेखा
isomorphous समाकृतिक
isosceles. समद्विबाहु त्रिभुज
isotope. समस्थानिक
ite. आइट
ivory. हाथीदांत, गजदन्त
jacket. जैकेट
joule. जूल
joint. संधि
keleidoscope. बहुमूर्ति दर्शी
kalium. केलियम
kation. धनायन
kelp. केल्प
kieserite. कीजेराइट
kilo. किलो
kinetic energy. गतिज ऊर्जा
knot. नॉट
laboratory. प्रयोगशाला
l, temperature. प्र, तापक्रम
lactometer. लैक्टोमीटर
lamp. दीप
l. black. काजल
latent heat. गुप्त ऊष्मा
lateral. पार्श्व, पार्श्विक
latitude. आक्षांश
law. नियम, सिद्धान्त
l. of attraction repulsion. वैद्युत आकर्षण का नियम
l. of chemical combination. रासायनिक संयोग नियम
l. of conservation of mass. द्रव्यमान-संरक्षण का नियम
l. of c. of energy. ऊर्जा-संरक्षण का नियम
l. of constant (or definite) proportion. स्थिर अनुपात का नियम
l. of inverse square. व्युत्क्रम-वर्ग-नियम

l. of magnetic force. चुम्बकीय बल का नियम

l. of multiple proportion. गुणित अनुपात का नियम

l. of parallelogram of forces. बल समान्तर चतुर्भुज नियम

l. of refliction. परावर्तन का नियम

layer. परत

lead. सीसा

least common multiple. लघुतम समापवर्त्य

leclanche's cell. लेक्लांशे सेल

liebig's condenser. लीबिग का द्रवणित्र

lenght. लम्बाई

lense. लेन्स

level. तल, समतल, तलमापी

levelling serew. क्षैतिज कारी पेंच

lever. उत्तोलक

leyden jar. लीडन जार

lichen. लिचेन

lid. ढक्कन

lift. उत्थापन, उत्थापक

light. प्रकाश

lightning. तड़ित्

lime. चूना

l. light. लाइमलाइट

l. stone. चूना-पत्थर

limonite. लाइमोनाइट

line. रेखा

l. of centre. केन्द्र रेखा

l. of force. बल-रेखा

link. बन्ध, लिंक

linear expansion. रेखीय प्रसार

liquid. द्रव

litmus. लिटमस

litre. लीटर

load. बोझ

local. स्थानीय

locomotive. रेलइंजिन

logorithm. लघुगणक

longitude. रेखांश

longitudinal wave. अनुदैर्ध्य तरंग

loss. हानि

loudness (of round). प्रबलता, ध्वनि की

lower fixed point. अधरस्थिर बिन्दु

luminous. प्रदीपी

l. body. दीप्त पिण्ड

l. eclepre. चन्द्रग्रहण

lustre. यन्त्र

magic lantirn. चित्रप्रक्षेपी लालटेन

magnesia मैग्नीशिय

magnesite. मैग्नीशियम

magnet. चुम्बक

magetic. चुम्बकीय

m. compass. दिक्सूचक

magnetism. चुम्बकत्व

magnetite. मैग्नेटाइट

magnify. आवर्धन

magnitude. परिमाण

mains. मुख्य नल, मुख्य तार

major arc. दीर्घ चाप
malachite. मैलेकाइट
malleability. आघातवर्ध्यता
manganese. मैंगनीज
manometer. दबान्तरमापी
marble. संगमरमर
mark. अंक
mass. द्रव्यमान
matcrial. पदार्थ
mathematics. गणित
matrix. मैट्रिक्स
mattr. द्रव्य
maximum minium thermometer.
Mean. माध्य
meaus. मध्यपद
m. proportional. मध्यानुपाती
measure. मापन
mechanical. बलकृत यान्त्रिक
mechanies. बलविज्ञान
median. माध्यिका
medium. माध्यम, मध्यम
mega. मेगा
melting. गलन
melting point. गलनांक
mercury. पारद
metal. धातु
metallergy. धातुकर्म
metamorphism. कायान्तरण
meter. मीटर
m. candle. मी. कैंडिल
method. विधि
microcosmic salt. माइक्रोकास्मिक लवण
micron. माइक्रॉन
microphone. माइक्रोफोन
microscope. सूक्ष्मदर्शी
migration. अभिगमन
milli. मिलि.
mineral. खनिज
minimum deviation. अल्पतम विचलन
minor arc. लघु चाप
m. segment. लघु खंड
minus. ऋण
minute. कला
mirage. मरीचिका
mirror. दर्पण
miscible. मिश्रणीय
mist. कुहासा
mixture. मिश्रण
moist. आद्र
moisture. आर्द्रता
molecule. अणु
molecular. आणविक
moment. आघूर्ण
momentum. संवेग
monacid base. एकाम्लिक क्षारक
monoatomic. एक परमाणुक
monobasic. एक क्षारकी
monoclinic. एकनताक्ष
monovalent. एक संयोजक
monoxide. मोनॉक्साइड
mother liquor. मातृद्रव

motion. गति

motor. मोटर

movement. संचलन

multiple. अपवर्त्य

m. angle. बहुल कोण

multiplicant. गुण्य

multiplication. गुणन

multiplier. गुणक

musical scale. स्वर ग्राम

m. sound. सुस्वर ध्वनि

nascent hydrogen. नवजात हाइड्रोजन

natrium. नैट्रियम

needle. सूची

negotive. ऋण, ऋणात्मक

n. calalyst. अवप्रेरक

n. electricity. ऋण विद्युत्

neon. निऑन

n. lamp. निऑन लैम्प

newton's laws of Motion. न्यूटन का गति-नियम

n. disc. न्यूटन की चकरी

neutral. उदासीन

neutron. न्यूट्रॉन

nickel. निकेल

nicolson's hydrometer. निकल्सन का हाइड्रोमीटर

nitrate. नाइट्रेट

nitre. शोरा, पोटेशियम नाइट्रेट

nitric नाइट्रिक

nitrite. नाइट्राइट

nitrogen. नाइट्रोजन

nitrous. नाइट्रस

node. निष्पन्द

noise. शोर

nonagon. नवभुज

non-collenear paellel force. असमरेख समान्तर बल

non-crystalline. अक्रिस्टली

non-conductor. अचालक

non-luminous. ज्योतिहीन

nordhasren sulphuric acid. नार्डहाउजेन कन्धकाम्ल

normal. प्रसामान्य, अभिलम्ब, मानक

n. solution. तुल्यांकी विलयन

n. salt. नार्मल लवण

north pole. उत्तर ध्रुव

note. स्वर

number. संख्या

numerical. संख्यात्मक

neuclear. नाभिकीय

neucleus. नाभिक

nylon. नाइलॉन

object. वस्तु

o. glass. अभिदृश्य लेन्स

oblique. निर्यक्

observation. प्रेक्षण

o. arror. प्रेक्षत्र-त्रुटि

observatory. वेधशाला

obluse angle. अधिककोण

octagon. अष्टभुज

octavalent. अष्टसंयोगी

octave. सप्तक

ocular. नेत्रिका
odd number. विषम संख्या
odour. गंध
off-set. अंतर्लम्ब
off-set printing. ऑफसेट छपाई
ohm. ओम
oil. तैल
oleum. अधूम गन्धकाम्ल
on. ऑन
opaque. अपारदर्शी
opposite. विपरीत, सम्मुख
optical. प्रकाशीय
o. image. प्र. प्रतिबिम्ब
optics. प्रकाशिकी
orange. नांरगी
orbit. कक्षा
ordinate. कोटि
ore. अयस्क
organ pipe. आर्गन
organic. जैव, कार्बनिक
origin. मूल बिन्दु, मूल
o. of inversion. प्रतिलोमन केन्द्र
orthocentric triangle. लम्बकेन्द्रीय त्रिभुज
orthocentre. लम्ब केन्द्र
otrhogonal circle. लम्बकोणीय वृत्त
orthophosphoric acid. ऑर्थोफोस्फोरिक अम्ल
orthorhombic. समचतुर्भुजी
oscilation. दोलन
ostwald's process. ओस्टवाल्ड विधि
ous. अस
oven. भट्टी
overtone. अधिस्वर
oxidation. ऑक्सीकरण
oxidiser. उपचायक
oxide. ऑक्साइड
oxy acid. ऑक्सीअम्ल
oxygen. ऑक्सीजन
paint. प्रलेप
pan. पलड़ा
paraffin. पैराफिन
parallel. समान्तर
p. connection. पार्श्वसम्बन्धन
parallelograms about. आश्रित समान्तर चतुर्भुज
parent. जनक
part. अंग, भाग
partial. आंशिक
pattern. प्रतिमान
pedal triangle. पकिद त्रिभुज
pencil. रेखा-कूर्चिका
pendulum. लोलक
pentagon. पंचभुज
pentavalent. पंचसंयोजक
pentoxide. पेन्टॉक्साइड
penumbra. उपच्छाया
per. पर
perfect gas. आदर्श गैस
perimeter. परिमाप
period. आवर्त-काल
p. oscilation. दोलन काल

p. vibration. कंपन काल

periodie motion. आवर्तगति

p. table. आवर्त-सारणी

periscope. परिदर्शी

permanent gas. चिरस्थायी गैस

p. hardness. स्थायी कठोरता

permangnate. पैरमैंगनेट

peroxide. परऑक्साइड

perpendicular. लम्ब

petroleum. पेट्रोलियम

phase. कला

philosophers wool. यसद पुष्प

phonograph. फोनोग्राफ

Phosphate. फास्फेट

phosphomine. फॉस्फोमीन

phosphoric acid. फॉस्फोरिक अम्ल

Phosphorous. फॉस्फोरस

photo. प्रकाश

p. camera. फोटो कैमरा

phlographic plate. फोटोग्राफिक प्लेट

photometry. प्रकाशमिति

photosynthesis. प्रकाश संश्लेषण

physical. भौतिक

physics. भौतिकी

physiology. शरीरक्रिया विज्ञान

pig iron. कच्चा लोहा

pin hole camera. सूची छिद्र कैमरा

pipe. पाइप

pepette. पिपेट

piston. पिस्टन

pitch. तारत्व

pitch of screw. चूड़ी

pivot. धुराग्र

plain. सरल

plane. तल

planet. ग्रह

plaster. प्लास्टर

p. of paris. पेरिस-प्लास्टर

plastic. सुघट्य

plastics. प्लैस्टिक्स

platinum. प्लैटिनम

platform. वेदी

plimsoll line. प्लिम सोल लाइन

plumb line. साहुल-सूत्र

plumbum. प्लम्बम

plus. धन, योगात्मक

plutonium. प्लूटोनियम

ptolemy's theorum. टोलेमी का प्रमेय

point. बिन्दु

p. of contact. स्पर्श बिन्दु

p. of incidence. आयतन-बिन्दु

p. of intersection. प्रतिच्छेद-बिन्दु

p. source. बिन्दु उद्गम

pointer. संकेतक

poker. सींक

pole. ध्रुव

polar. ध्रुवीय, ध्रुवी

polarisation. ध्रुवण

poly. बहु

polygon. बहुभुज

polythene. पॉलिथीन

pore. रन्ध्र

porous. सरन्ध्र
positive. धनात्मक, धन
postulation. अभ्युपगम
potash. पोटैश
potassium. पोटेशियम
potential. विभव
potential energy. स्थितिज ऊर्जा
potential difference. विभवान्तर
pound. पाउण्ड
p. weight. पाउण्ड भार
poundal. पाउण्डल
powder. चूर्ण
power. सामथ्र्य
practical. प्रयोगात्मक व्यवहारिक
p. class. प्रयोग कक्षा
p. mathematics. व्यवहार गणित
pressure. दाब
p. gauge. दाब-गेज
p. unit. मूल मात्रक
primary. प्राथमिक
prime factor. अभाज्य गुणनखण्ड
p. mover. प्रधान चालक
principal. मूलधन, मुख्य
p. axis. मुख्य अक्ष
p. focus. मुख्य फोकस
prism. प्रिज्म
p. binocular. प्रिज्मी द्विनेत्री
problem. निर्मेय
producer gas. वायु अंगार गैस
product. गुणनफल, फल
progression. श्रेणी
progressive wave. प्रगामी तंरग
projection. प्रक्षेपण
proof. प्रमाण, उपपात्त
p. by exhaustion. वियोग - विधि
p. plate. परीक्षण-पट्टिका
property. गुण
proportion. समानुपात
proposition. साध्य
protein. प्रोटीन
proton. प्रोटोन
purify. शोधन
purple. नीललोहित
pull. कर्षण
pully. घिरनी
pump. पम्प
pyramid. पिरामिड
quadrant. वृत्तपाद
quadri. चतुर
qualitative. गुणात्मक
quality. गुण
quantitative. मात्रात्मक, परिमाणात्मक
quantity. राशि, मात्रा, परिमाण
quarter. चतुर्थांश
quartz. स्फटिक
quick lime. बिना बुझा चूना
quick silver. पारद
quindeca. पंचदश
quinque. पंच
quire. जिस्ता
quotcent. भागफल
radar. रेडार

radien. रेडियन

radiant. विकिरणी

radiate. विकिरण

radiator. विकिरक

radical. मूलक

radio. रेडियो

radioactive. विघटनाभिक

radium. रेडियम

radius. त्रिज्या

r. of curvature. वक्रता की त्रिज्या

r. of inversion. प्रतिलोमन त्रिज्या

range. परिसर, परास

r. of points. बिन्दुमाला

rain. वर्षा

rainbow. इन्द्रधनुष

rare gas. निष्क्रिय गैस

rate. दर

ratio. अनुपात

rational number. परिमेय संख्या

ray. किरण

reactant. अभिकारक

reaction. अभिक्रिया

readings. पाठ्यांक

reagent. अभिकर्मक

rearrangement of atoms. परमाणु पुनर्विन्यास

reaumur degree. रिओमूर डिग्री

real. वास्तविक

receiver. ग्राही

receiving flask. ग्राही फ्लास्क

receptacle. पात्र

reception. श्रवण

reciprocal. व्युत्क्रम

rectilinear. ऋजुरेखीय

rectangular. आयताकार, समकोणिक समकोणीय

recording of sounds. ध्वनि अभिलेखन

recurring. आवर्ती,

r. decimal. आवर्त दशमलव

reddish. रक्ताभ

reduced. समानीत, अपचित

reducing agent. अपचायक

reduction. अपचयन

reduction ad absurdum. असंगति-प्रदर्शन

reference. निर्देश

refinement. शोधन, परिष्करण

reflected rays. परावर्तित किरण

reflection. परावर्तन

reflector. परावर्तक

reflex angle. बृहन् कोण

refract. अपवर्तन

refractive index. अपवर्तनांक

refractory. उच्चतापसह

refregeration. प्रशीतिक

regelation. पुनर्हिमायन

regular. नियमित, सम

re. polygon. समबहुभुज

regulator. नियंत्रक

relalive. आपेक्षिक

relay. रिले

release. निर्मुक्त होना

remainder. शेषफल
removal. अपनयन
repell. प्रतिकर्षण
replace. प्रतिस्थापन
repulsion. प्रतिकर्षण
residne. अवशेष
resin. राल
resistance. प्रतिरोध
r. arm. भार-भुजा
resolution. वियोजन
resonance. अनुनाद
rest. विराम
resultant. परिणामी
retardation. मन्दन
retort. भभका
reverberation. अनुरणन
reverberatony furnace. परावर्तनी भट्टी
reverse. उत्क्रम
reversible. उत्क्रमणीय
revolve. परिक्रमण
revolving line. परिक्रामी रेखा
rhomb. समचतुर्भुज
rhombic. विषमलम्बाक्ष
rhomboid. समान्तर असम चतुर्भुज
rhombus. समचतुर्भुज
right. दक्षिण
r. angle. समकोण
r. hand side. दक्षिण पक्ष
rigid. दृढ़
rim. नेमि
ring. वलय
roasting. जारण
rock. शैल
rod. छड़
roller. बेलन
root. मूल
rose red. गुलाबी
rotaton. घूर्णन
rotary. घूर्णी
r. motion. घूर्णनगति
rouge. रूज
rough sketch. कच्चा आलेख
ruby पद्मराग
rule. नियम
r. of three. त्रैराशिक
ruler. रेखनी
rust. जंग
r. proof. जंगरोधी
saecharin. सैकैरीन
saecharose. सैकैरोज
safty match. निरापद दियासलाई
s. valuve. सुरक्षा वाल्व
saline. नमकीन, खारा
s. soid. लोनी मिट्टी
salanity. खारापन
salt. लवण
saltpeter. शोरा
sample. प्रतिदर्श
sand. बालू
s. bath. बालू ऊष्मक
satellite. उपग्रह

saturated. संतृप्त
saturation. सन्तृप्ति
savart's wheel. सवार्ट का चक्का
scale. मापनी, पलड़ा, स्वरग्राम
scalene. विषमबाहु त्रिभुज
scarlet. सिन्दूरी
scattered. प्रकीर्ण
science. विज्ञान
scientific. वैज्ञानिक
scientist. वैज्ञानिक
screen. आवरण, परदा
screw. पेंच
s. driver. पेंचकश
season. ऋतु
sec = secant. सेंक
secant. छेदक
secend. सैकेण्ड
secondary. गौण
s. axis. गौण अक्ष
s. units. गौण मात्रक
secretion. स्रवण
section. परिच्छेद
sector. त्रिज्यखंड
sediment. तलछट
sedimentation. अवसादन
segment. खंड
seismography. भूकम्प-विज्ञान
self. स्व, स्वतं
s. conjugate. स्वतः संयुग्मी
semi. अर्ध
semicircla. अर्धवृत्त

seusation. संवेदन
sense. संवेद
sensible heat. संवेद्य ऊष्मा
sensitive. सूक्ष्मग्राही, सुग्राही, संवेदी
separation. पृथक्करण
sequence. अनुक्रम
series of conductors. चालक श्रेणी
s. connection. श्रेणी सम्बन्धन
set. समुच्चय
set square. सेट स्क्वेयर
sexagesinal system. षष्टिक पद्धति
sextant. सेक्सटैन्ट
shade. छाया
shadow. छाया
s. cone. छाया शंकु
sheave. प्रसीती
short wave. लघु तरंग
shunt. पार्श्वपथ
sicilian process. सिसिली विधि
side. पार्श्व, पक्ष, भुजा
sight. दृष्टि
sign. चिन्ह
signal. संकेत
signalling. संकेतन
silica. सिलिका
silicon. सिलिकॉन
silt. गाद
silver. रजत
similar. समरूप
simple harmonic motion. सरल आवर्त गति

simple pendulum. सरल लोलक
sin Ø साइन थीटा
sine. ज्या
siphon. साइफन
siren. सायरन
size. साइज
skyblue. आसमानी
slagy. धातुमल
slaked lime. बुझा चूना
sleet. सहिम वृष्टि
slide rule. स्लाइड रूल
slope. ढलान
sloping. ढलेवां
small brackets. लघु कोष्ठक
smelting. प्रगलन
smoke. धूम
snow. हिम
soda. सोडा
s. ash. धोने का सोडा
s. nitre. शोरा
sodium. सोडियम
soft. मृदु, नर्म, कोमल
s. water. मृदुजल, मीठाजल
soil. मिट्टी
solar. सौर
s. eclipre. सूर्यग्रहण
s. lamp. स्पिरिट ज्वालक
spoon. चम्मच
spring. कमानी
s. balance. कमानीदार तुला
square. वर्ग
s. measure. वर्गमात्रक
s. root. वर्गमूल
stable. स्थायी
standard. मानक
s. solution. मा. विलयन
state. अवस्थ
static. स्थैतिक
statics. स्थैतिकी
stationary. अचर
s. wave. अप्रगामी तरंग
steady. अपरिवर्ती
steam. भाप
s. engine. भाप-इंजन
s. point. भाप-बिन्दु
s. oven. भाप-ऊष्मक
s. bath. भाप-तापक
steel. इस्पात
s. yard. विषमभुज तुला
stimulus. उद्दीपक
stop clock. विराम-घड़ी
s. watch. जेबी विराम घड़ी
s.t.p. मानक ताप-दाब
strainer. छन्ना
streaght. ऋजु
s. angle. ऋजुकोण
strength. सामर्थ्य
stress. प्रतिबल
strike anywhere mathch. कहीं रगड़ें दियासलाई
string. तार
stringed instrument. तन्तुवाद्य

strong. सान्द्र
s. solution. सान्द्र विलयन
structural formula. संरचना-सूत्र
structure. संरचन
switch. स्विच
sublimation. ऊर्ध्वपातन
submarine. पनडुब्बी
submultiple angles. उपवर्तक कोण
substance. पदार्थ
substitution. प्रतिस्थान
subtend. अन्तरित करना
subtraction. घटाव
sucking. चूषण
suction pump. चूषण पम्प
sugar. चीनी
s. charcoal. शर्करा कोयल
sulphate. सल्फेट
sulphur. गन्धक
sulphuric acid. सल्फ्यूरिक अम्ल
sulphurous acid. सल्फ्यूरस अम्ल
sums. योगफल
superficial expansion. क्षेत्रीय प्रसार
superposition. अध्यारोपण
supersaturated solution. अतिसन्तृप्त विलयन
supplementary angle. सम्पूरक कोण
supply. संभरण
support. टेक
surface. सतह
surface density. पृष्ठ-घनत्व
s. tension. पृष्ठ-तनाव
symbol. प्रतीक
symmetrical. सममित
symmetry. सममिति
sympathetic vibration. अनुनादी कम्पन
synechronous. तुल्यकालिक
synthesis. संश्लेषण
synthetic. कृत्रिम
syringe. पिचकारी
system. निकाय, पद्धति, तन्त्र
systematic. क्रमबद्ध
table. सारणी
tan. स्प, स्पर्शज्या
tangent. स्पर्श-रेखा
t. galvanometer. स्पर्शज्य धारामापी
tank. टंकी
tantalus cup. टेन्टेलस प्याला
tartaric acid. टार्टरिक अम्ल
telegraph. टेलीग्राफ
telephone. टेलीफोन
telescope. दूरबीन
television. टेलीविजन
temperature. ताप
temporary. अल्पस्थायी, अल्पकालिक
temporary hardness. अस्थायी कठोरन
tenacity. लगिष्णुता
tensile. तनन
tensility. तन्यता
tension. तनाव
term. पद
terminal. टर्मिनल
test. परीक्षण

t. tube. परखनली
tetra. चतुर
tetravalent. चतुःसंयोजक
theodolite. थियोडोलाइट
theory. सिद्धान्त
theorctical. सैद्धान्तिक
theorum. प्रमेय
th. of pythogoras. पैथोगोरस का प्रमेय
thermal. तापीय, ऊष्मीय
th. capacity. ऊष्माधारिता
th. dissociation. ऊष्मीय वियोजन
thermometer. तापमापी
thermus flask thin lense. पतला लैंस
third proportional. तृतीयानुपाती
thistle funnel. थिसेलकीप
thunder. मेघगर्जन
thrust. प्रणोद
time-period. आवर्तकाल
tin. रांगा
tin plating. कलई करना
tinturi iodine. खिंचा आयोडिन
titration. अनुमाप
tonne. मीटरीटन
tool. औजार
total. योग, पूर्ण
t. refraction. पूर्ण परावर्तन
t. r. prism. पू.प. प्रिज्म
tower. मीनार
transformation. रूपान्तरण
t. of energy. ऊर्जा-रूपान्तरण
transformer. परिणामित्र
translatory motion. स्थानांतरणीय गति
translucent. पारभासक
transmission. संचरण
transmit. पारगमन
transmitter. प्रेषी
transparent. पारदर्शी
transposition. पक्षान्तर
transversal. तिर्यकूछे-रेखा
transverse wave. अनुप्रस्थ तरंग
trapezeum. समलम्ब
tribasic acid. त्रि क्षारकी अम्ल
triangle. त्रिभुज
trigonometrical equal. त्रिकोणमितीय समीकरण
t. function. त्रि. फल
trigonometry. त्रिकोणमिति
tripod. तिपाई
triseetion. समत्रिभाज
tuning fork. स्वरित्र द्विभुज
type. प्ररूप
umfra. प्रच्छाया
uni. एक
uniform. एक रूप, अचर
uniform acceleration. अचरत्वरण
u. speed. अचर चाल
u. velocity. अचर वेग
unite. यूनिट, मात्रक
u. ople. एकांक ध्रुव
unlike. विजातीय
upper fixed point. उत्तर स्थिर बिन्दु

uraniun. यूरेनियम
urea. यूरिया
u. tube. नाल-नली
vacum. निर्वात
value. मान, मूल्य
valve. कपाट
vapour. वाष्प
voporisation. वाष्पीकरण
valence. संयोजकता
v. electron. संयोजी इलेक्ट्रॉन
velocity. वेग
v. of round. ध्वनि-वेग
viertex. शीर्ष
vertex of pencil. कूर्चिका-शीर्ष
vertical. उद्वृत्त, उदय
vibration. कम्पन
v. period. कम्पन-काल
violent. प्रचंड़
virtal image. आभास प्रतिबिम्ब
viscous. श्यान
viscosity. श्यानता
visible. दृश्य
vision. दृष्टि
vocal chord. वाक्तन्तु
volatile. वाष्पशील
volatization. वाष्पीकरण
volcano. ज्वालामुखी
volt. वोल्ट
voltmeter. वोल्टमापी
voltage. वोल्टता
voltameter. विश्लेषण धारामापी
voltas cell. वोल्टाका सेल
v. pill. वोल्टा का ढेर
volume. आयतन
warm. गुनगुना
wash bottle. धावन बोतल
w. basin. धावन
washing soda. धोने का सोडा
waste. अपशिष्ट
watch glass. वाचग्लास
water. जल
w. equivalent. जलतल
w. gas. भाप अंगार (गैस)
w. of constitution. रचना का जल
w. of crystalistion. क्रिस्टलन-जल
w. proof. जलसह
w. tight. जल रुद्ध
watt. वाट
w. hour. वाट घंटा
wave. तरंग
w. motion. तरंग गति
w. lenght. तरंग-दोलन
wave tre. तरंग-गर्त
wax. मोम
weather. मौसम
weight. बाट, भार
w. box. बाट-पेटी
welding. बेल्डन
wheel. पहिया
w. axle. पहिया और धुरी
whirlpool. भंवर
whirl wind. वातावर्त

whit. श्वेत

w. arsenic. संखिया

w. sulphur. श्वेतगन्धक

w. vitriol. जिंक सल्फेट

whole number. पूर्णांक

wind instrumence. सुषिर वाद्य

w. pipe. श्वास-नली

winding. लपेटना

wire gause. तार

wideh. चौड़ाई

winding. बाँधना

window. खिड़की

wind. हवा

wood. लकड़ी